电子政务发展前沿（2011）

主　编/沈大风
副主编/周　民
沈解伍

E-GOVERNMENT FRONTIERS (2011)

社会科学文献出版社
SOCIAL SCIENCES ACADEMIC PRESS (CHINA)

《电子政务发展前沿（2011）》
编　委　会

序

人类社会进入 20 世纪 90 年代以来，信息技术进步日新月异，信息化水平已经成为衡量一个国家综合国力和竞争力的重要标志。在政府管理领域，许多国家都在利用信息技术提高公共服务水平和效率。电子政务在世界范围内迅速发展，推动了政府改革和自身建设，促进了经济社会进步。发展电子政务已经成为世界潮流。

“十二五”时期是信息化与工业化深度融合的新时期，也是深化改革开放、加快转变经济发展方式的攻坚阶段。完善公共管理机制，提高公共服务能力，推动科学发展，促进社会和谐，已成为新时期信息化的重要使命。通过电子政务建设，增强对内政外交复杂变化的信息监测，强化党和政府决策指挥的信息保障，拓展服务公众切身利益的有效渠道，丰富公众参与和透明监督的信息手段，提高国家整体运行的支撑能力和突发事件的处置能力，保障网络空间的公共安全和国家安全。电子政务建设已成为当前推进行政体制改革和政治体制改革创新发展的必然要求。因此，在“十二五”时期，大力发展电子政务更为重要、更为紧迫。

近些年，我国电子政务建设在党中央和国务院的高度重视和领导下，已经取得了重大进展。当前以大规模基础设施建设为重点、以重要核心业务系统为突破口的电子政务建设取得了阶段性成果，已经从部门办公自动化、普及政府网站和重点业务电子化，开始步入深化应用、突出效能、全面支撑服务型政府建设的新阶段，正在由技术导向向业务需求导向转变，由被动跟随式发展向自主发展转变，由纵向建设为主向纵横协同发展的方向转变。但是，必须清醒地看到，我国电子政务建设总体上还处在起步阶段，还存在许多体制、机制、管理、技术等方面的问题，电子政务建设仍然任重道远，必须大力推进和提高，以适应经济社会信息化程度不断发展变化的需要。

面对这些问题，亟待进一步借鉴国内外先进经验，进一步改善和加快推进电子政务，强化社会管理和公共服务，进一步明确发展电子政务的目的，树立科学的电子政务发展观，把发展电子政务真正用于提高党的执政能力和建设服务型政府，用于解决改革开放和经济社会发展面临的突出矛盾和问题，进一步明确电子政务发展的道路，提高其利用效率和应用效果，从我国实际情况出发，走出一条具有中国特色、体现时代特征、符合各地各部门特点的低成本高效率的发展道路。

多年来，国家信息中心在国家发改委和其他部门的直接领导下，一直致力于电子政务工程建设实践和相关理论的研究，并取得了不少可喜的成绩，积累了比较丰富的经验，特别是通过不断及时跟踪国外电子政务建设最新动向，了解和掌控国际电子政务的先进经验和发展趋势，既有利于在更高层次上借鉴国外经验和教训，汲取营养，又为推进我国电子政务管理创新，为政府在信息化建设中提供决策咨询服务，进而为推进政府职能转变和行政管理体制改革作出了有益的探索和积极贡献。《电子政务发展前沿（2011）》比较系统地会集了近年来国外电子政务发展的最新进展与动向，以及国外电子政务前沿研究、咨询领域的成果，对于新时期持续、健康地推进我国电子政务建设具有较大的参考价值，有助于国内各部门、各地区不断加大电子政务的研究和决策咨询力度，开拓更加宽广的途径，采取更加有效的形式，为推动我国电子政务事业健康发展发挥更大的作用。

“他山之石，可以攻玉。”正值我们谋划“十二五”规划之际，认真研究和学习世界其他国家和地区电子政务发展的先进经验和发展路径，实属必要。“法乎其上，得乎其中；法乎其中，得乎其下。”我郑重地向各位同行和各级领导，以及关注电子政务发展的朋友们推荐本书，让我们在新的历史起点上，牢固树立世界眼光，学习借鉴先进经验，理性查找自身差距，充分发挥我们的后发优势，树立新标杆、开辟新空间、注入新动力，更加坚定我们加快推进电子政务建设和“两化深度融合”的信心与决心，为提高我国各级政务部门的治国理政能力和服务水平作出不懈的努力和新的贡献。

是为序。

宁家骏

2010 年 3 月

目录 CONTENTS

主要编撰者简介

沈大风 现任国家信息中心副主任、国家电子政务外网管理中心副主任、学术委员会副主任、国家发改委经济系列高级职称评审委员会副主任，高级经济师，中国信息协会常务理事。主持和参加的研究项目主要有：国家电子政务外网项目建议书、可行性研究报告编制；宏观经济管理信息系统（金宏）项目建议书、可行性研究报告、初步设计编制；国家发改委2010年信息安全专项、政务终端安全核心配置标准研制及其验证、应用平台建设项目负责人；主持金宏工程国家发改委子项建设；《2006中国房地产市场展望》主编；2004～2008年的《中国汽车市场展望》编委会副主任；《企业信息化与新型工业化道路》课题组副组长。

周　民 现任国家信息中心公共技术服务部副主任、国家电子政务外网管理中心办公室常务副主任、国家信息中心学术委员会委员，高级工程师，兼任国家行政学院电子政务专家委员会委员、中国计算机用户协会多媒体分会副理事长。近年来，主持了国家发改委纵向网视频会议系统改造工程的建设；主持了由国务院办公厅、科技部组织的国家重大科技专项——国家发改委电子政务试点示范工程的建设工作；参与了“宏观经济管理信息系统”、“国家电子政务外网一期工程”等多项国家电子政务重大工程的前期设计工作。2005年底开始参加“国家电子政务外网一期工程”的建设工作。2006年底开始主持国家政务外网项目日常建设管理工作。

沈解伍 现任国家信息中心公共技术服务部副主任、国家电子政务外网管理中心办公室副主任，高级工程师。1998年任国家信息中心贷款办主任，在任职期间，主持利用第三批日元贷款建设国家经济信息系统项目的建设工作。2005年底开始参加“国家电子政务外网一期工程”的建设、管理和运行工作。

美国联邦数据中心整合行动

编译：张铠麟
译审：周　民
国家信息中心公共技术服务部

译者按

最近，一场围绕数据的“简约一体化”、“绿色可持续”的电子政务建设改革浪潮悄然兴起。以促进资源共享、加速开放型政府建设、推行低碳环保、保障可持续发展为目标，以“云计算”、“虚拟化”等新兴技术为手段的各国数据中心整合行动已有序展开。

近十年来，中国的信息化建设经历了一个快速发展期。数据中心运行的应用越来越多，但很多应用之间都相互独立，而且是在使用率低下、相互隔绝的不同环境中运行。有专家在2009年8月《数据中心》杂志社举办的“政府数据中心论坛”上指出：“现在我国政府数据中心普遍规模偏小，基本上处在自立门户的阶段。如果不进行整合，就无法在节能、绿色环保等方面有所作为。”推进数据中心的整合已成为社会、科技发展的必然需要。因此，如何科学、有效地推动政府数据中心整合是世界各国共同面临的问题。

部分西方发达国家已经在数据中心整合方面先行尝试。英国政府ICT战略提出了数据中心整合计划，准备对其数据中心重新布局，将现有的130多个数据中心削减到10~12个，而澳大利亚、美国也于近期颁布了各自的政府数据中心整合战略。澳大利亚政府于2010年3月22日颁布了面向未来15年的《数据中心整合战略》，预计战略的实施将在未来的15年为政府减少10亿美元的开销。美国政府从2010年2月26日开始，连续出台了多个有关数据中心整合行动的政策，以指导各政府机构数据中心整合行动的规划及实施。

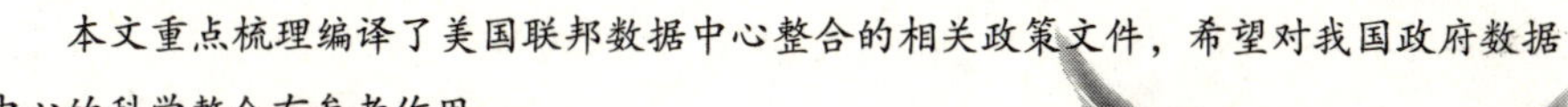

本文重点梳理编译了美国联邦数据中心整合的相关政策文件，希望对我国政府数据中心的科学整合有参考作用。

美国联邦数据中心整合行动*

CIO 报告

报告显示，美国联邦政府数据中心的数量已经从 1998 年的 432 个增加到 2009 年的 1100 多个，这种基础设施的重复投资既导致花费多、效率低，不利于可持续发展，也将导致能源的极大浪费，不符合绿色 ICT 的发展理念。2006 年，联邦政府所拥有的服务器和数据中心总共消耗了 60 亿千瓦时的电能，如果我们不采取新措施的话，到 2011 年这方面的电能消耗将超过 120 亿千瓦时。除了能源方面的影响外，2009 年对各部门的调查显示，目前的设备利用率很低，并且各部门之间很少进行数据中心的复用。单个数据中心的运营费用是很高的，包括硬件费用、软件费用、设备的安置费用和冷却费用等。这造成了极大的资源浪费。

联邦数据中心整合行动的目标是利用公共部门和私营部门的最优方案来解决上述问题。本计划将着眼于以下几个方面的内容：促进绿色信息技术的使用，减少整体的能源消耗和政府数据中心的占地；减少数据中心在硬件、软件和运行方面的开销；增加政府信息技术方面整体的安全性；采用更高效的计算平台和技术。

我已经任命了国土安全部首席信息官理查德·斯白尔斯（Richard Spires）和商务部首席信息官迈克尔·杜菲（Michael Duffy）来牵头配合联邦政府首席信息官委员会进行此方面的工作。

我们已经制定了相关的信息收集工作流程来推动数据中心整合行动的执

* 本文选译自美国白宫管理与预算办公室颁布的多项联邦政府数据中心整合行动计划，详见 http：//www. whitehouse. gov/omb。

行，相关的信息有如下几个方面。

• 初始财产清单。各机构应在2010年4月30日之前对各自的数据中心列出一份详细的清单，这份清单上应当包括已有数据中心的规模和大小、IT设备财产，以及由数据中心支持应用程序的个数。

• 初始的数据中心整合行动计划。各部门应当在2010年6月30日之前制定一份初始的数据中心整合行动计划。该计划应当指出在哪些方面可以进行整合，在哪些方面可以通过服务器虚拟化技术或者云计算技术进行优化，以及向最终整合架构迁移的高层次路线图。

• 最终财产库存基准。各部门应在2010年6月30日之前制定一份最终的财产清查基准，内容应当比初始财产清单更详细。这份清单将作为制定最终数据中心整合行动的基础。

• 最终数据中心整合行动计划。各部门应当在2012年8月30日之前制定最终的数据中心整合行动计划，并将其2012财年的预算包含到计划中。这些计划将于2010年12月31日之前由管理与预算办公室进行审批通过。最终的计划应包含技术路线图和实现设施利用率、能源效率和资金效率等目标值的实施方案。

• 持续监控。本计划将进行持续的监控和汇报。从2011财年开始，每个财年的第三季度末进行财产清单的更新，每个财年末汇报数据中心整合行动的执行情况，在财产清单中说明每年的变化情况，以及下一年的数据中心整合行动的实施方案。

联邦政府首席信息官　　维维克·昆德拉

2010年2月26日

1　联邦政府部门数据中心整合计划编制规范简介

“联邦数据中心整合行动”的目标是减少联邦政府机构数据中心的运行花费和能源消耗。目前，整个联邦政府拥有超过1100个数据中心，而且各部门之间几乎不对资源进行复用和共享。此外，数据中心的能源和电力消耗在全国总体能源和电力消耗中所占比重也随着服务需求的提高而持续增加。2006年数据中心的电力消耗是610亿千瓦时，占到了全美电能消耗的1.5%，是2000年的两倍。按现有计划，数据中心在

2011 年的电能消耗将超过 1000 亿千瓦时，占到全美电能消耗的 2.5%。广泛、持续的能源消耗增长要求联邦数据中心在运行效率方面有重大改善。

根据管理与预算办公室 2009 年 8 月 8 日发布的《预算数据调查》（第 09－41 号）文件要求，本计划要为联邦政府机构的数据中心建立一个综合性的、全政府性的资产清单。本文提到的数据中心是指一个用于存储、管理、分发数据和信息的机房（房间或者建筑物）。这个机房存放着计算机系统及其相关的组件，如网络和存储系统等。数据中心包括冗余电源或者备份电源、冗余数据通信连接、环境控制（空调、消防设施等），以及特定的安全设备等。本计划涉及的部门包括各政府执行部门、军事部门及相关独立管理机构。

通常，数据中心应当具有自动化信息处理和数据存储操作功能，包括：自动化应用系统；向政府人员提供共享服务；通过集中式的处理器提供办公自动化和记录管理服务；为政府部门内的网络提供网络管理支持。

数据中心主要分为四个级别。

级别Ⅰ：有单路电源和冷却设备，没有冗余组件，提供 99.671% 的可用性。

级别Ⅱ：有单路电源和冷却设备，有冗余组件，提供 99.741% 的可用性。

级别Ⅲ：有多路运行的电源和冷却设备，但只有一路有冗余组件，各路系统同步维护，提供 99.982% 的可用性。

级别Ⅳ：有多路运行的电源和冷却设备，同时具有冗余组件，可容灾，提供 99.995% 的可用性。

根据管理与预算办公室 2011 财年“Passback Considerations”文件，各部门应当在 2010 年开始重点进行数据中心整合和云计算应用方面的工作。正如“Passback Considerations”中所述，“数据中心整合行动”的目标是制定一个全政府级别的战略，配合各部门的数据中心整合行动来优化联邦数据中心的规模和开销，减少相关的能源消耗，减少物理空间占用。

2　项目目标与方法

2.1　项目目标

数据中心整合行动的总体目标如下。

• 在联邦政府内整合数据中心，以节省花费、减少能源消耗、优化空间利用率和改善 IT 资产的利用率。

• 使用自动化、标准化和安全措施来“加强”硬件和软件平台建设，包括使用虚拟化主机和虚拟化计算机来协助计划的实施，并根据 NIST 800 - 53 和 FISMA 相关文件进行监控。

• 为各机构定义标准和运行指标，并对各指标进行监控，通过改善服务器（CPU）利用率、机架空间利用率、机架层利用率、电源使用/平方英寸、电源使用效率（PUE）等方面的内容以实现效率提升和减少开销。

• 在部门间实现高可用性、可扩展性，最终从根本上降低政府风险，并为将来在 IT 方面的发展做好准备。

2.2 数据中心整合方法

“数据中心整合行动”可以细分为 6 个关键阶段（见图 1），首先将对各部门目前的资产和环境状况进行统计，然后制定相应的计划，通过使用服务器虚拟化技术和云计算技术来实现数据中心建设规模缩减的目的。此外，本计划将力求在联邦政府内减少整体的能源消耗，同时减少数据中心的物理用

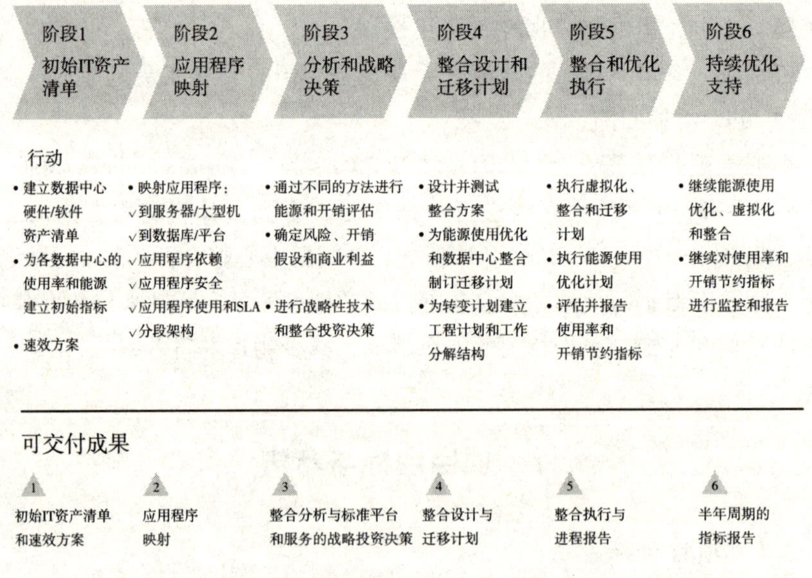

图 1 数据中心整合行动的 6 个关键阶段

地，以及其他与数据中心相关的开销。

“数据中心整合行动”由以下6个阶段组成。

阶段1：初始IT资产清单（包括初始评估和速效方案）；

阶段2：应用程序映射；

阶段3：分析和战略决策；

阶段4：整合设计和迁移计划；

阶段5：整合和优化执行；

阶段6：持续优化支持。

这6个阶段及其相关的数据采集模板将在“数据中心整合阶段”中进行详细描述。

2.3 四个关键影响领域

有四个领域将对数据中心的优化起到关键作用（见图2），应当同时进行考虑（基本上由四个不同的小组负责——建筑设施、IT设施、IT运行和IT开发）。

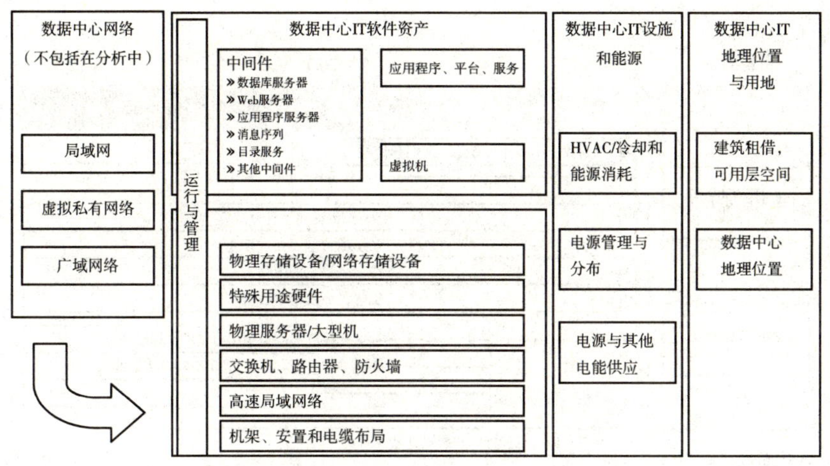

图2 数据中心整合行动四个关键领域运行与管理

第一是地理位置和用地（灾难评估/开销风险）；

第二是IT设施和能源使用（已有空间改造，电力升级、冷却系统）；

第三是IT硬件资产和使用（负责硬件资产的清单和使用情况，依据日期/更新时间表划分优先级）；

第四是 IT 软件资产和使用（负责软件资产的库存清单和使用情况评定，根据应用程序的使用/分配请求划分优先级）。

2.4 战略目标和机遇

数据中心整合行动的主要目标是在减少开销的情况下，提高政府数据中心的效率和能力，具体战略目标如下。

第一，减少开销，包括减少能源使用、减少运行开销和限制长期的资本投资。

第二，减小环境影响，包括减少单位处理能力的功率消耗，优化冷却系统、电力分配系统和电缆布局。

第三，利用自动化提高效率和服务等级，包括可用性、整体性、机密性等安全问题，以及冗余备份、负载均衡、合作机制等性能问题。

第四，加强业务灵活性，有效应对变化，包括实施 ITSM 最佳方案——ITIL、CMMI-Svc，实施 SDLC 最佳方案——CMMI-Dev、CMMI-Acquisition。

实现在四个关键领域内数据中心整合行动的战略目标和实施方案如图 3 所示。

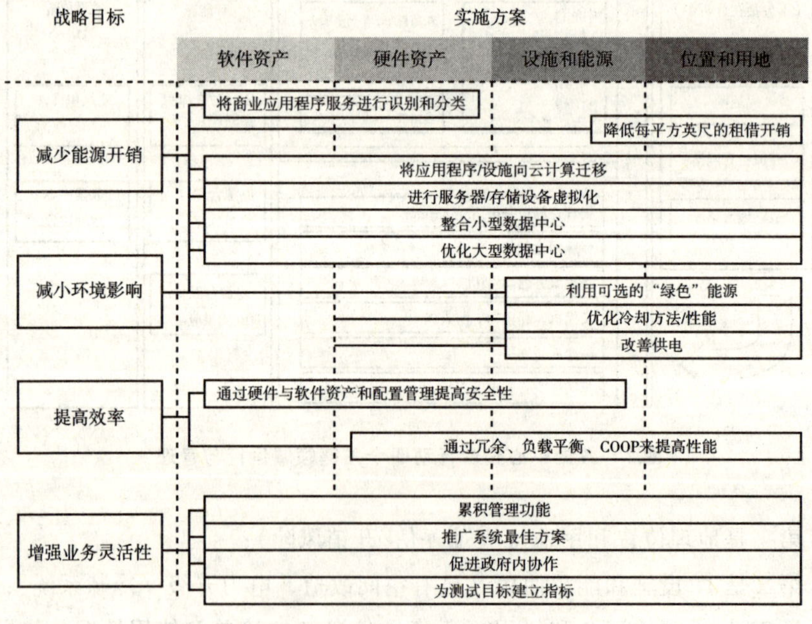

图 3　数据中心整合行动战略目标和实施方案

2.5 政府级数据中心整合时间表

管理与预算办公室在 2011 财年 “Passback Considerations” 文件中提出了数据中心整合行动时间表。

2010 年 1 月 15 日之前，管理与预算办公室将指导各部门开展机构数据中心整合行动。

2010 年 4 月 30 日，各部门必须向管理与预算办公室提供一份包含所有已经计划或正在计划中的数据中心建设、扩展和整合活动的列表。同时，各部门和管理与预算办公室合作制定部门内的数据中心整合行动。2010 年 6 月 30 日，管理与预算办公室将向各部门提供已经审批过的数据中心整合行动，并要求各部门将其整合到 2012 财年的预算提案中。

要求各部门必须按照这些时间点来制定各自特定的数据中心整合行动计划。这些时间点包含了各部门重要的数据中心整合行动，以及管理与预算办公室和项目管理办公室小组在每个关键阶段提供的支持。

各相关部门牵头的工作：

- 确定并授权负责的团体、办公室、员工来领导项目小组、安全资源和报告流程；
- 依据“硬件和软件清单指导”来建立初始数据中心清单；
- 制定部门数据中心整合行动计划和时间表（见图 4）；
- 映射、分析系统，进行战略性长期投资决策；
- 设计、实施并测试各部门特定的整合方案；
- 启动实施部门数据中心整合行动。

管理与预算办公室牵头的工作：

- 确定战略目标，定义政府范围内的指标和目标；
- 收集各部门数据，制定准则，对使用状况和资源节省情况进行分析；
- 分析各关键影响领域内的成功因素；
- 比较分析并审核各部门数据中心整合行动实施情况。

3 各部门数据中心整合计划关键因素指标

3.1 主要工作领域、整合方法和限制因素

上文所述的四个主要工作领域的关键因素、指标和目标，需要在数据中

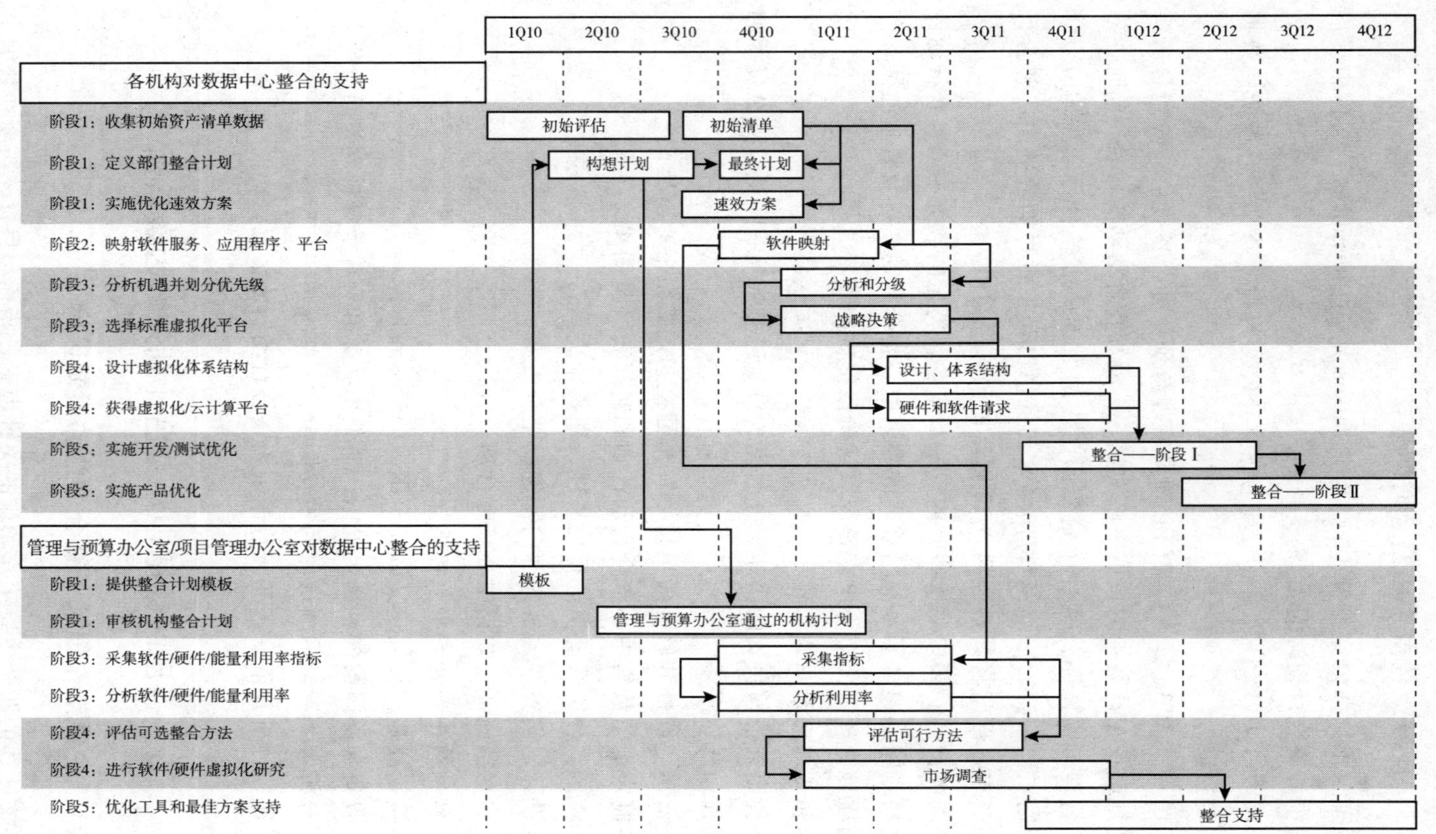

图4　部门数据中心整合行动计划时间表

心整合计划中体现（建造设施的位置、设施细节，包括该资产是租用还是自有；层空间、机架利用率、电源、冷却、电缆等 IT 设施；服务器、存储、网络使用率等 IT 运行指标；应用程序组织映射和优先级划分等情况）。

这些具体指标的关键是要与整合数据中心和降低能源消耗相关（见图5）。例如，详细到每平方英尺的房租费用比概括的总费用可以提供更多的位置、用地指标方面的信息；除了 CPU 利用率以外，层空间和机架空间利用率（考虑电能和冷却限制）也对实际的数据中心利用率提供一个直观的参考；通过为数据中心划分优先级可以为虚拟化技术的应用及服务器整合提供更准确的信息。

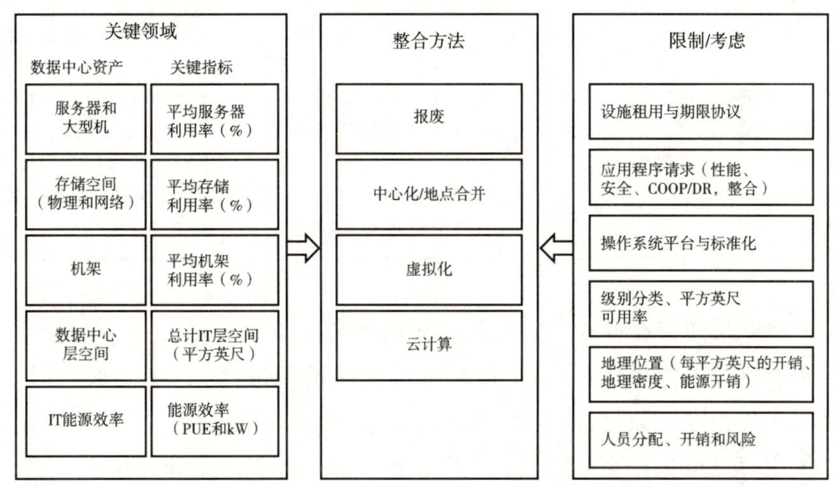

图 5　关键领域与限制因素及整合方法的关系

影响数据中心整合行动的限制因素主要包括五个方面。合同限制：已有的设备租借合同、IT 硬件和软件合同等；应用程序限制：性能、安全（与 FISMA 的兼容性）、合作机制、整合等；平台限制：硬件/操作系统/平台标准化、安全性、可交互性；设施限制：数据中心级别、可用数据中心层空间/电力；地理限制：开销、能源/带宽资源、人力资源分配。

基于已定义的指标以及上述限制的考虑，管理与预算办公室将提供一份用于描述战略的模板和指导书来帮助各部门制定和填写用于改善这些指标的数据中心整合行动计划（见表 1）。各部门提交这些计划之后，管理与预算办公室将分别提出建议，并协助计划实施。

表 1　数据中心整合实施方案

方法	描述	潜在利益	依据
停　运	关闭不再使用或者不经常使用的服务器（如某些专用的开发环境）	• 节省开销 • 提高能源效率 • 释放层/机架空间	• 高达 10% ~15% 的服务器可能不再使用，但是仍然在数据中心中运行
中心化/位置整合	将服务器/存储设备移动到少量选定的数据中心中，将小型的数据中心整合成更大的数据中心	• 节省层空间开销 • 节省运行开销 • 提高机架利用率 • 提高能源效率	• 近 430 个政府数据中心属于“机柜”级别或者小型数据中心级别
虚拟化	通过操作系统/平台虚拟化将多个服务器整合到一个服务器中	• 节省层空间开销 • 提高机架利用率 • 提高服务器利用率 • 提高能源效率	• 整个政府范围内的服务器利用率大约是 21%
云计算方法	将应用程序功能迁移到标准、支持交易的企业平台或服务中	• 节省层空间开销 • 能源效率 • 节省运行开销 • 节省软件/硬件的基本支出 • 减少软件维护 • 改善服务	• 降低运行风险、降低服务总花费 • 近 40% 的政府机构属于《联邦信息安全管理法案》中定义的低安全等级，因此可以作为云计算方案的候选

• 战略层面上在低投入、低风险的地点实施整合计划；

• 通过设备位置优化能源/冷却利用率（机架冷却），在已有数据中心内部署多种密度区域（高、中、低，包括各个级别的）等；

• 主持虚拟化和服务器整合分析、设计、优先权分集和迁移；

• 依据连续原则实施和管理应用程序等级分类和调整（换言之，将高可用性的应用程序部署在高等级的数据中心中，将其他应用程序部署在低等级的数据中心中）；

• 在满足安全性和运行要求的情况下考虑向云计算方案迁移。向由标准提供商支持的云计算企业平台或服务迁移，可以在有效降低运行风险的同时减少设备投入和服务支出。

3.2　使用率提升指标

使用率提升指标包括从虚拟化和服务器/机架空间使用率到能源使用效率等各方面。

表 2 中列出了在业内广受认同的典型目标结果，其应当作为各部门进行

整体使用率评估的指导。实际的“部门使用率指标”将由各部门对各自的“初始资产清单”分析后填写。

表 2　数据中心整合决策的标准化指标

利用率指标	典型值	目标值
平均虚拟化率(%)	0% ~10%	30% ~40%
每台主机平均的虚拟操作系统数(个)	5 ~ 10	15 ~ 20
平均服务器利用率(%)	7% ~15%	60% ~70%(与应用程序有关)
平均机架空间利用率(%)	50% ~60%	80% ~90%
等效平均功率密度(瓦/平方英尺)	50 ~ 100	150 ~ 250
电源利用率(PUE)	3 ~ 2	1.6 ~ 1.3

提高 IT 设备的使用率是降低单位性能能耗的关键，可以通过以下几个方面实现：

- 服务器虚拟化（增加每台主机中运行的虚拟服务器的数量）；
- 服务器整合（停运未充分利用的物理服务器）；
- 机架空间整合（重新安排未充分利用的机架）；
- 数据中心设施整合（关闭未充分利用的设施）。

表 2 提供了用于支持数据中心整合决策的标准化平均使用率指标。这些指标将协助各部门提高已有设备使用率（空间、电力、冷却等方面），并对初始 IT 资产清单中介绍的使用率指标进行累计。此外，“平均功率使用率等效指标”使用业内普遍认同的每个机架 25 平方英尺空间来对“每平方英尺的电源利用率”进行归一化。

“部门内使用率计划”是“部门数据中心整合行动”的两个关键组成部分之一。各部门需要为各自的使用率指标提供初始值，并在这之后逐年增加。考虑到 2010 财年中已有部分虚拟化和整合项目正在进行中，各部门可能需要使用此类计划执行前的初始数据。

收集初始资产清单的流程和数据模板在“初始 IT 资产清单”中有详细描述（见表 3），此流程的第一步是进行“初始清单估计”。根据管理与预算办公室 2011 财年“Passback Considerations”文件，各部门必须于 2010 年 4 月 30 日之前提交此文件，各部门必须于 2010 年 9 月 30 日之前提交最终的“初始资产清单”。此外，各部门应当在 2010 年 6 月 30 日之前提交一份“数据中心整合行动方案初稿"，并于2010年9月30日之前提交"数据中心整合行动方案终稿"，管理与预算办公室将于2010年12月31日之前对其进行审核。

表3　部门内使用率计划模板

部门名称				
机构名称				
指　　标	由初始值计　算	目　标		
时　　间	2010年第4季度	2011年第4季度	2012年第4季度	2013年第4季度
平均虚拟化率(%)虚拟主机数/总计服务器数(%)				
大型机(IBM及其兼容系列)				
大型机(其他)				
Windows服务器				
Linux服务器				
UNIX服务器				
其他服务器				
每台虚拟主机上的平均虚拟机数				
大型机(IBM及其兼容系列)				
大型机(其他)				
Windows服务器				
Linux服务器				
UNIX服务器				
其他服务器				
平均物理服务器利用率(%)				
大型机(IBM及其兼容系列)				
大型机(其他)				
Windows服务器				
Linux服务器				
UNIX服务器				
其他服务器				
平均机架空间利用率(%)				
等效平均功率密度(瓦/平方英尺)				
等效平均功率利用效率(PUE)				

注：只有浅灰区域的内容需要在初始整合计划中填写，深灰区域的内容应当在最终整合计划中填写。

3.3 预计节约指标

预计节约指标是业内公认的一组能够从各方面反映数据中心开销节省的方案集合——从数据中心数目减少和层内资源节省到机架和服务器数目的减少，再到能源使用率和开销的降低。

各部门要根据各自对“初始资产清单”的分析填写各自到2012年第4季度计划节约的开销（见表4）。

表4 数据中心整合计划开销节省预计

削减与节约指标	到2012年第4季度计划削减和节省的开销
数据中心数据的减少量(个)	
每层的面积减少量(平方英尺)	
机架数减少量(台)	
服务器数减少量(台)	
大型机(IBM及其兼容系列)减少量(台)	
大型机(其他)减少量(台)	
Windows服务器减少量(台)	
Linux服务器减少量(台)	
UNIX服务器减少量(台)	
其他服务器减少量(台)	
能源使用减少量(千瓦时/年)	
能源开销减少量(美元/年)	
建造运行开销减少量(美元/年)	
建设、扩展、整合预算减少量(美元/年)	

提升IT设备使用率的主要目标是减少整体的能源消耗，从而节省能源开销（对于虚拟IT设备来说最高能节省90%）。

虚拟化技术和数据中心整合带来的额外好处还包括：

- 减少设施维护和运行的开销；
- 减少服务器维护和运行的开销；
- 提高服务器管理和供应自动化程度。

“部门内节约计划”是“部门数据中心整合行动”的第二个关键组件。各部门应当在2010年第2季度之前提供基本数据，包括数据中心的总数、这些数据中心的运行开销、每一层范围内的数据中心的法定利息（租借或自有）、机架的总数、服务器的总数、累计数据中心能源使用，以及累计数据中心能源消耗。各部门还应当提供在2012年第4季度之前的年度增长预计情况（见表5）。

表5 部门内节约计划模板

部门名称				
机构名称				
指　　标	由初始值计　算	目　标		
时　　间	2010年第4季度	2011年第4季度	2012年第4季度	2013年第4季度
总计数据中心数目(个)				
累计层内面积(平方英尺)				
总计机架数目(个)				
总计物理服务器数目(按类型)				
大型机(IBM及其兼容系列)				
大型机(其他)				
Windows 服务器				
Linux 服务器				
UNIX 服务器				
其他服务器				
累计数据中心能源使用(千瓦时/年)				
累计数据中心能源消耗(美元/年)				
累计数据中心建设运行开销(美元/年)				
累计财政建设、扩展、整合预算(美元/年)				

注：只有浅灰区域的内容需要在初始整合计划中填写，深灰区域的内容应当在最终整合计划中填写。

4　数据中心整合主要步骤

数据中心整合行动包括以下6个步骤，本节将对这6个步骤进行详细的说明。

步骤1：初始IT资产清单（包括初始评价和速效方案）；

步骤2：应用程序迁移前分析；

步骤3：分析和迁移战略；

步骤4：整合设计和迁移计划；

步骤5：整合和优化执行。

步骤6：持续优化支持。

4.1 步骤1：初始IT资产清单和速效方案

在数据中心整合行动的第1阶段，各部门将在四个主要的领域按照指标来收集数据，最终得出当前数据中心环境的基本状态。这些基本评估将集中在四个关键影响领域：IT软件资产和利用率；IT硬件资产和利用率；IT设施和能源使用；地理位置和用地，如图6所示。

IT软件资产和利用率	地理位置和用地
√软件资产管理和DSL √发布管理和SDLC √服务、应用程序到部分体系结构和企业平台的映射 √SOE=SOA+虚拟化基础设施 √分类服务/云计算	√降低灾难的风险，优先考虑温和的气候 √低人口密度/低开销 √大规模GSF/扩展潜力 √接近能源/冷却源 √足够的网络连接
IT硬件资产和利用率	**IT设施和能源使用**
√硬件资产管理和CMDB √变革管理和CCRB √能源之星硬件标准化 √网络、服务器、存储虚拟化 √服务自动化	√空气/液体节能器，优化空气流通 √高效率CRAC单元、冷却器、风扇 √能源类型/气体排放因素 √数据中心级别、层类型、线缆布置 √电源管理/备份

图6 数据中心整合关键领域评估指标

依据这些种类可以定义一系列的指标来评估各部门数据中心的当前环境（见以下各小节中的详细模板）。在数据中心整合行动的第1阶段，各部门将在上述四个领域内确定各自的数据中心资产，并进行记录。这四种数据类别和报告模板会在随后进行详述，这是各部门完成数据中心初始资产清单的基础，并根据需要在每个领域内进行记录和分析。

下面给出了四个重点领域及其相关的数据中心指标。

- 软件资产和利用模板：应用程序支持（业务领域、平台、SLA级别、用户数）；应用程序进行虚拟化和云计算的潜力；应用程序向支持标准交易系统的企业平台和服务迁移的潜力。
- 硬件资产和利用模板：服务器数目和虚拟化利用率（按照类型划分，如Windows、Linux等）；服务器性能和利用率（按照类型划分，如GHz / MIPS，峰值 / 平均值）；存储容量（按照类型划分，总计 / 已用TB）。

• IT 设施和能源利用模板：PUE（功率利用效率），功率密度（瓦特/平方英尺）；机架密度（平方英尺/机架），机架空间利用率（%）。

• 地理位置和用地模板：数据中心级别（I－IV），层内面积（平方英尺），租借费用（美元/平方英尺）。

初始基准数据采集的四个模板都完成后，各部门将需要持续对数据进行更新，并将这些数据填入“使用率改善指标”和“计划节约指标”描述的部门整合报告中。

4.1.1 初始 IT 资产清查评估和速效方案

各部门 IT 设施发展中遗留的历史问题较为复杂，一是合作者和提供商的合同约束，二是对其他联邦机构或政府范围内的其他计划的依赖，因此对各部门进行详细可行的数据中心初始数据的采集工作同时面临着技术上和管理上的挑战。“初始 IT 资产清查评估”是成功完成各部门数据中心初始数据必要的第一步。表 6 给出了简化的数据模板，用于记录在数据中心运行的系统的基本设施（等级和机柜数目）、硬件（服务器数目、类型）和软件（主要系统，由美国白宫管理与预算办公室第 A－11 号通告第 7 部分第 300 条定义）。

表 6　初步调查评估模板

部门名称				
机构名称				
数据中心名称	数据中心 1	数据中心 2	数据中心 3	数据中心 4
数据中心级别（Ⅰ－Ⅳ）－数据中心可用度				
级别Ⅰ－99.600%				
级别Ⅱ－99.750%				
级别Ⅲ－99.980%				
级别Ⅳ－99.995%				
服务器和机柜				
机架数（个）				
总计物理服务器数（台）				
大型机（IBM 及其兼容系列）				
大型机（其他）				
Windows 服务器				
Linux 服务器				
UNIX 服务器				
其他服务器				
主要系统（商用应用程序）				

作为阶段 2 的一项附加工作，各部门将利用已采集好的软件资产清单和硬件资产清单信息，以及应用程序映射产品来为数据中心的优化工作确定速效方案，并立刻实施。

- 将低安全要求的应用程序迁移到云计算技术中；
- 确定哪些应用程序在过去的一年中没有被用到，并停止其运行；
- 确定哪些服务器在上个月中的利用率为 0，关闭这些服务器（在必要的时候可以重新启动）；
- 通过虚拟化技术尽可能地进行服务器和存储设备整合；
- 提高数据中心的运行温度到 74 ℉ ~78 ℉（最佳方案）；
- 通过清理地板下的障碍、引导气流来改善冷却空气循环；
- 考虑使用外部空气来进行冷却（夜间或者凉爽的季节）；
- 在用电高峰考虑使用自有发电机供电，并考虑向公用电网卖电。

4.1.2 IT 软件资产和利用率模板及目标

软件资产模板的目的是对所有安置在数据中心中的主系统（由管理与预算办公室 A－11 号公告第 7 部分表 300）及其关键元素（如平台、服务器等）进行记录，并评估使用上文中提到的四种方式（停运、整合、虚拟化和云计算）进行整合的可行性。

为了能与管理与预算办公室的持续报告活动保持一致，软件资产模板的分类与联邦企业体系结构的技术参考模型（TRM）规范保持一致，以便将数据中心中的主要系统映射到 TRM 服务标准上，这些与 FEA 参考模型版本 2.3 定义相一致（见表 7）。

这个映射中使用了特定技术参考模型 TRM 服务领域——“服务平台和基础设施”，其包含了技术参考模型（TRM）服务类别。

- 支持平台（如 Linux/J2EE，Windows Server 2008/. Net 等）；
- 软件工程（如整合开发环境——IDE 等）；
- 数据库/存储设备（如关系数据库管理系统——RDBMS 等）；
- 分发服务器（如应用程序服务器、WEB 服务器等）；
- 硬件/基础设施（如企业服务器、大型机）。

正如 FEA 参考模型中描述的那样，“服务标准”定义了支持服务种类的标准和技术，很多“服务标准”还提供了规范演示和技术范例。有关“服务平台和基础设施”服务领域的“服务标准”及其描述可以在 FEA 参考模型中找到（这是一个数据采集的 Excel 工作表模板）。

表7　数据中心整合资产分类与FEA参考模型对应情况

<table>
<tr><td>IT软件</td><td colspan="5">根据“FEA整合参考模型文档2.3版”中描述的
联邦企业架构技术参考模型进行分类</td></tr>
<tr><td>数据中心名称</td><td colspan="4">主要系统（TRM标准规范映射）</td><td rowspan="3">建议整合方法
（1～5）</td></tr>
<tr><td>数据中心1</td><td colspan="2">支持平台
（TRM:864－866）</td><td colspan="2">服务器/计算机
（TRM:877）</td></tr>
<tr><td>主要系统（商业应用程序）</td><td>供应商</td><td>产品</td><td>供应商</td><td>产品</td></tr>
<tr><td></td><td></td><td></td><td></td><td></td><td>1. 不适用
2. 停运
3. 整合
4. 虚拟化
5. 云计算</td></tr>
<tr><td>数据中心名称</td><td colspan="4">主要系统（TRM标准规范映射）</td><td rowspan="3">建议整合方法
（1～5）</td></tr>
<tr><td>数据中心2</td><td colspan="2">支持平台
（TRM:864－866）</td><td colspan="2">服务器/计算机
（TRM:877）</td></tr>
<tr><td>主要系统（商业应用程序）</td><td>供应商</td><td>产品</td><td>供应商</td><td>产品</td></tr>
<tr><td></td><td></td><td></td><td></td><td></td><td>1. 不适用
2. 报废
3. 整合
4. 虚拟化
5. 云计算</td></tr>
</table>

使用基于FEA的方法，软件资产模板可以获得主要系统的所有关键技术特性，包括服务器和操作系统/平台，以及软件工程和数据库/存储设备和传送服务器。“建议整合方法”（最后一列）将作为主要系统（程序）停运、整合、虚拟化或向云计算迁移的主要指导。

数据中心整合流程的后期，软件资产清单将作为“应用程序映射和速效方案”阶段、“分析和战略决策”阶段、详细的“整合设计和转变计划”阶段，以及实际的“整合和优化执行”阶段的基础。

IT软件资产和配置管理目标是：

- 建立并优化软件资产管理职能；
- 建立软件资产清单；
- 建立确定性软件库（DSL）；

- 进行软件协议管理和兼容性管理。

软件开发生命周期（SDLC）和 IT 服务管理（ITIL，CMMI-Dev）目标是：

- 优化软件开发周期（SDLC）流程；
- 建立并加强与 SDLC 相关的发布与变更管理功能；
- 优化发布管理流程，并与变更管理进行紧密结合；
- 优化事件和问题管理流程。

4.1.3 IT 硬件资产和利用率模板和提升目标

IT 硬件资产和利用率模板的目的是将数据中心中所有的物理服务器和大型机进行清查，列出其数量、CPU 和电源的性能和利用率、可用的存储空间，以及数据中心内部定义的服务器利用率级别（见表 8）。

虚拟化级别应当依据以下两个参数进行评估：

- 虚拟化率（%）＝虚拟主机数目/服务器总数；
- 平均每个虚拟主机上运行的平均虚拟机操作系统数（JHJ）。

这些服务器/大型机的利用率指标在“利用率提高指标”和“预计节约指标”中有详细的描述。为了能让各部门的工作与之前“IT 基础设施专家组”框架内定义的工作相一致，服务器/大型机的类型和利用率指标的分类应当与 IT 基础设施业务线（ITI LN1B）使用的分类保持一致。“IT 硬件资产和利用率模板”中收集的数据只是 ITI LN1B 收集到的数据的一个子集，其工作范围仅限于服务器利用率和虚拟化级别，目标在于减少整体的能源使用。

指定的服务器/大型机主要类别有：大型机（IBM 及其兼容系列）、大型机（其他）、Windows 服务器、Linux 服务器、UNIX 服务器，以及其他服务器。

大型机和服务器的区别在于对两者进行 CPU 性能评价的指标不同，大型机使用 MIPS 作为性能指标，而服务器采用 GHz 作为性能指标。

IT 硬件资产和配置管理目标主要有：建立并加强硬件资产管理功能；定期更新资产清单——一份初始的清单加上后续的年度清单报告；执行配置管理数据库（CMDB）；执行资产和配置管理流程。

IT 服务管理（ITIL，CMMI-Svc）目标主要有：建立并加强变革管理功能和变革控制审查委员会（CCRB）；优化变革管理流程；优化事件和问题管理流程。

表 8　IT 硬件资产利用率及目标模板

IT 硬件										
数据中心名称	物理服务器								虚拟化	
数据中心 1	总计物理服务器数（台）	平均 CPU 性能（MIPS）	平均满载功率（瓦）	最大服务器使用率（%）	平均服务器使用率（%）	总计存储空间（TB）	平均存储空间（TB）	总计虚拟主机数（台）	总计虚拟操作系统数（个）	平均每台虚拟主机的虚拟机数（个）	虚拟化率（%）
大型机（IBM 及其兼容系列）											
大型机（其他）											
数据中心 1	总计物理服务器数（台）	平均 CPU 性能（MIPS）	平均满载功率（瓦）	最大服务器使用率（%）	平均服务器使用率（%）	总计存储空间（TB）	平均存储空间（TB）	总计虚拟主机数（台）	总计虚拟操作系统数（个）	平均每台虚拟主机的虚拟机数（个）	虚拟化率（%）
Windows 服务器											
Linux 服务器											
UNIX 服务器											

续表 8

数据中心名称	物理服务器									虚拟化	
其他服务器											
数据中心 2	总计物理服务器数（台）	平均 CPU 性能（MIPS）	平均满载功率（瓦）	最大服务器使用率（%）	平均服务器使用率（%）	总计存储空间（TB）	平均存储空间（TB）	总计虚拟主机数（台）	总计虚拟操作系统数（个）	平均每台虚拟主机的虚拟机数（个）	虚拟化率（%）
大型机（IBM 及其兼容系列）											
大型机（其他）											
数据中心 2	总计物理服务器数（台）	平均 CPU 性能（MIPS）	平均满载功率（瓦）	最大服务器使用率（%）	平均服务器使用率（%）	总计存储空间（TB）	平均存储空间（TB）	总计虚拟主机数（台）	总计虚拟操作系统数（个）	平均每台虚拟主机的虚拟机数（个）	虚拟化率（%）
Windows 服务器											
Linux 服务器											
UNIX 服务器											
其他服务器											

4.1.4 IT设施、能源、存储和电信设施等记录模板及其目标

IT设施、能源、存储和电信设施等记录模板的目的是对电源使用与开销、电源性能、机架数与利用率、总计存储能力与利用率，以及用于数据中心的电信连接情况进行记录（见表9）。设计本模板是用来在数据中心和各机构内持续记录IT设施的数据，只关注少量关键数据元素（如总计数据中心IT电源性能和电源使用率、机架数和机架利用率），然后自动获得更多的数据中心利用率指标：每个机架的平均电源性能（千瓦），机架层利用率（%），以及性能和使用率等效的电源密度（瓦/平方英尺）。

表9 IT设施、能源、存储和电信设施记录模板

数据中心名称	数据中心1	数据中心2	数据中心3	数据中心4
2010财年建筑、扩建、合并预算				
总计数据中心建设运行开销(美元/年)				
单位数据中心建设运行开销(美元/平方英尺/年)				
总计数据中心电力开销(美元/年)				
单位数据中心电力开销(美元/千瓦时/年)				
总计电力使用(千瓦时/年)				
IT电力使用(千瓦时/年)				
PUE(总计电力/IT电力)				
总计数据中心IT功率容量(千瓦时)				
总计数据中心IT功率需求(千瓦时)				
机架数(个)				
平均机架空间利用率(%)				
平均每个机架的功率容量(千瓦时)				
平均每个机架的功率需求(千瓦时)				
等效每层机架数(个/25平方英尺)				
每层机架利用率(%)				
等效功率密度容量(瓦/平方英尺)				
等效功率密度需求(瓦/平方英尺)				
等效功率密度使用率(瓦/平方英尺)				
总计存储空间(TB)				
已用存储空间(TB)				
网络提供商数目(个)				
总计可用带宽(Mbit/s)				
最大带宽利用率(%)				
平均带宽利用率(%)				

关于 IT 设备功率的测量，环境保护局在 2009 年 11 月 12 日的网络会议上推荐的预测方法如下。

• IT 功率的测量应当在 UPS 测试仪的输出端进行，如果数据中心没有 UPS 测试仪，那么 IT 功率应当在 PDU 测试仪或者其他更靠近机架的位置进行测量。

• 如果数据中心在一个 UPS 测试仪上具有超过 10% 的非 IT 设备负载，那么 IT 功率应当在 PDU 测试仪或者一个更靠近机架的地方进行测量，也可以对非 IT 设备负载的部分进行单独的测量。

• 如果一个数据中心在 PDU 测试仪端进行功率的测量，环境保护局允许同时在 UPS 测试仪和 PDU 测试仪端进行 IT 功率的测量，但是推荐提交的报告中包含 UPS 的相关测量数据。

随着 IT 功率测量技术的演进和应用范围的扩展，在机架端进行测量或者在服务器端进行测量已经变得可行，这提供了对 IT 功率测量技术的使用方式的最优了解方法，并为节省能源提供了更多的机会。

冷却系统优化目标主要是：有效利用空气或液态节能设备（使用任何可用的空气、水）；优化数据中心空气流动配置（机架配置/服务器密度）；使用高效率的计算机室内空调（CRAC）单元、可变速冷却装置、风扇、冷水泵等。

电能利用率优化目标主要是：利用高效率的电源系统和 UPS 单元；对供电系统进行数字化控制（包括直流到直流的转换）；在所有的 IT 硬件设备上启用电源管理。

4.1.5 地理位置和用地情况调查模板及其目标

地理位置和用地情况调查模板的目的是根据人口密度（城市级别）、地理（气候和地震区域）以及能量来源（eGRID 子区域）对数据中心所在的地理位置进行描述，同时也要根据数据中心等级、所有权模型、楼层面积和开销来对用地类型进行描述（见表 10）。

由于选择的指标包含了环境保护局的排放与通用资源整合数据库（eGRID）能源网络子集，因此各部门要保证各自的工作与第 13514 号和第 13423 号执行决议以及数据中心整合行动保持一致。这些指标同时还考虑了由国家海洋大气管理局制定、由美国能源信息管理局发布的《商业建筑能源消耗调查》（CBECS）美国气候区域，以及由美国地质调查局（USGS）于 2008 年发布的《国家地震灾害分布图》。

表 10　地理位置和用地情况调查模板

数据中心名称	数据中心 1	数据中心 2	数据中心 3	数据中心 4
地理位置				
美国城市等级(1,2,其他)				
美国气候区域(US EIA,1~5)				
美国地震区域(USGS)				
美国环境保护局 eGRID 子区域				
所有权(1~5)				
选项 1:自有数据中心				
选项 2:租借和改装				
选项 3:承包租借				
选项 4:协作				
选项 5:外包				
层内面积(平方英尺)				
开销(美元/平方英尺/年)				
潜在层内面积扩展(平方英尺)				
潜在扩展开销(美元/平方英尺/年)				
数据中心级别(I-IV)-数据中心可用度				
级别Ⅰ-99.600%				
级别Ⅱ-99.750%				
级别Ⅲ-99.980%				
级别Ⅳ-99.995%				

地理位置优化目标主要有：降低灾难带来的风险（自然或人为的）；考虑各地域的能源来源类型和间接温室气体排放因素（EPA eGRID）；评估可用的能源和冷却资源，以及相关的开销；优先考虑温和的气候（避免极端气候，以便提高冷却/加热效率）；保证足够的网络连接、冗余和带宽性能（支持数据中心用的骨干网的可用性和开销）；寻找低人口密度区域，降低用地和运行开销（高技术劳动力的可用性——能够在当地雇用受训的 IT 人员，以避免潜在的安置费用）。

用地优化目标主要有：优化每层可用空间的使用，实现整体利益的提升；评估可用的扩展潜力以适应长期的增长要求；进行市场研究以减少用地需求和租借开销。

4.2 步骤2：应用程序迁移前分析

为了确保各部门整合项目的成功，将利用以IT服务为中心的方法来代替对单个设备资源进行优化的方式。4.1节中描述的软件资产初始清单和硬件资产初始清单将作为进行应用程序映射流程的基础。

本步骤需要各部门进行的关键应用程序映射步骤主要是：应用程序到服务器/大型机的迁移分析；应用程序到数据库/平台的迁移分析；应用程序依赖性迁移分析；应用程序安全性要求；应用程序使用和SLA。

本步骤将作为后续对停运、虚拟化、整合或向云计算迁移进行分析、计划和行动的蓝图。这些在应用程序映射阶段得出的工作成果对将来各步骤的成功至关重要，尤其是对“整合设计和迁移计划”与“整合和优化执行”两个步骤。

4.3 步骤3：分析和迁移战略

数据中心整合行动的分析和迁移战略将建立一个主要系统及其相关目标状态的类别表，包括服务器虚拟化、存储方案，以及数据中心设施的整合。详细的分析将基于上文所描述的“IT整合”模板。此外，在计划的分析阶段，各部门应当确定是通过服务器虚拟化和整合还是通过云计算服务来实现服务器最优利用，以达到提高使用率和节省开支的目标。

在分析和作出战略决策时，各部门应当评估系统的安全配置和应用程序以确保虚拟化和云计算方案能够满足当前的安全要求。分析应当包括《信息技术系统的NIST SP800－30风险管理指导书》和《NIST SP800－60卷Ⅰ和卷Ⅱ——将信息种类和信息系统映射到安全类别指导书》的实际应用。

此外，各部门需要分析公用IT服务将如何被集中到部门社区的云系统或者跨部门的政府社区云系统中，被认为是很有潜力向云计算迁移的部分服务主要是：①通信工具，包括中心化的电子邮件、短信系统；②协作/生产工具，包括Web 2.0、网站主机系统、知识管理、文档管理、数据/文件存储和网络存储能力；③鉴别和接入管理，包括共享安全鉴别接入管理系统。

各部门将在四个数据中心领域作出战略决策，着重于数据中心整合的关键考虑（见图7）。

IT软件资产和利用率决策，IT服务趋向和虚拟化与云计算的潜力：

- 定义公共企业和业务服务；

软件清查和标准化： 1. 映射服务、平台和应用程序 2. 选择标准的软件平台和工具 评估战略软件方案： 1. 对应用程序分类，整合安全系统 2. 考虑私有/公有云方案	选择优化位置： 1. 估计灾难、气候风险 2. 寻找高效的能源、冷却源 寻找有利用地： 1. 评估用地可用性和开销 2. 确保足够的网络连接
硬件清查和标准化： 1. 对硬件资产和配置进行清查 2. 选择标准能源之星硬件 设施虚拟化和自动化： 1. 虚拟化网络、服务器、存储设备 2. 自动化供应、管理服务	优化设备运行： 1. 财产、层类型、电缆放置 2. 高效率CRAC单元、冷却器、风扇 限制能源使用： 1. 空气/液体节能器，优化空气流通 2. 能源管理/备份

图 7　数据中心整合关键领域决策指标

• 将服务、应用程序和平台依赖性映射到 CMDB 中；

• 利用以服务为中心的应用程序和虚拟设施来建立一个面向服务的组织；

• 将以后可以利用的公用、私有或者社区云系统的应用程序服务进行分类。

IT 硬件资产和利用率决策，服务器、网络、存储虚拟化、优化以及服务自动化：

• 选择符合能源之星标准的硬件来优化电源使用/性能；

• 标准化硬件配置和操作系统；

• 评估虚拟化的可行性，选择标准的虚拟化平台；

• 选择服务器虚拟化平台和服务自动化工具；

• 选择存储虚拟化平台和服务自动化工具；

• 选择网络虚拟化平台和服务自动化工具。

IT 设施、能源和电信决策，设施、电源和电信优化：

• 选择合适的数据中心级别；

• 选择电源备份策略（如现场发电）；

• 为优化空气循环选择合适的层类型和电缆布线；

• 确保有足够和冗余的电信连接。

地理位置和用地决策，地理位置和用地优化：

• 根据减少风险、温和气候、接近能源地和冷却源，以及足够网络连接的标准来选择合并地点；

• 根据低人口密度（意味着更低的用地需求）和低租借开销的原则来选择用地，以减少运行开销；

• 坚持优化每平方英寸面积的使用，以实现整体的经济效益，考虑可用的扩展潜力以适应长期的增长需求（数据中心生命周期需要超过20～30年）。

4.4　步骤4：整合设计和迁移计划

整合设计将把重点放在制定技术标准和体系架构方面，同时要确定在各部门内或部门间采用共享云计算方案的机遇。云计算方案应当将重点放在FISMA NIST 800－53的低级安全要求或中级安全要求上。强烈推荐低安全性和中等安全性要求的系统通过软件作为服务（SaaS）、平台作为服务（PaaS）或者设施作为服务（IaaS）方案使用云计算。

“部门迁移计划”将定义相关的步骤，部门将根据这些步骤来进行应用程序的迁移，通过虚拟化整合服务器，利用共享服务和云计算方案来减少数据中心运行开销和能源使用。所有部门必须要建立此类的迁移计划来实现为服务器、存储设备、数据库和顶层平台制定的目标，同时完成对IT设施的部署，以及向任何有利于发挥用地和地理优势的地点进行迁移和整合。此外，各部门需要在各自的“迁移计划”内指定哪些服务器将被停运，哪些服务器将会被整合到虚拟服务器或者迁移到云计算系统中。

“部门迁移计划”应当实现以下目标：部门整合战略和设计；IT软件和硬件整合体系结构；IT设施规范；地理位置和用地规范；部门整合执行的详细时间表、重要事件和工作分类结构（WBS）。

4.5　步骤5：整合和优化执行

整合和优化执行是“部门数据中心整合行动”的实际完成阶段和“部门迁移计划”的执行阶段。本阶段将着眼于实施之前设计的架构方案，包括服务器虚拟化、应用程序向虚拟环境迁移、应用程序和设施向云计算迁移（IaaS，PaaS或者SaaS），同时还要执行其他计划好的IT设备优化活动和地点迁移工作，如机架空间整合、空气流通优化、冷却/电源系统重新设计、地点整合/迁移等。

在这个阶段各部门每年将被要求按照“使用率提高指标”和“预计节

省指标”的内容报告各自的“数据中心整合行动”进程。这包括将要整合的数据中心数量、数据中心层空间和能量消耗的减少，以及虚拟化和云计算方案的应用等，以减少各部门内数据中心的用地和性能压力。

图 8 演示了数据中心整合的“部门迁移计划”的执行工作流程。“部门项目管理”工作的执行应当由所有的软件开发、服务器运行、IT 设施和用地运行小组协作实现。后续的成本—收益分析、通信和培训活动同样是有效组织与数据中心整合行动迁移的关键因素。

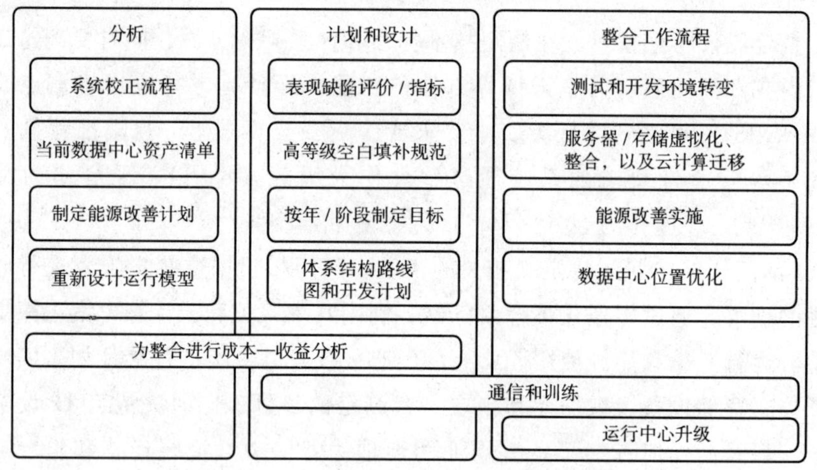

图 8 “部门迁移计划”项目管理流程

一旦初始数据中心整合工作完成，新的节能和节约开销的最佳方案应当继续投入到下文所描述的“优化支持项目”中。

4.6 步骤 6：持续优化支持

“持续优化支持”将包含对应用程序使用的监控，以及对 SLA、服务器利用率和虚拟化级别、机柜和层空间利用率、能源使用和相关开销节省的监控。所有在“初始 IT 资产清单”中介绍的数据中心级指标和“利用率提高指标”，以及“预计节约指标”中介绍的部门级指标将持续进行更新，并持续受到监管。

因此，在初始的整合工作完成后，各部门应当继续采用并执行可以实现最优服务器利用率和最佳数据中心执行能源效率的最佳方案，这些将保证服务器和机架利用率的高级别。此外，由于对 IT 服务灵活性的要求增加，各部门要进一步评估和促进云计算的使用。数据中心整合和优化活动的年度报告应当持续进行更新。

附录A　常见问题解答

1. 数据中心整合行动的主要动力和关键利益是什么?

- 推动绿色信息技术的使用，减少整体的能源消耗和政府数据中心的占地;
- 减少数据中心硬件、软件和运行方面的开销;
- 增强政府在信息技术方面整体的安全性;
- 加强对高效率计算平台和技术的使用。

2. 这项计划对于工作有什么样的影响?

任何整合计划都会对劳动力造成影响。由于各个部门的IT人力资源有限，本计划将重新定位各部门的工作重心，从而让数据中心的工作人员能够减少维护方面的工作，而把更多的精力用于战略性的IT计划上。

3. 数据中心、服务器/大型机以及主要系统的定义来源是什么?

“数据中心整合行动模板”中的公共名词定义有以下几个来源：2009年8月8日发布的《预算数据请求书》(BDR) 第09－41号；管理与预算办公室第A－11号通告，第7部分，表300；IT基础设施业务线（ITI LoB）数据统计计划。

4. 数据中心是怎样定义的?

依据联邦数据中心整合行动的目的，任何数据处理服务器的专用存放空间都可以被认为是数据中心，这其中包括在常规建筑物中的面积小于200平方英尺的机柜和面积小于500平方英尺的服务器机房，以及存放服务器、存储设备和网络设备而专用的整个楼层甚至整座建筑。此定义不包括那些通信和网络设备专用的设施（如电话交换、电信室和机柜）。这个数据中心的定义重点强调数据处理服务器，其反映了数据中心整合行动的工作重心，即对用于数据处理的服务器、机架空间和楼层空间进行优化利用（见2007年8月2日美国环境保护机构能源之星项目组发布的《服务器和数据中心能源利用率国会报告》中的公共条例第109～431条）。

BDR第09－41号中有如下叙述：数据中心是一个用于存储、管理和传播数据与信息的仓库（机柜、房间、楼层或者建筑物）。这个仓库存放着计算机系统及其相关的组件，例如，通信和存储系统，其通常配备了冗余电源或者备用电源、数据通信连接、环境控制（空调、消防等），以及其他以租借、自有、合作及独立形式存在的专用的安全设备。

在现代化的背景下，部门所属的数据中心应当具有以下自动化信息处理和数据存储操作功能：运行部门允许的自动化应用系统，向部门人员提供时间共享服务，通过集中式的处理器提供办公自动化和记录管理服务，为部门内的网络提供网络管理支持。

在“初始资产清单模板”和“位置与占地模板”中，服务器机柜和机房可以通过数据中心等级字段中的“N/A－服务器机房/机柜”选项进行说明。

5. 各部门如何利用ITI LoB过去主导的研究来进行开销分析和明确计划目的？

各机构在完成各自的“初始财产清单”时一个重要的信息参考来源就是ITI LoB的数据收集报告。各部门可以更新服务器和大型机的数量和使用状况，且不限于报告中包含的服务器类型。ITI LoB还提供了其他额外的数据（如网络、电信），这些数据可以用来对各部门的信息技术运行和开销结构进行深入的分析，但这已经超出了数据中心整合行动的范围。

6. “年度数据中心建造运行开销”是如何定义的？

参考了《2009年所有财产清单指导书》，内务管理局政府政策办公室和联邦财产委员会于2009年7月14日发布。

7. 各部门应当如何报告那些完全由合作者托管和管理的数据中心？

各种不同所有权和管理权的数据中心都应当进行报告。各部门在“位置与占地模板”中填写此类数据中心时必须在“所有权”字段选择合适的值。机构服务提供商应当提供可靠的清单和开销信息。

8. 各部门应当如何报告那些完全由其他部门托管和管理的数据中心？

各种不同所有权和管理权的数据中心都应当进行报告。“提供托管”的部门和“被托管”的部门都要报告此类数据中心的情况，并在“位置与占地模板”中填写此类数据中心时在“所有权”字段选择合适的值。在进行政府范围内的数据分析时会对报告上来的信息进行合理的协调。

9. 一个消费部门可能会报告从其他作为提供者的部门那里购买的服务器和数据中心，而作为提供者的部门也会报告这些服务器和数据中心，那么应当如何避免此类重复计算？

如果在“托管提供”部门和“被托管”部门的“位置与占地模板”中的“各个数据中心的财产清单数据”部分填写的“所有权”字段能够精确地进行匹配，那么报告的数据中心信息将在整个政府范围的数据分析中得到协调。

10. 各部门可以利用什么工具来收集资产清单和利用情况的信息？

市场上有很多用于硬件财产探测、利用率监控、软件应用探测和应用程序依赖关系映射方面的软件产品。各部门可以利用此类工具进行硬件和软件资产相关信息的更新。那些已经拥有此类工具的部门应当已经获得了财产清单数据。那些还没有利用此类自动化清单列表工具的部门应当考虑利用这类工具，这其中包括数据中心整合行动提供的支持，但不应当仅限于此。管理与预算办公室数据中心整合行动项目管理办公室将协助各部门为此类行动进行市场调查和工具评估。

11. 管理与预算办公室将怎样协助各部门完成各自的“财产清查基准”和“数据中心整合行动”？

最初，各部门将以电子表格的形式提供“初步调查评估”的报告信息。管理与预算办公室数据中心整合行动项目管理办公室正在制定一个基于私有云计算系统的自动化数据整合和分析工具，此工具将分发给各部门来提交各自的数据中心整合行动报告，并分析各自的数据中心信息。管理与预算办公室将利用这个自动化报告工具来自动产生整个政府的数据中心报告和相关的分析。此外，管理与预算办公室数据中心整合行动项目管理办公室还将为各部门完成各自的“资产清查基准”和“数据中心整合行动”提供持续的支持。

12. 管理与预算办公室能否为虚拟化技术和向云计算迁移的选择分析和总体拥有成本分析提供指导？

那些正在考虑进行迁移的系统和应用程序需要针对虚拟化技术和云计算技术进行特定的选择性分析和总体拥有成本分析，因此以点概面的分析方法是不可行的。管理与预算办公室数据中心整合行动项目管理办公室可以协助各部门根据定义好的需求和业务限制来评估虚拟化和云计算的成本，同时向各部门提供通用的最优方案的指导，并提供与特定部门的“财产清单与应用程序映射”相符的策略。

13. 数据中心整合行动和云计算的关系是怎样的？

云计算是一个创新性的技术平台，其可以在联邦政府内有效地提高效率并节省开销。各联邦部门应当在“按需应用”（见 IT 软件模板）的原则下考虑采用云计算作为数据中心整合的潜在方法。云计算和数据中心整合行动都致力于在提升运行效率的同时，在各部门的 IT 组织内获得经济效益整体上的提升。

14. 各部门应当如何报告云计算的地理位置（街道地址）？

云计算通常是由多个数据中心虚拟组成的，没有一个特定的地理位置。因此，如果不知道某个云计算服务提供商数据中心的特定位置，各部门可以只对提供商的名称进行报告。

15. “财产清查基准”中应当包含存储局域网（SAN）和磁带存储方案吗？

除了要对服务器进行整合外，存储整合和特别分层存储体系结构都是减少能源消耗、设备成本和运行开销的重要因素。此外，集中式存储是应用服务器和桌面虚拟化技术的关键。

因此，“数据中心整合行动模板”包含了一个用于统计存储相关信息的专用工作表。各部门应当从类型（SAN、NAS、DAS 或者磁带库、光盘库等机械存储设备）和等级（高性能、中等性能和低性能）两个方面对各自的存储能力进行报告。此外，各部门还应当向管理与预算办公室报告其特定的存储整合计划，应从架构（垂直或者平面结构）、接入速度、吞吐量、多协议支持、数据复用、加密（传输中或者静态存储时），以及其存储系统的主要业务目的（从高性能在线存储系统到离线的可移动磁带/磁盘设备）等方面进行说明。

16. 各部门的增长将会对数据中心整合行动的报告和效率指标造成怎样的影响？

“数据中心整合行动模板”中的密度和使用指标与部门的绝对大小和增长趋势是无关的，这些指标主要对应于在一个特定的报告周期某个部门对已有资源的有效利用情况。

附录 B　初期整合计划说明

“联邦数据中心整合计划”、“初始数据中心整合计划”需要在 2010 年 6 月 30 日前提交。在初始计划中，各部门应当提供各自高级别的目标、计划，以及对各自整合工作的管理。在制定初始整合计划时，各部门应当充分考虑以下因素：

• 为了减少财政赤字而给各机构带来的减少花费的压力；

• 各局独有的、部门独有的，以及项目独有的数据中心带来的不断增加的空间需求、能源开销和用地开销，这种状况在当前存在可行解决方法的情况下是无法继续维持下去的；

• 如果各部门在整合工作中需要额外的资金开销，那么这些开销应当相应地在基础设施、用地、人员和能源方面进行分摊；

• 考虑在部门内部进行整合，包括可行性商业方案，以便在减少 IT 服务开销的同时不影响局内的工作（IaaS，PaaS 以及 SaaS）；

• 如果需要“内部”方案满足性能或者安全性的要求，各部门应当尽最大努力改善部门内的服务，进行跨部门共享、主机代管和虚拟化等工作。

在本项目的开始阶段，管理与预算办公室制定了以下目标：

• 减少数据中心硬件、软件和运行的开销；

• 提高政府整体的安全级别；

• 将 IT 技术的投资转向更高效的计算平台和技术；

• 促进绿色 IT 技术的使用，减少政府数据中心整体的能源消耗和用地。

为了实现这些目标，各部门应当考虑在以下方面提高效率：

• 提高服务的性能、可靠性和可用性；

• 提高安全性；

• 改善数据管理（使用、复用和共享的能力等）；

• 提高资金的使用效率；

• 淘汰各局独有的、部门独有的、项目独有的，以及一次性的数据中心；

在适合的地方实施共享服务：

• 广域网和 Internet 接入；

• 鉴别和接入管理服务；

• 电子邮件及其相关协作工具；

• 公共 Web 网站；

• 所有管理支持应用程序（财务管理、人力资源管理、采购等）；

• 最大限度上实现虚拟化（服务器、存储台式机和工作站等）。

各部门应当使用这些高级别的计划来实现“初始整合计划节约目标模板”中提到的 IT 资产减少的目标。这些目标包括数据更新、累计层内面积、机架总数和服务器总数几个方面。随着最终的财产清单不断收集与完善，各部门还要对整合计划进行修订，最终的目标也可能随之改变。

各部门应当将实现高级别目标的过程视为完成最终数据整合计划的第一步。数据中心整合计划需要从战略高度来制定，充分考虑部门的需要、相关企业架构和部门特定的资金计划流程。在数据中心整合计划随着时间推进的同时，各部门应当充分考虑如何将这些计划整合到各自的2012财年的预算中去。数据中心整合计划应当被整合到机构资产计划中，并与管理与预算办公室的A－11号通告指导书保持一致。

附录C　数据中心整合指标描述

IT软件指标	指标描述
支持平台(TRM:864－866)	如J2EE,NET,LAMP
服务器/计算机(TRM:877)	如企业服务器类型、大型机类型
建议整合方法(1～5)	选择建议整合选项
整合选项	1. 不适用——整合不可行
	2. 报废——系统不再使用,或者系统是多余的,以后将进行报废
	3. 整合——系统将被整合到一个与其他相似系统共享的设备中
	4. 虚拟化——系统将迁移到虚拟化环境中
	5. 云计算——系统将迁移到云计算服务中,或者直接被云计算服务代替
总计物理服务器数(台)	总计物理服务器/大型主机数目——按服务器类型划分
平均CPU性能(MIPS或者GHz)	平均服务器/大型机CPU性能(GHz/MIPS)——按服务器类型划分
满载平均功率(瓦特)	平均服务器/大型机满载功率需求——按服务器类型划分
最大服务器使用率(%)	最大服务器/大型机CPU使用率——按服务器类型划分
平均服务器使用率(%)	平均服务器/大型机CPU使用率——按服务器类型划分
总计存储空间(TB)	总计存储空间——按服务器类型划分
已用存储空间(TB)	已用存储空间——按服务器类型划分
总计虚拟主机数(台)	总计已用作虚拟主机的物理服务器/大型机数目——按服务器类型划分
总计虚拟操作系统数(个)	总计虚拟操作系统数——按服务器类型划分
平均每个虚拟主机上的虚拟机数目(台)	计算:总计虚拟机操作系统数/总计虚拟主机数——按服务器类型划分

续表

IT 软件指标	指标描述
虚拟化率(%)	计算:总计虚拟主机数/总计物理服务器数(%)——按服务器类型划分
2012 财年总计建设、扩建、整合预算(美元/年)	数据中心建设、扩建、整合的年度预算
总计数据中心建设运行开销(美元/年)	数据中心运行开销的年度预算
单位数据中心建设运行开销(美元/平方英尺/年)	计算:年度建设运行开销/层内面积(由位置和用地模板获得)
总计数据中心电力开销(美元/年)	数据中心 IT 设备及其相关设施的年度用电账单
单位电力开销(美元/千瓦时)	计算:单位电力开销 = 每年总计电力开销/每年总计用电量
总计电力使用(千瓦时/年)	数据中心 IT 设备及其相关设施每年的用电量
IT 电力使用(千瓦时/年)	数据中心 IT 设备每年的用电量(在 UPS 测试仪的输出端测得,或者在 UPS 端不能测量时由 PDU 测试仪测得)
PUE(总计电源使用/IT 设备电力使用)	计算:PUE = 总计用电量/IT 设备用电量
总计数据中心 IT 功率容量(千瓦)	总计 IT 电源功率容量,数据中心要根据本项进行设计,机架级的功率容量计算见下方
总计数据中心 IT 功率需求(千瓦)	计算:由 IT 硬件表中获得所有服务器/大型机平均功率需求的总和
机架数(个)	IT 设备的可用机架数
平均机架空间利用率(%)	机架空间的平均使用率(由设备管理系统获得)
平均每个机架的功率容量(千瓦)	计算:总计数据中心 IT 功率容量/机架数
平均每个机架的功率需求(千瓦)	计算:总计数据中心 IT 功率需求/机架数
等效每层机架数(每 25 平方英尺的机架数)	计算:每 25 平方英尺的机架数(使用等效机架层密度进行标准测量)
每层机架利用率(%)	计算:等效机架层空间/层内面积(由位置和用地表获得)
等效电源密度容量(瓦/平方英尺)	计算:每个机架的平均功率容量/25 平方英尺(使用等效机架层密度进行标准测量)
等效电源密度需求(瓦/平方英尺)	计算:每个机架的平均功率需求/25 平方英尺(使用等效机架层密度进行标准测量)
等效电源密度使用(瓦/平方英尺)	计算:每个机架的平均功率使用/25 平方英尺(使用等效机架层密度进行标准测量)
总计存储空间(TB)	总计可用存储空间
总计已用存储空间(TB)	总计已用存储空间
网络提供商数量(个)	网络带宽提供商的数量
总计可用带宽(Mbit/s)	提供商提供的总计可用带宽
最大带宽利用率(%)	最大带宽利用率(包括所有的提供商)
平均带宽利用率(%)	平均带宽利用率(包括所有提供商)

美国公共部门云计算应用报告

编译：徐春学　张铠麟
译审：周　民
国家信息中心公共技术服务部

译者按

云计算是近两年ICT领域最引人注目的热点之一。各国政府都非常重视云计算的发展，很多国家已经开始在政府内部大力推行。美国政府是最早使用并推广云计算的国家之一，目前在联邦及地方政府已经有大范围的多项应用。

美国联邦政府CIO维维克·昆德拉于2010年5月20日颁布了《美国公共部门云计算应用报告》(以下简称《报告》)。《报告》内容主要有三个方面：第一，阐述了云计算的定义与内涵，并构建了云模型，其将政府的云计算应用依照安全性及部署方式的不同分为政府私有云、商用托管私有云、社区云、公共云和混合政府云等五类。第二，概要介绍了联邦政府在云计算及其相关领域的战略计划。主要从数据中心战略、标准规范开发及财政预算计划等方面保障云计算应用的推进。在标准及安全方面，国家标准和技术研究院（NIST, National Institute of Standards and Technology）做了大量工作，一边推进“云计算标准加速”（SAJACC），一边致力于保护云系统中的政府数据，使其符合《联邦信息安全管理法》(FISMA）的相关要求。在财政预算方面，《报告》指出，从2011财政年度开始，基于云计算技术的替代方案将成为美国联邦政府财政预算的重要组成部分。第三，遴选了美国联邦及地方政府的30个云计算的应用案例（附后）。

通过美国政府的多项措施及相关案例可以看出，目前在云计算的安全性仍饱受质疑的情况下，美国政府对于云计算的应用态度依然很坚决，推进力度也很大，并且已经取得大量成功经验。

美国公共部门云计算应用报告*

1 概述

奥巴马政府正在改变华盛顿当局的运作方式，并运用新的责任意识管理纳税人的钱。美国CIO委员会正在致力于利用美国的创新精神和科技力量来提高政府绩效并降低成本。

美国政府是世界上最大的信息技术消费者，每年在1万多个不同系统上的开销超过760亿美元。当新的技术在私营部门有效运行的时候，联邦政府的信息技术应用却存在系统分散、项目执行力弱、被原有技术拖累等问题，阻碍了效率和性能提升。

2009年9月，美国CIO委员会宣布了联邦政府云计算计划。云计算在大大减少浪费、提高数据中心效率及利用率、降低运营成本等方面具有潜在优势。本报告展示了公共部门云计算的概况，并提出了联邦政府对云计算的定义，包括云计算的部署模式、服务模式、共同特点等细节。

当我们发展云计算时，需要有足够的警惕性，即云计算环境中须有对应标准可以保证政府信息的安全，保护公民隐私，保障国家安全利益。本报告详细说明了国家标准和技术研究所（NIST，National Institute of Standards and Technology）在促进和引导安全性、互通性、可移植性标准方面所作的努力。

此外，本报告也详细说明了联邦预算计划在促进政府机构云计算应用方面所作的努力，并概述了联邦政府对数据中心的整合途径。

---

* 本文为美国CIO委员会发布的云计算应用报告，原文见 http：//www. cio. gov/pages. cfm/page/State-of-Public-Sector-Cloud-Computing。

最后，本报告总结了联邦政府、州及州以下政府的30个案例。这些案例表明云计算技术在公共部门中的应用越来越多。

2 联邦政府方案

云计算还处于早期发展阶段，我们还有很长的路要走。本报告展示了政府采用云计算缩小政府技术差距的途径。具体来说，包括：

- 云计算的定义；
- 数据中心整合；
- 标准研发；
- 联邦预算计划。

2.1 云计算的定义

根据国家标准和技术研究所[①]的定义，云计算是一种模型，该模型可以便捷地、按需地实现对共享计算资源池的访问，访问通过网络完成，资源池（如网络、服务器、存储、应用程序和服务等）是可配置的，仅需要最小化管理工作或与服务商最少的人工交互即可实现快速提供。这种云模型提升了可用性，由基本特征、部署模式和各种服务模式组成。

云的特征

• 按需自助服务。消费者可以自行配置计算能力，如果需要，配置可以自动完成，不需要和服务供应商进行人工交互。

• 宽带网络接入。计算能力可以通过网络获取，并通过标准机制进行访问，这种机制可以促进瘦或胖客户端的使用（如移动电话、笔记本电脑、掌上电脑等）。

• 资源池。服务商的计算资源被集中起来，使用一种多租户模型（Multi-tenant Model）服务多个消费者，根据消费者的需求对不同的物理和虚拟资源进行动态分配和重新分配。消费者一般无法控制或了解服务资源的提取位置，但是可以指定一个较高抽象水平的位置（如国家、州、数据中心）。资源包括存储、处理、内存、网络带宽和虚拟机。

---

① National Institute of Standards and Technology, "The NIST Definition of Cloud Computing", 2009年10月, http://csrc.nist.gov/groups/SNS/cloud-computing/。

• 快速有弹性。计算能力能够被快速且有弹性地提供，在某些情况下，可以自动地快速扩张，也可以迅速释放。对于消费者来说，计算能力通常似乎是无限的，可以在任意时间采购任意数量。

• 可度量的服务。云系统可以根据不同服务类型抽象出一些量化的能力（如存储、处理、带宽和活动用户数量），来自动控制并优化资源使用。资源使用可以被检测、控制和报告，这些对服务供应商和消费者都是透明的。

云计算的优点

曾经有段时间，镇子、农场或者村庄的每家每户都有自己的水井。现在，共享的公共设施可以让我们简单地拧开水龙头就能得到干净的水。云计算用相似的方式工作，就像厨房的水龙头里流出的水，云计算服务可以根据需要迅速地打开或关闭。在自来水公司，有一个专业团队保证提供的服务是7×24 小时可用并且安全的。最好的情况是，当水龙头没有打开时，你不但节省了用水，而且还不用为当时不需要的资源付费。

• 经济。对于 IT 用户来说，云计算是一种即用即付费的方法，只需要一个较低的初始投资就可以运行。如果系统使用增加，则费用增加；如果系统使用减少，则费用降低。通过这种方式，用户现金流能够与系统整体成本更好地匹配。

• 灵活。在预期负载发生变化时，IT 部门不需要仓促准备额外的硬件和软件，使用云计算可以随需增加和减少计算能力，而且只需要为实际使用的资源付费。

• 快速实现。由于不需要采购和验证过程，且对服务、工具和功能特征拥有几乎无限的选择，云计算帮助 IT 项目在极短时间内取得进展。

• 持续的服务。云计算可以提供更高水平的服务和可靠性，且可对紧急情况立即作出反应。

• 提高效率。云计算将用户从 IT 系统配置和维护的细节中解放出来，通过减少对 IT 的操作和维护，使用户可以将更多的时间放在关键任务上。

• 节能。因为资源集中，用户不需要有自己专门的 IT 基础设施，几个团体用户可以共享计算资源，从而实现更高的利用率、更少的服务器使用和更低的能量消耗。

部署模式

• 私有云。云基础设施只为一个组织运作，它可以由组织或者第三方管理（见图 1）。

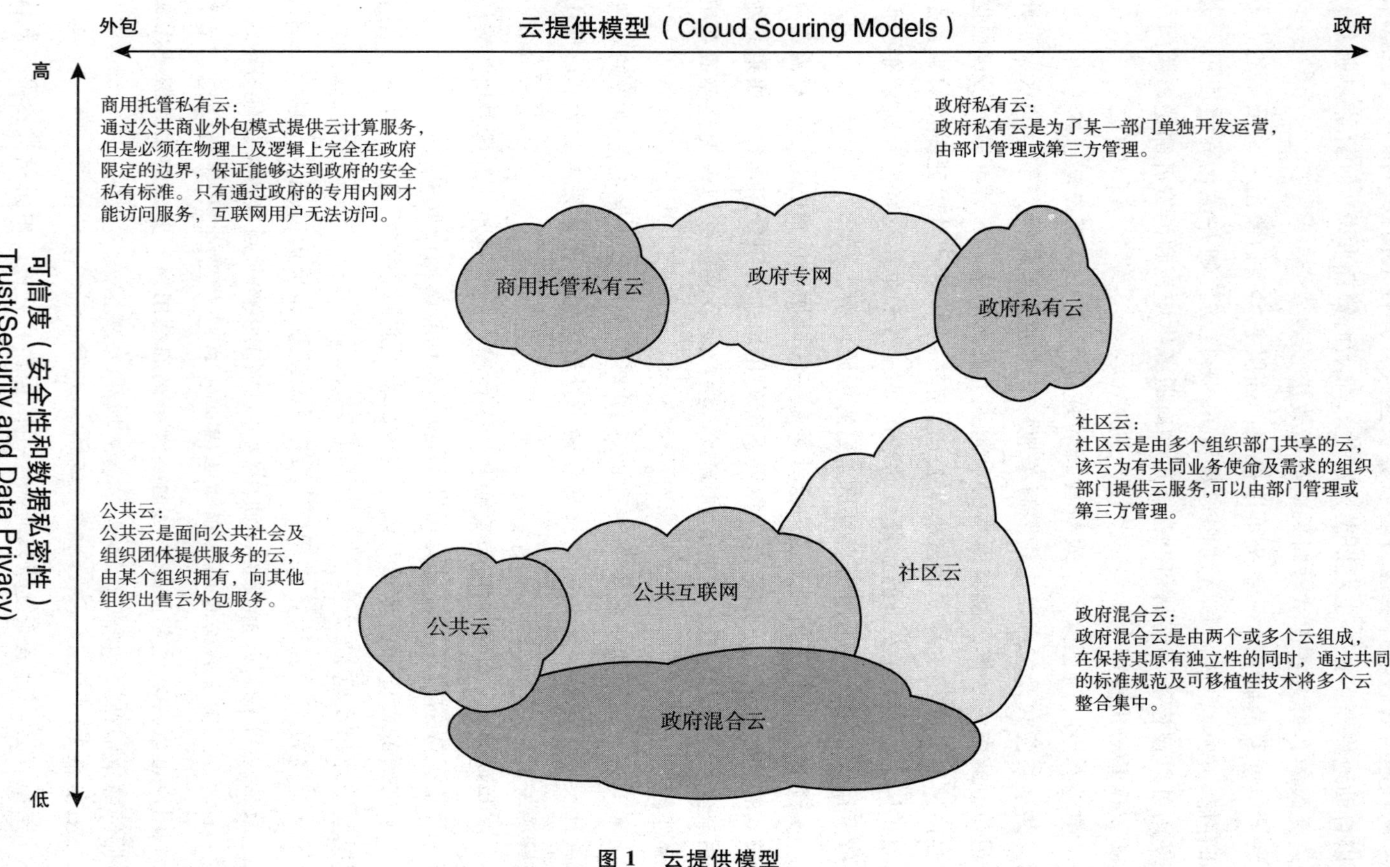
云提供模型（Cloud Souring Models）
外包
政府
高
低
可信度（安全性和数据私密性）
Trust(Security and Data Privacy)
商用托管私有云：
通过公共商业外包模式提供云计算服务，但是必须在物理上及逻辑上完全在政府限定的边界，保证能够达到政府的安全私有标准。只有通过政府的专用内网才能访问服务，互联网用户无法访问。
政府私有云：
政府私有云是为了某一部门单独开发运营，由部门管理或第三方管理。
商用托管私有云
政府专网
政府私有云
社区云：
社区云是由多个组织部门共享的云，该云为有共同业务使命及需求的组织部门提供云服务,可以由部门管理或第三方管理。
公共云：
公共云是面向公共社会及组织团体提供服务的云，由某个组织拥有，向其他组织出售云外包服务。
公共云
公共互联网
社区云
政府混合云
政府混合云：
政府混合云是由两个或多个云组成，在保持其原有独立性的同时，通过共同的标准规范及可移植性技术将多个云整合集中。

图 1　云提供模型

• 社区云。云基础设施由几个组织共享，这些组织具有共同关注点（如使命、安全要求、政策遵守的考虑等），可以由这些组织或第三方管理。

• 公共云。云基础设施向公众开放，由某个组织拥有并对外出售云服务。

• 混合云。云基础设施是两个以上的云的组合（私有云、社区云或者公共云），它保留单独的实体，但通过标准或者专有技术连接起来，这样可以使数据和应用程序具有可移植性（如云之间负载均衡）。

服务模式

• 软件即服务（SaaS）。为消费者提供使用供应商应用程序的能力，这些应用程序运行在云基础设施上。通过像浏览器这样的瘦客户端接口，消费者可以从不同的客户端设备访问应用程序。除了有限的应用程序客户化设置，消费者不用管理或者控制底层的云基础设备，包括网络、服务器、操作系统、存储，甚至个别应用程序。

• 平台即服务（PaaS）。在云计算基础设施上，为消费者提供部署应用程序的能力，这些应用程序由消费者自己创建，或者使用供应商提供的编程语言和工具来创建。消费者不用管理或者控制底层的云基础设备，包括网络、服务器、操作系统或存储，但是需要控制应用程序的部署和托管环境的配置。

• 基础设施即服务（IaaS）。为消费者提供处理、存储、网络和其他基础计算资源的能力，从而消费者可以部署和运行任意软件，这些软件可以包括操作系统和应用程序。消费者不用管理或者控制底层的云基础设备，但是需要控制操作系统、存储、部署的应用程序，以及可能需要对部分网络组件（如主机防火墙）进行有限控制。

2.2 数据中心整合

向云计算的过渡也得到了联邦数据中心整合计划的支持。联邦数据中心的整合可以降低能源消耗、空间使用和环境影响，提高 IT 资产的利用率和效率。为了实现《能源安全和独立法案（2007）》及其他为提高能效而颁布的各政策文件的目标，数据中心整合计划将发挥重要作用。这项工作将推动在整个政府范围内共享联邦数据中心的基础设施，实现成本节省和低碳，支持政府完成使命。

2010 年 2 月，联邦 CIO 发布了关于各联邦机构数据中心整合计划的行动指南。[①] 该指南为联邦机构提供了相应指导及规范，包括如何考虑数据中心的性能和使用指标、能源利用效率、物理设施、运行成本和资产信息、最佳实践、开放标准和安全性等。各联邦机构将开发自己的数据中心整合计划，并在2010年8月30日之前纳入2012财政年度预算。

2.3 标准开发

当我们发展云计算时，需要有足够的警惕，要确保云计算环境中有对应的标准。作为联邦政府云计算计划的一部分，国家标准和技术研究所（NIST）[②] 正在促进和领导云计算相关标准的开发，这些标准主要集中在安全性、互通性、可移植性等方面。

当前的云计算标准开发工作由NIST的信息技术实验室（ITL，Information Technology Laboratory）承担，包括以下内容。

• 专业出版物。2009年，NIST公开发表了被广泛采纳和引用的云计算定义。NIST正在开发一系列与云计算相关的专业出版物（SP，Special Publication）。

• 云计算标准加速项目（SAJACC，Standards Acceleration to Jumpstart Adoption of Cloud Computing）。SAJACC的目的是加速云计算标准的开发。SAJACC将包括一个由NIST建立的公开访问门户，以促进信息交流，这些信息是那些满足核心云计算需求的、即将成为标准的关键接口规范。SAJACC将有助于加快云计算标准的开发，促进信息双向传播，增加各方推进云计算的信心。

• 联邦风险和授权管理项目（FedRAMP，Federal Risk and Authorization Management Program）。FedRAMP项目由联邦CIO委员会负责实施，用于评估具体云服务实现的安全态势，在该项目中，NIST扮演技术顾问角色，主要协助联邦CIO委员会建立相关的技术流程。

NIST云计算标准开发活动描述

NIST作为政府主导机构，与其他政府机构、行业界、学术界、标准开

---

① 管理和预算办公室，“Federal Data Center Consolidation Initiative”，首席信息官议会，政府报告，2010年2月，http://www.cio.gov/documents details cfm/uid/25A781B7 - BDBE - 6B59 - F86D3F2751E5CB43/structure/OMB%20Documents%20and%20Guidance/category/Policy%20Letters%20and%20Memos。

② National Institute of Standards and Technology，“Summary of NIST Cloud Computing Standards Development Efforts”（政府报告，2010）。

发组织（SDO，Standards Development Organizations）一起，促进已有标准的应用，并在存在差距的领域开发新的云计算标准。虽然云计算服务已经投入使用，但是安全性、互通性、可移植性是云计算广泛应用的主要障碍。我们期望可以缩短标准投入使用的周期，使得代价减少并增强快速创建和开发企业应用程序的能力。重点在于标准支持互通性、可移植性、安全性，从而保障重要应用。

NIST 的 IT 专家们的科学知识和它的多元化组合，保证了它具备综合的知识、研究和技术指导能力，这些能力有助于 NIST 完成使命，即支持行业发展、对政府进行指导、秉公办事，并提供可信赖的技术见解。

云计算和相关主题的专业出版物

NIST 正在计划发布第一本关于云计算的专业出版物，其目的是深刻阐述使用云计算的好处、注意事项，以及安全性和如何有效使用等问题。具体而言，该出版物将为云计算的关键考虑因素提供技术指南，这些因素包括互通性、可移植性和安全性。为了阐述这些问题，该出版物以被人们广泛认可和接纳的 NIST 云计算定义为基础，给出了主要云计算服务种类的信息模型（软件即服务、平台即服务、基础设施即服务）。该出版物概括了云系统的典型术语，对云计算的未来研究领域进行了概述，并提出了非正式建议。

NIST 也在开发一本关于服务器和桌面安全虚拟化解决方案的专业出版物，这些虚拟化方案将在云计算技术中被广泛应用。出版物将对相关的虚拟化技术进行概述，讨论服务器虚拟化相关的安全问题，并为解决这些问题提出建议。出版物还将概述机构在服务器虚拟化解决方案生命周期中需要实施的行动。

云计算标准加速（SAJACC，Standards Acceleration to Jumpstart Adoption of Cloud Computing）

从新技术需要一个正式标准到标准变得可用，通常需要较长时间。标准的开发依赖于广泛参与并建立共识的时间过程。为了制定高质量和完整的标准，需要保证做到认真调查，这样才能使它们有效并被广泛采用。

在云计算标准正式制定之前的过渡时期，SAJACC 的策略和方法是加速标准的开发（见图 2），增强应用云计算的信心。SAJACC 将通过门户网站，提供关于过渡规范的信息和它们如何支持云计算关键需求的信息。

更具体的是，SAJACC 将提供一个可由互联网公开访问的关于云计算使用场景的知识库（如用例）、已文档化的云系统接口、云系统的参考实现指

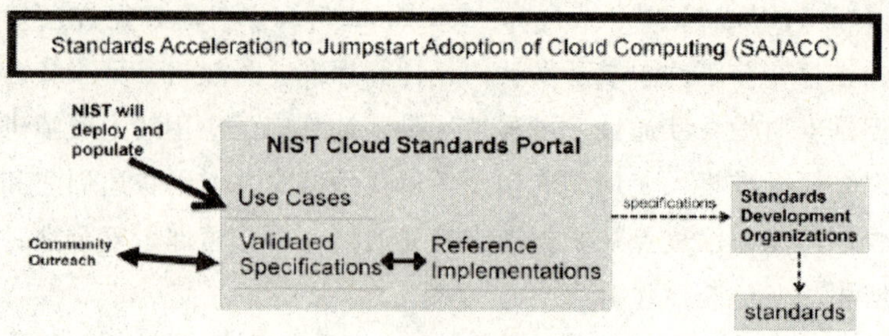

图2　标准加速概述*

* National Institute of Standards and Technology，"Summary of NIST Cloud Computing Standards Development Efforts"（政府报告，2010）。

标，以及测试结果，这些结果可以显示不同接口能够支持的单个用例。

目前，一个整理原始用例集的项目正在实施，用例集由云计算利益相关部门（包括学术界、政府和行业）审核。用例用于向云系统使用者展示可移植性、互通性和可实现的安全性。用例提炼之后，会在门户网站上公布。为了验证用例，项目最终要识别候选的遗留云系统接口，以及它们的参考实现方法。当初始遗留接口被识别之后，NIST 将执行验证测试并公布测试结果。识别新接口（连同相应的参考实现）和新用例是一个持续的过程。

联邦风险和授权管理项目（FedRAMP，Federal Risk and Authorization Management Program）

NIST 作为联邦云计算咨询委员会（CCAC，Cloud Computing Advisory Council）安全工作组的技术顾问，将为 FedRAMP 定义一个初始技术方法和流程，与基于《联邦信息安全管理法》（FISMA，Federal Information Security Management Act）制定的 NIST 安全指南相一致。澄清一下 NIST 对于 FedRAMP 的作用，NIST 从技术角度支持 FedRAMP 流程的定义，但是 NIST 不是具体的实现组织。FedRAMP 的管理和日常运行将在联邦 CIO 委员会的主持下完成。

作为技术顾问工作的一部分，NIST 将做到：

- 为工作组提供技术支持，进而更好地支持联邦 CIO 委员会；
- 创建指南，以促进政府在授权云系统和 FISMA 法案之间取得平衡。

2.4　联邦预算计划

总统的 2011 财政年度预算将云计算作为实现效率 IT 和效能 IT 战略的

主要途径。联邦机构都要部署云计算解决方案，以改善 IT 服务的交付。与现状相比，云计算方案有明显的好处。作为 2011 财政年度预算审批的一部分，OMB 要求所有机构评估基于云计算的替代解决方案，作为 IT 预算提交。特别要求：

• 到 2011 年 9 月——对于所有新规划的或正在执行的主要 IT 投资，必须完成一个基于云计算的替代解决方案的分析，作为预算的一部分进行提交。

• 到 2012 年 9 月——对于所有已有设施改进型的 IT 投资，必须完成一个基于云计算的替代解决方案的分析，作为预算的一部分进行提交。

• 到 2013 年 9 月——对于所有长期建设的 IT 投资，必须完成一个基于云计算的替代解决方案的分析，作为预算的一部分进行提交。

3 案例说明

云计算为公共部门改进服务提供了巨大的机遇，减少了政府的运行成本，纳税人的钱得到了有效的利用，而且降低了能耗。虽然公共部门只是才刚刚开始采用云计算，但是我们已经看到了各级政府的创新案例。

例如，2010 年 4 月 6 日，Recovery. gov 为第一个迁移到云的政府业务系统。利用云计算基础设施将节省大量的经费，复苏委员会（the Recovery Board）计划再次采购超过 100 万美元的计算机设备和软件，以完成它的责任使命，如识别欺诈、经济复苏中的浪费和滥用。洛杉矶市将 24000 个员工的 E-mail 和办公软件工具迁移到了云上，5 年节省支出 5500 万美元。威斯康星州自然资源部以托管方式建立一套在线会议系统以增强协作，在线会议系统支持电话会议、交互会议和信息共享。

这些只是广大公共部门利用云计算的遴选案例。

4 联邦政府云计算案例

下面的案例研究给出了近期联邦机构如何使用云计算技术的例子。

• 国防部（美国军队）——陆军体验中心；

• 国防部（国防信息系统局）——快速访问计算环境；

• 国防部（国防信息系统局）——Forge. mil；

- 国防部（美国空军）——人事服务交付改革；
- 能源部（劳伦斯伯克利国家实验室）——云计算迁移；
- 卫生和公共服务部——电子健康记录支持；
- 内政部——全部门的电子邮箱；
- 总务管理局（市民服务办公室）——USA. gov 网站；
- 总务管理局——全部门的电子邮箱；
- 国家航空航天局（艾姆斯研究中心）——世界望远镜（World-Wide Telescope）；
- 国家航空航天局（喷气推进实验室）——成为火星人（Be A Martian）；
- 国家航空航天局——数据中心战略；
- 社会保障事务管理局——在线解答知识库；
- 联邦劳资关系局——案件管理系统；
- 复苏责任与透明化委员会——Recovery. gov 云计算迁移；
- 证券交易委员会——投资者援助系统。

4.1 国防部

项目：陆军体验中心

（美国军队）

陆军体验中心（AEC, Army Experience Center）坐落于费城，作为一个军队试点项目，旨在探索新的陆军可以利用的技术和方法，以提高宣传和招募工作的效率和效果。AEC 采用基于触摸屏的职业探索亭、先进的展示设备、社区活动、虚拟现实模拟器和社交网络（Social Networking）等方式，以帮助潜在学员了解军队，并对是否入伍作出明智的决定。军队需要一个客户关系管理系统，跟踪有发展希望的个人和电子承诺（Electronic Engagements），帮助招募人员、管理招募流程。

陆军现有的专用数据系统——军队招聘信息支持系统（ARISS, Army Recruiting Information Support System）已经用了十多年。除了每年定期更新外，很难把 ARISS 修改到符合 AEC 的需求，包括整合社交网络和其他 Web 2.0 应用程序，从不同平台（包括手持设备）进行实时数据访问，跟踪 AEC 访问者和参观数据，整合宣传和招募数据等。传统 IT 厂商提供的满足功能需求的初始开价是 50 万 ~100 万美元。

陆军选择了一个基于云的客户关系管理工具（Salesforce. com）的定制

版本，作为陆军体验中心管理招募工作的试验方案。陆军采用基于云的试点方案每年投资5.4万美元。在新系统的帮助下，陆军能够跟踪新兵，因为他们在陆军体验中心参加多个模拟活动。该方案直接整合了E-mail和Facebook，使得参与体验者在离开陆军体验中心后，招募人员仍可以方便地联系他们。利用Salesforce.com的移动解决方案，军队招募人员可以在任何地方访问招募信息。

陆军现在处于两年应用试点的第二年。利用基于云的解决方案，陆军体验中心已经代替了五个招聘中心，而且使用的招募人员更少。云应用实现了更快速的应用升级，大大减少了硬件和IT人员成本，并显著提高了人员的工作效率。①②

项目：快速访问计算环境

（国防信息系统局）

国防信息系统局（DISA，Defense Information Systems Agency）为国防部（DoD，Department of Defense）提供信息技术支持。DISA自2008年开始使用云计算，创建自己的安全私有云，即快速访问计算环境（RACE，Rapid Access Computing Environment）。RACE使用虚拟服务器技术为开发团队提供按需服务器空间，目的是比传统的公共云更安全和稳定。

RACE包括许多在单个物理服务器里的虚拟服务器。通过使用虚拟化技术，DISA将单个物理服务器的提供和维护成本分摊在多个虚拟服务器上。在这个虚拟环境中，用户可以使用自服务门户网站，按照50GB增量自行调整计算资源，同时保证符合国防部安全标准。在国防部，由于采购流程很长，专用服务器环境的提供经常要用3~6周的时间。但是，RACE可以24小时为用户提供服务器空间。用户获得RACE所花费的成本是经济合理的，而且该花费可以用许可的政府信用卡预支。

按照DISA所述，使用RACE时，个人可以获得与传统环境相同的服务水平和可用性。此外，为了安全目的，RACE内置了应用隔离控制手段，所有应用程序、数据库和WEB服务器之间都是相互隔离的。当应用程序需要从RACE平台上被彻底移除时，DISA也具有严格的数据清洗过程。自从云

① Jeff Erlichman, "Cloud Computing", On the Frontlines: Shaping Government Clouds, 2010年冬。见http://www.mygazines.com/issue/5865。

② United States Army G-1, 2010年5月。

解决方案的推行开始，数百个军事应用包括指挥和控制系统、导航控制系统、卫星项目已经基于 RACE 开发和测试。[①]

项目：Forge. mil

（国防信息系统局）

由于许可证、采购和支持服务等原因，在国防部实施新软件和系统需要花费大量时间和金钱。传统的不基于云的软件开发活动通常难以实现规模经济和无处不在的交付，或者项目的交叉合作。考虑到这些好处可通过云计算实现，DISA 建立了软件开发环境 Forge. mil。通过 Forge. mil，DISA 为整个国防部提供了快速开发、测试和部署新软件和系统所需的工具和服务。

Forge. mil 通过与云供应商 CollabNet 协作，提供了一个软件开发平台，允许用户在软件代码上进行复用和协作。到目前为止，Forge. mil 拥有 5000 多用户，300 多个开源项目，500 多个发布文件，超过 30000 个下载。Forge. mil 的合作环境和开放的开发平台使得 DISA 避免了大量启动费用，并通过软件复用得到更多的投资回报（ROI，Return on Investment）。

实现以最小的代价快速启动项目后，在 Forge. mil 环境中开发新项目，预计每个项目可为 DISA 节省 20 万～50 万美元。此外，据 DISA 估计，使用开源的理念允许软件复用和协作开发，由此大约可节省成本 1500 万美元。Forge. mil 的开源理念不但可以在许可证和技术支持上节省成本，而且通过版本控制、可追踪性，以及来自不同项目的多个利益相关者在相同软件代码上的协作等，有助于提供持续改良的软件。

Forge. mil 承载了国防部不同领域的项目，包括陆军、海军、空军、海军陆战队和参谋长联席会议，所有项目都在一个可以保护国防部软件资产的安全环境中。利用云环境，Forge. mil 允许 DISA 及其客户减少成本并缩短开发新软件和系统的时间，促进开发软件的复用和协作，缩短投放市场的时间。[②]

项目：人事服务交付改革（PSDT，Personnel Services Delivery Transformation）

（美国空军）

面临重整人事部门的新任务，空军人事中心需要减少搜寻文件所花费的时间，允许人事部门支持作战任务。为此，空军人事中心启动了一个新的项

① Defense Information Systems Agency，2010 年 5 月。

② Defense Information Systems Agency，2010 年 5 月。

目，来改善人力资源工具和服务的交付，其主要目的是通过提供自主服务和追踪客户服务需求，来创造更好的客户体验。

空军通过服务商 RightNow 实现软件即服务（SaaS）解决方案，用于支持知识管理、案例跟踪、联络中心追踪和客户调查任务的需要。利用 RightNow 解决方案中的可用工具，空军将关注点放在信息组织方式等一些基础问题上。

使用 RightNow 能够帮助空军削减人力，每年可节省超过 400 万美元。知识库搜索增加到每周将近 200 万次，客户参与增加了 70%。通过利用基于云的解决方案，该网站随时应对访问量的波动，而不影响客户体验。客户现在可以在 2 分钟内从超过 1.5 万个文档中找到答案，这在以往需要等待 20 分钟。①

4.2 能源部

项目：云计算迁移

（劳伦斯伯克利国家实验室）

能源部正在探索云计算带来的低成本和高能效，以及如何利用云计算来满足整个组织部门的特定业务需求及科研需要。自 2009 年开始，劳伦斯伯克利国家实验室（LBNL，Lawrence Berkeley National Labs）的努力已经显现效果。LBNL 已经在 Google Federal Premier Apps 上部署了 2300 多个邮箱，2010 年 8 月之前将部署 5000 个电子邮件账号。这个解决方案利用 LBNL 身份管理系统（LBNL Identity Management System）提供认证。此外，Google Docs 和 Google Sites 已经被部署，并正由中小规模的科研团队所使用，以促进团队协作和文档共享。

现阶段，LBNL 正在评估 Amazon 公司的 EC2 能否在使用高峰期时发挥中型计算机的作用。LBNL 还调查了联邦身份技术的使用，为科学界广泛使用云计算产品提供方便。LBNL 估计，在未来 5 年可以在硬件、软件和人力成本上节省 150 万美元。②③

4.3 卫生和公众服务部

项目：电子健康记录支持

卫生和公众服务部（HHS，The Department of Health and Human Services）

① Air Force Office of the Chief Information Officer，2010 年 5 月。

② 能源部首席信息官办公室，2010 年 5 月。

③ 劳伦斯伯克利国家实验室首席信息官办公室，2010 年 5 月。

利用云计算来支持电子健康记录（EHR，Electronic Health Records）系统的实现。HHS 计划涵盖 70 个区域推广中心，这将协助 10 万多名初级保健医生开展工作。为了协调医疗保健供应商的新 HER 系统的实施，HHS 正在利用 Salesforce. com 实施一套基于云的客户关系和项目管理解决方案。这个解决方案将为 HHS 的区域扩展中心选择、实现和使用 EHR 系统提供支持。

在对比评估内部开发和基于云的解决方案之后，国家协调办公室（ONC，the Office of the National Coordinator）认为，Salesforce. com 在快速、低成本和可伸缩方面提供了最佳 CRM 解决方案。评估结论认为，采用自有系统实现需要 1 年多的时间，而利用云解决方案，可以在 3 个月内实现。

基于云的 CRM 系统带来的一个好处就是系统升级能力，这种能力在地区推广试点中得到了证实，ONC 期望能够在更短时间内快速升级系统。[①]

4.4 内政部

项目：全部门的电子邮箱

内政部正在实行基于 SaaS 云计算模型的电子邮箱系统。内政部有 5 万名电子邮箱使用者，广泛分布于美国各地。其现在利用非常复杂的消息基础设施（Messaging Infrastructure）来支持 10 多个不同电子邮件系统之间的通信。当决定使用基于云的解决方案时，该部门意识到整合电子邮件基础设施可以减少整个系统的复杂度，改善服务水平。

在考虑如何更好地整合电子邮件系统时，该部分析了采用云计算解决方案所带来的成本节省，并且效果是显著的。通过外部商业 SaaS 模型实现电子邮件发送，该部期望使用现在每天花费的 1/3 为 8 万个使用者提供服务。该部正在推进该项目，争取在 2011 财政年度完成。[②]

4.5 总务管理局

项目：USA. gov

（市民服务办公室）

作为联邦政府的主要信息门户，USA. gov 向美国公众提供大量的信息和资源，包括福利和津贴、税收、教育、卫生、选举、技术、商业和非营利方

---

① 卫生和公共服务部，2010 年 5 月。

② 内政部首席技术总监办公室，2010 年 4 月。

面的信息指南。

随着联邦政府鼓励市民更多地参与地方、州和联邦政治活动，当热点问题在国家公共论坛讨论、发生自然灾害和选举临近时，USA. gov 等主要网站的网络拥堵大大增加。这些拥堵高峰使得基于云计算的解决方案非常有吸引力，因为云基础设施比多数传统的 IT 基础设施有更好的可扩展性。这增加了 USA. gov 的灵活性，能更好地服务于新的需求。

通过迁移到 Terremark 公司的企业云服务，总务管理局（GSA，General Services Administration）将网站更新时间从 9 个月（包括采购）缩短到最多 1 天，每月停机的时间从传统的主机设置大约两个小时缩短至云解决方案的接近零（99.9% 可用）。以往，GSA 每年为 USA. gov 支付 235 万美元，其中包括硬件更新和软件许可 200 万美元，人力成本 35 万美元。通过迁移到云服务，GSA 现在每年为 USA. gov 支付的所有相关成本为 65 万美元，节省了 170 万美元，节省 72%。①

项目：全部门的电子邮箱

GSA 需要很多功能应用，如集成的消息传递和协作工具，以支持其完成使命。目前，GSA 的电子邮件归档很难使用，而且不符合信息检索（电子发现）的需求。与电子邮件归档相关的存储空间持续增加，管理成本很高。最近，与处理电子邮件诉讼相关的法规要求 GSA 实施更有效和更快捷的流程。此外，GSA 正在寻找一个解决方案，此解决方案可以减少系统维护的负担，并为 GSA 使用者及时提供新版本和功能。

GSA 将超过 1.5 万个邮箱迁移到基于云的解决方案中，消除了多余和异构的基础设施，这些基础设施目前安置在世界 17 个不同的地方。

虽然仍处在信息收集阶段，但初步估计，头两年 GSA 将实现 30% 的成本节约。②

4.6 国家航空航天局

项目：世界望远镜（World-Wide Telescope）

（艾姆斯研究中心）

星云（Nebula）是国家航空航天局（NASA，National Aeronautics and

① 总务管理局，2010 年 5 月。

② General Services Administration，2010 年 5 月。

Space Administration）的云计算平台，正在帮助 NASA 以前所未有的清晰度吸引公众“探索月球和火星”。星云允许 NASA 处理、存储和上传上千幅高分辨率的图片，总计超过 100TB 数据。在传统 IT 环境中，需要用几个月的时间来采购新基础设施，另外还需要两个全职工作人员在一到两个月的时间内配置新设备来处理这些数据。通过使用星云，NASA 节省了四五个月的时间和大约 800 个小时的劳动量，使该机构可以把工作重点放在扩展公众访问的内容上，而不是建立 IT 基础设施。

NASA 的工作需要严格的安全策略，即面临如何提供一个合作环境用于和外界合作伙伴或公众共享数据的挑战。星云的体系架构从设计之初就考虑与商业云服务供应商的互操作性，使 NASA 的研究人员可以将数据集和代码移植到商用云上。星云为 NASA 提供了一种安全方法，使 NASA 的数据可被同伴访问，但又可避免连接到内部网络。每个研究者都需要一定数量的存储空间和计算能力来处理他或她的数据集。在原有操作模型中，研究者需用几个月的时间来处理和配置这些资源，并需要持续监测和频繁升级，但使用星云的云计算基础设施，研究者们可以在几分钟内提供这些服务。

NASA 的空间探索任务往往需要持续 10 年以上，处理空间探索返回数据需要大量资源。然而，探索任务有时候取得了不同程度的成功：有些向后延期，有些全部取消，有些远超过预期。星云的云服务使 NASA 在响应实际任务需求方面变得更为灵活，根据任务发展的实际需要向上或向下调整资源。除了支持 NASA 的任务外，星云平台表现出了更多的灵活性，其已经成为联邦政府透明化官方网站——USAspending. gov 的支持平台。为了更好地利用星云云计算平台，USAspending. gov 2. 0 完全重新设计，随着联邦开支数据量的增长，增加相应存储量变得非常快速且容易实现。①②

项目：成为火星人（Be A Martian）

（喷气推进实验室）

NASA 的喷气推进实验室（JPL，Jet Propulsion Laboratory）通过激发公众对火星的兴趣，从而把科学带给美国人民。该实验室通过使用技术手段，旨在提高其教育和宣传的影响力。该实验室不仅希望将火星数据传递给公

① National Aeronautics and Space Administration，2010 年 5 月。

② National Aeronautics and Space Administration Office of the Chief Technology Officer，“WWT Case Study”（政府报告，2010）。

众，更要激发公众对火星的兴趣。

为迎接这一挑战，实验室利用微软的 Azure 云计算平台开发了一个互动网站，即 BeAMartian. jpl. nasa. gov。该互动网站采用应用程序接口（API，Application Programming Interface）连接了网站访客和 25 万幅火星图片，而不用在喷气推进实验室的电脑上保存任何额外数据。在云平台上，个人可以通过浏览图片、观看视频并创造标记的方式，完成虚拟的火星探索。他们可以发布问题、阅读回复，并发送信息到火星。访问者对网站贡献的内容越多，他们的账号就会赚取越多的声誉积分。对于参与者，这是一个了解更多火星知识的有趣方式。

NASA 的喷气推进实验室首席技术官汤姆·索德司朗（Tom Soderstrom）说，“通过多种云的早期探索，喷气推进实验室始终保持清醒”。“换而言之，喷气推进实验室打算成为云的智能用户，我们这样做的唯一途径是先行一步、积极尝试。两年来，我们一直通过喷气推进实验室和工业界的合作来探索云，已有很多成功案例和故事”。

利用这个云计算解决方案，NASA 成功地吸引了很多使用者。用户已经创建了 2000 多个社交媒体（Social Media），在电视、广播和纸质媒介上传播了 200 余个案例。已经有来自 NASA 群众外包（Crowd-sourcing）应用程序的 250 万个 API 查询，并有来自研发人员的 50 万个 API 查询。网站市政大厅区域已经收到 4 万多张投票，5000 名个人和团体已经注册了 NASA 的赞助计划。这些公众也帮助 NASA 识别火星表面的陨石坑和其他特征。喷气推进实验室得益于拓展公众的兴趣，以及新的云技术的探索与应用。[①]

项目：数据中心战略

NASA 近期宣称，它们正在重新评估数据中心战略，并已经中止了一份可能产生高达 150 亿美元的数据中心外包合同的项目建议书。目前，NASA 的一些内部机构正在评估星云的使用，同时探讨基于云的替代方案。

艾姆斯研究中心的飞行器研究和技术部门正在探讨使用星云建成它们的信息传递接口（MPI，Message Passing Interface）。该组织执行飞行器空气流动计算。为获取数据，飞机表面上会有大量的计算节点，相邻节点使用信息传递接口进行通信。目前，需要一套非常昂贵的设备——NASA 的 60000-

① National Aeronautics and Space Administration Jet Propulsion Laboratory Office of the Chief Technology Officer，2010 年 5 月。

core Pleiades 计算机来完成这项工作。虽然星云在性能方面不如 Pleiades，但是，在启动时间及节能环保等诸多方面的优势，还是让星云成为具有吸引力的替代解决方案。

• 1/2 有巨大内存和存储需求的机构，会对星云感兴趣。到 2010 年 6 月，星云将会发布 IaaS 的 beta 版本，这使得星云可以指定虚拟机所必需的内存量和存储量。星云的 IaaS 解决方案可以使每个虚拟机满足 12GB 内存的应用需求。

• 1/3 的机构正在尝试利用星云创建虚拟工作站，软件开发人员在工作站上可以编写并测试编译他们的代码。星云可以在开发环境上为软件开发人员提供更细密的控制，允许开发人员共享许多现在只能在本地桌面上运行的模块和库。

• 其他机构正在计划使用星云作为与其他非 NASA 合作伙伴交互的服务平台。星云将采用匿名但受控的 FTP 技术用于大型文件传输，并运行一个内部的、基于 Web 的 java 应用程序，用于分析和可视化 NASA 的领空概念评价系统（Airspace Concept Evaluation System）生成的数据。[①]

4.7 社会保障事务管理局

项目：在线解答知识库

社会保障事务管理局（SSA，Social Security Administration）每年处理上百万个市民提交的问题和查询。查询者想知道他们能在线做什么，或如何得到社会保险号、福利文件，以及查找外地办事处、预估退休金或者索要收入证明。为了更加方便公众查询，该部建立了常见问题（Frequently Asked Questions）在线数据库，在任何时间任意地点，查询者都可通过互联网访问。

社会保障事务管理局利用 RightNow 公司的云解决方案提供这项服务。访问者可以通过分类、关键字或短语在 Socialsecurity. gov 中寻找答案，这可以帮助他们快速查找信息。知识库中包含千余个问题和答案。社会保障事务管理部保持知识库中的信息更新，这样可以极大地减少电话和来访请求。

2009 年，常见问题库中的答案数目已超过 3400 万个。按照目前的人员编制，社会保障事务管理部的员工和 800 个服务机构不可能回答所有提问。

---

① National Aeronautics and Space Administration Office of Legislative and Intergovernmental Affairs，2010 年 5 月。

相反，网络解决方案具有高度可扩展性，使其在不影响办公现场服务和电话服务的前提下，满足日益增加的服务需求。①

4.8 联邦劳资关系局

项目：案件管理系统

联邦劳资关系局（FLRA，Federal Labor Relations Authority）发现其运行10年之久的案件管理系统已无法支撑其完成使命。联邦劳资关系局的用户经常经历搜索延期，且系统不能随着用户增加而扩容。此外，系统的软件许可证成本很高。

战略上，联邦劳资关系局想要实施一套可共享的电子案件管理跟踪系统，可以让公民建立文件档案，从而获得电子文件并检查其案件的状态。联邦劳资关系局旨在利用云改善基础设施，使现有的IT服务能够更快地响应业务需求，同时符合法律规范要求。

联邦劳资关系局选择了Intuit公司的Quickbase系统作为新系统的平台。从需求收集到完成开发，该项目的实施用了不到10个月时间。由于使用了基于云的解决方案，比原来联邦劳资关系局预计的时间快了20%。现在，用户使用现代的基于浏览器的界面和信息协作工具，大大提高了工作效率。联邦劳资关系局估计，在5年内，案件管理系统的总拥有成本将减少近60万美元。②

4.9 复苏责任与透明化委员会

项目：Recovery. gov云计算迁移

《美国经济复苏和再投资法案》（ARRA，American Recovery and Reinvestment Act）于2009年2月通过后，Recovery. gov网站随之建立，其目的是“培养更大的使用法案规定资金的责任”。③ 复苏责任与透明化委员会（RATB，Recovery Accountability and Transparency Board）创建了这个面向公众的网站，允许市民追踪资金如何使用。该网站提供大量的工具，包括图例、表格、地图等，这些工具不断更新和完善，以正确反映资金的使用情况。一个政府范

① Social Security Administration，2010年5月。

② Federal Labor Relations Authority，2010年4月。

③ U. S. Congress. American Recovery and Reinvestment Act of 2009. H. R. 1. 111th Cong.，1st sess. 2009年1月。http：//frwebgate. access. gpo. gov/cgi-bin/getdoc. cgi？gbname = 111 cong bills&docid = f：h1enr. pdf。

围的信息系统需要依赖灵活和强大的基础设施，以确保信息的访问、安全，以及易于更新最新信息。

2010 年 4 月 26 日，Recovery. gov 成为第一个完全迁移到基于云环境的政府系统。Amazon 的 EC2 基础架构平台可提供附加的安全性，作为系统已有安全措施的补充。商业云系统的弹性使得 Recovery. gov 可以作为一个完全可扩展的网站，随时准备根据需要应对使用高峰。过去致力于该网站相关的数据中心和相应的硬件管理的内部人员得到解放，可以将精力投入到疏忽和错误检查上。

将 Recovery. gov 迁移到云意味着 2010 财政年度可节省项目成本 33.48 万美元，2011 财政年度可节省项目成本 42 万美元，这相当于国会给委员会总预算 1800 万美元的 4%。此外，委员会计划调拨价值 100 多万美元的硬件和软件用于完成它的使命，即帮助识别欺诈、浪费和滥用。迁移 Recovery. gov 到云能保证近乎 100% 的正常运行时间，以及持续备份站点信息的能力。通过实现云技术，委员会更好地满足了复苏法案 1526 条的规定，并能够将工作重点重新放在经济复苏透明化和责任这一使命上。①

4.10 证券交易委员会

项目：投资者援助系统

投资者教育和援助办公室（OIEA，Office of Investor Education and Advocacy）为提出投诉的个人投资者提供服务，这些投资者因投资欺诈或专业人员不当的投资代理而向证券交易委员会提出投诉。工作人员通过电话、电子邮件、Web 表格、寄件等广泛方式回应投资者的投诉，每年将近 9 万次。以前，案件档案由一个有 10 年历史的自有系统进行跟踪。如同许多老系统一样，该系统具有一些局限性，包括不能附加文件、不能处理纸质文档、不能提供精确报告等。

为解决这些问题，证券交易委员会实施了基于云的 CRM 工具，即 Salesforce. com。这套软件即服务（SaaS）解决方案从开始到部署花费了不到 14 个月时间。自从采用了云系统，证券交易委员会改善了系统的可靠性、提高了效率和精确度。纸质文件能扫描进系统，并以电子化方式操作。所有投资者联系通道（电子邮件、Web 表单、传真和电话）被引入一个独立队

① Recovery Accountability and Transparency Board，“Recovery. gov Moves to Cloud Computing Infrastructure”，2010 年 5 月。http：//www. recovery. gov/News/mediakit/Pages/Press Release 05132010. aspx。

列，来进行电子化的分配和处理。所有文件现在可以关联到案卷，使工作人员能够建立完整的事件年表。

这种新的无纸化环境使完成文件所需时间大大缩短，许多情况下缩短了75%的工作时间。全生命周期追踪也变得可行，让管理层看到事件所处的阶段和每个案卷关联的事件链。目前，该系统还能跟踪可协助投资者的有用信息，以及对其他部门有价值的数据报告。

这个新的解决方案能够为证券交易委员会更好地服务，有效和准确地协助投资者，当我们仍在面临金融危机时①，这就显得更为重要。

5　州及以下地方政府云计算案例

下面的案例研究给出了近期州及以下地方政府使用云计算技术的例子。

- 新泽西州（新泽西交通管理局）——客户关系管理；
- 新墨西哥州（总检察长办公室）——电子邮件和办公应用；
- 弗吉尼亚州（信息技术管理局）——企业应用开发平台；
- 威斯康星州（自然资源部）——协作；
- 犹他州（技术服务部）——云计算服务；
- 佐治亚州坎顿市——电子邮件；
- 加利福尼亚州卡尔斯巴得市——通信和协作服务；
- 加利福尼亚州洛杉矶市——电子邮件和办公应用；
- 佛罗里达州迈阿密市——“311”服务；
- 佛罗里达州奥兰多市——电子邮件；
- 俄勒冈州克拉马斯郡——办公应用；
- 马里兰州乔治王子郡——学区电子邮件；
- 科罗拉多州（信息技术办公室）——开展企业云；
- 密歇根州（技术、管理和预算部）——MiCloud。

5.1　新泽西州

项目：客户关系管理（新泽西交通管理局）

新泽西交通系统（NJ Transit）是全国最大的州级公共运输系统，其

① “Securities and Exchange Commission Office of Investor Education and Advocacy”, 2010年5月。

同时提供了公共汽车、火车和轻轨服务，每天通过247条公共汽车路线、26个公共汽车站、11条往返铁路线和3条轻轨铁路线承载着超过90万趟的运输量。新泽西交通系统将新泽西州的主要交通点与纽约市和费城连接起来，为164个火车站、60个轻轨车站和1.98万个公共汽车站提供服务。新泽西交通系统的运行依赖于其处理用户反馈并作出反应的能力，其需要一个稳定的客户服务系统作为支撑。以前，该机构的客户反馈流程导致大量问题不能得到及时处理，且不对问题进行跟踪，在某些情况下，还会导致由多个主管审查并处理同一个案例。现在，该机构的客户反馈流程已经转型为流水线式的、更快速、更准确、更有效的响应系统。过去遗留下来的用于跟踪客户信息和咨询的设施功能有限，并且无法将所有的客户咨询信息进行合理的归档以备将来使用。此外，客户服务代表要对内容广泛多样的咨询直接负责，因此限制了他们能够为咨询提供的知识的深度。

当新泽西交通系统开始寻求新的客户系统时，管理组织发现Salesforce.com的CRM系统恰好满足其需求。为了充分利用软件的功能，新泽西交通系统对其客户服务部门进行了重组，使每个成员都成为某个特定客户服务领域的专家，从而减少了通信管理费用，提高了效率。基于云计算的系统提供了工作流规则，将客户问题分发给各领域专家，同时还允许客户和内部用户通过填写在线“联系我们”表单来提交问题，这些问题将被转发给系统的中心客户信息仓库。该系统的应用程序被链接到一个数据仓库、员工信息、一个电子邮件管理系统和一个数据质量系统。

2006年，在人员数量不变的情况下，工作人员利用新系统处理了42323次咨询，而在2004年仅处理8354次咨询。在新系统使用期间没有增加员工数量，而平均响应时间却减少了35%，从而使效率提高了31%。Web表单减少了处理自由格式电子邮件花费的时间。目前，近50%的客户反馈通过在线的形式获取。Salesforce已经极大地提高了新泽西交通系统的客户服务能力，同时降低了成本，减少了基本设施的数量，缩短了响应时间。①②

① Tom C. Feeney，“NJ Transit to test online suggestion box for riders”，Nj. com，2008年5月，http：//www. nj. com/news/index. ssf/2008/05/nj_ transit_ to_ test_ online_ sugg. html。

② New Jersey Transit，2010年5月。

5.2 新墨西哥州

项目：电子邮件和办公应用（总检察长办公室）

新墨西哥州总检察长办公室（NMAGO, The New Mexico Attorney General's Office）有近200名全职员工，这其中包括120名律师。办公室的大多数工作都围绕创建、存储和访问文档展开，这些工作在一个有安全保障的IT环境中进行。过去，该办公室的工作依赖于其电子邮件系统的案件管理功能，这项功能通常用于跟踪各种公文，如法律大纲、新闻稿等。然而，这个系统不提供安全备份功能，使得重要文件和敏感文件可能在服务器发生故障的情况下丢失。一个可行的解决方案是将系统迁移到一个自有系统中，但所需投资为30万美元，超出了该办公室的预算。由于这个原因，该办公室探索了新的替代升级方案。

NMAGO选择Google公司的Apps Premier Edition来满足其需求。该方案提供了必备的备份功能，且邮件搜索功能也消除了查询特定文件时的困难。在没有实体硬件的情况下，员工现在可以不受限制地访问、保存和压缩他们的电子邮件和文档。这个转变从环境角度也得到了相应的收益，因为其减少了对纸质版本文件的需求。几年前，NMAGO花费了5万美元将数据存储到灾难恢复网站上，如今，NMAGO可以避免此类开销。新墨西哥州总检察长办公室已经通过减少硬件数量和IT人员的工作量来降低成本和能量消耗。另外，该办公室还减少了在软件许可上花费的时间和金钱。

正如该部门CIO所说，NMAGO成功迁移到云系统是"信息向用户传输方式的根本转变"。该CIO和他的团队相信基于云的共享平台可以很容易地推广开来，并满足各种政府部门需求。他们认为："云计算为政府提供了一个新的途径，使其能够对公众的需求做出更迅速的响应，并更好地给予帮助，而且比以往更省钱。"①②

5.3 弗吉尼亚州

项目：企业应用开发平台（信息技术管理局）

弗吉尼亚州信息技术管理局（VITA, Virginia Information Technologies

---

① James Ferreira, message entitled "Microsoft Exchange or Google Apps? One government agency goes Google", the Google Enterprise Blog, 2009年发布信息, http://googleenterprise.blogspot.com/2009/11/microsoft-exchange-or-google-apps-one.html。

② New Mexico Attorney General's Office of the Chief Information Officer, 2010年5月。

Agency）是该州的统一信息技术组织，担负着管理 IT 投资和安全、技术采购，以及 IT 基础设施运营的责任。VITA 企业应用分部（EAD，Enterprise Applications Division）的机构服务工作组（The Agency Outreach Group）需要为小型机构、秘书处和需要跨机构协作的项目提供软件开发和集成支持与服务。

2009 年春天，机构服务工作组收到了州务卿提出的关于为公证人和电子公证人应用设计在线解决方案的请求，同时还收到了弗吉尼亚职工一站式委员会（Virginia's Workforce One Stop councils）提出的为各中心建立并运行一个低花费的通用表格解决方案的请求。考虑到可用资源有限，如果使用传统技术，这些客户开发项目将会超出预算。

为了应对这个挑战，EAD 采用云计算快速提供了一个虚拟软件开发平台。利用 Amazon EC2 服务，机构服务工作组能够很轻松地添加和移除开发或测试环境。甚至在完全部署到生产环境中后，EAD 也可以使用云计算来扩展生产环境，使其满足需求，并通过 RackSpace 虚拟存储服务进行灾难备份和恢复。

弗吉尼亚州采用了云计算开发新的应用，如果不这么做将会导致过高的开销。与通常需要持续几个月的过程不同，EAD 可以在两个小时内利用云系统搭建一个虚拟开发平台。VITA 一直在评估政府机构如何应用云计算，这表明 VITA 最近在按照客户需要的速度和灵活性来交付服务方面取得了成功。①

5.4 威斯康星州

项目：协作（自然资源部）

威斯康星州自然资源部（DNR，Department of Natural Resources）有 200 个遍布全州的办公地点，在偏远地区亦有分布。过去，该部通常通过电话会议或面对面会议方式处理事务。除了电子邮件外，部门内没有一个专用的协作工具完成那些需要多个不同的员工共同配合的文件审查工作。该部可用的视频会议系统所采用的技术已经过时，且每月需要花费 1330 美元。

DNR 评估了基于服务器的协作软件，但是最近由于部门所有的服务器都迁移到了该州新的数据中心，没有可用的资源来实现上述提到的解决方案，因此，DNR 开始使用 Microsoft Live Meeting 作为网络会议解决方案，并立即实现了成本节约，提高了效率。员工现在可以进行交互，并可以使用包含一个 360 度全景摄像机的动态解决方案来一起参与会议。运行一个网络会

① 弗吉尼亚州信息技术机构，"Cloud computing: Commonwealth of Virginia"（政府报告，2010）。

议所需的花费只是传统电话会议花费的一小部分，而且如果其他部门需要，DNR 可以灵活地购买额外的许可。

DNR 用基于云的解决方案，实现了内部员工之间以及与外界机构之间的现场会议、培训和电话会议。该方案使得偏远地区的使用者即使不在 DNR 的总部办公室所在地也可以参与会议。员工现在有更高的工作效率，因为他们在去开会路上的时间大大减少了。自从 2009 年系统迁移以来，DNR 估计其员工举行了近 3500 场网络视频会议，为该部门节省了 32 万多美元的开销。在未来一年，DNR 期望投资回报率从第一年的 270% 增长到 400% 。[①]

5.5 犹他州

项目：云计算服务（技术服务部）

犹他州于 2005 年将其 IT 资产合并到一个部门，同时任命该州 CIO 来管理其所有的 IT 员工，自那时起，该州开始对其 IT 服务进行标准化和统一化工作。为了制定一个适合的云战略，该州需要实现其特有的安全需求。如果这些安全性方面的要求得到满足，犹他州将可以从云计算中得到一系列利益，包括服务的灵活扩展性、快速提供计算能力，以及跨越多用户和多平台的共享服务等。

数据中心整合的浪潮过后，在 2009 年，犹他州认为混合云是满足该州需求的最佳方案。混合云将用来补充或替代该州已有设施的公共云服务，并与满足特定的访问和安全要求的私有云服务相结合。这个云环境同时也包括了由第三方托管的服务和由州内数据中心支撑的服务。

该州地方公共部门已经在向基于云的解决方案迁移中受益。许多公共云提供的服务是免费的，犹他州也支持郡和市政府按照各自的需求使用一些付费服务。这些付费服务目前包括用于客户关系管理系统的 Force. com，用于共享地理信息系统（GIS，Geographic Information System）规划的 Google Earth Professional，以及维基百科空间（Wikispaces）。这些服务的合同由技术服务部（DTS，Department of Technology Services）进行统一管理，从而方便机构的使用。

在完成本级机构和地方政府集中接入公共云的工作后，犹他州目前的工作重点放在完成私有云的部署上。该州的应用系统以前存放在超过 35 个地点的大约 1800 台物理服务器上。到 2010 年 12 月，该州计划将这些应用系统迁移到由 400 个服务器组成的虚拟平台上。这项计划已经完成超过 70%，

---

① State of Wisconsin，2010 年 5 月。

有望为该州节省400万美元的开销（该州年度IT预算为1.5亿美元）。在此之后，DTS计划在全州的桌面计算机上推广虚拟化技术。

通过实施一系列将服务迁移到云计算的战略，公共或专有服务能够复用和按需提供，以满足政府机构的需求。这项工作已经对州级的机构产生直接影响，在未来有望能够进一步节省大量的开销。①②

5.6 佐治亚州坎顿市

项目：电子邮件

佐治亚州的坎顿市坐落在亚特兰大向北约40英里处，拥有2.1万人口，目前被认为是佐治亚州发展最快的城市，在整个美国范围内该市的发展速度位列第五。该市的185个政府工作人员正在努力降低维护IT基础设施的成本和工作量，增加电子邮件可靠性，提高生产效率。过去遗留的电子邮件系统已经过时，并且难于维护。

该市决定使用Google Apps来为员工提供更稳定、功能更强的系统。员工们立刻就体会到了新系统带来的好处，他们可以在家里或者移动设备上查看电子邮件，也可以利用组日历、即时通信，以及共享文档和电子表格提高相互间的协作。

采用基于云的解决方案之后，该市的IT员工不需再处理垃圾邮件过滤器，在迁移之前，这项任务每周需要花费20个小时去管理。基于云的新方案中提供了强大的电子邮件搜索工具，此外，那些与法律调查相关的电子邮件很容易被安全归档，还能够非常方便地被授权用户访问。该市估计，通过迁移到云计算，每年可节省1万美元的开销。③

5.7 加利福尼亚州卡尔斯巴得市

项目：通信和协作服务

加利福尼亚州卡尔斯巴得市的22个部门总共1100名政府工作人员分布在全市30个不同的办公地点。直到最近，该市的员工还在使用15年前的非标准IT系统。该市IT部门知道，对该市IT设施同时进行标准化很难，也无

① 犹他州技术服务部门，“Implementing Utah's cloud computing strategy：A case study on bringing cloud-based IT services to government”（政府报告，2010）。

② State of Utah，2010年5月。

③ City of Canton，2010年5月。

法在不牺牲其高等级服务的情况下削减开销。当该市开始对其 IT 基础设施进行标准化时，官员们决定考虑基于云计算的电子邮件和协作系统。

该市选择了微软产品套装中一个基于云的版本，该系统运行在卡尔斯巴得市外的微软数据中心。这就省去了维护设备带来的开销，每月只需为新环境支付使用费即可。在这之前，该市出于数据安全方面的考虑，曾计划使用特定的产品套装版本，然而现在其意识到，从灾难恢复的角度来看，将数据置于该市以外的数据中心，已经使数据足够安全。

2009 年，由于使用了新的外部解决方案，不再需要维护服务器、管理升级、进行硬件更换，以及雇用系统网络管理员，该市已经节约了 25% 的开销。该市在完成向新系统的迁移后便立即从新系统中受益，包括可从移动设备上更好地访问电子邮件、新的集成即时通信和网络协作软件等。[①]

5.8 加利福尼亚州洛杉矶市

项目：电子邮件和办公应用

洛杉矶市的 40 多个部门中共有 3.4 万名政府工作人员。2009 年，洛杉矶市面临 4 亿美元的财政赤字。这次预算危机及其导致的 IT 企业裁员进一步加剧了该市 IT 系统的困境。该市的信息技术局试图寻找一个新的电子邮件和 IT 供应商，能够在日常运营中创造更高的效率。期间，该市收到 15 个替换自有系统的提议。

2009 年 10 月，洛杉矶市宣布迁移到 Google Apps 的计划，迁移工作由系统集成商提供帮助，并签署了一份为期 5 年的服务合同。该市计划于 2010 年 6 月 30 日之前将所有员工都迁移到基于云的电子邮件系统中。随着该市政府工作人员对云计算越来越熟悉，已经有越来越多的 Google Apps Premier Edition 套装里的其他产品投入到使用中来。

该市首席技术官（Chief Technology Officer）估计新系统的部署在 5 年内将直接节省 550 万美元的开销，随着该市政府工作人员对云应用系统的使用更加熟练，该市还可以获得 2000 万～3000 万美元的潜在投资回报。该市现在能够为每个员工提供较以前 25 倍多的存储空间，以及提供更多的功能，添加新用户也不需要担心该市服务器硬件性能。同时，员工将获益于云集成的即时通信、视频会议、多人同步审查和编辑文档的功能，以及从任何计算

① City of Carlsbad，2010 年 5 月。

机或移动设备上访问各自的电子邮件和工作数据的功能。

虽然起初一些市议员质疑将数据迁移到城市直接控制地点之外的做法，但是供应商保证从安全和灾难恢复角度来看，数据保存在云环境中的安全性要高于该市的合同要求和现有环境的安全性。该市的新系统及其数据将不会受到地震和其他可能影响城市的潜在自然灾害的威胁。此外，洛杉矶市保留了服务器上所有数据的完全所有权，供应商必须申请许可才能查看数据。这些是系统被专家推荐和市议会全体通过的关键。有了这些安全和效率上的好处，洛杉矶将很自然地迁移到云计算中来，并将继续关注创新和财政责任。[①②③]

5.9 佛罗里达州迈阿密市

项目："311" 服务

迈阿密市拥有将近550万人口，有3600名政府工作人员分布在83个工作地点。当该市的集中式IT部门需要削减将近18%的预算，并被迫裁员20%时，继续提供高质量和创新型的服务成为了一项挑战。同时，该市也在寻求对其"311"热线进行功能完善（"311"热线是市民报告非紧急情况的专线），主要是通过一个在线交互平台来跟踪服务请求，并在地图上标注这些请求的位置。

完善"311"网站的建议对该市及其IT员工提出了多项挑战。该市需要确保拥有足够的处理能力来支持新一代应用程序——基于地图的应用程序通常需要很高的处理能力。由于迈阿密地区经常被飓风袭击，该市还需要考虑灾难恢复措施。总之，在本地管理"311"网站是有风险的，必须进行异地灾备，因此向云计算迁移是合理选择。

该市决定采用可扩展的、基于云的Windows Azure平台，该平台为开发者提供在Microsoft数据中心的按需托管服务。从技术角度来看，该市可以无缝整合开发团队在其他云平台开发的已有技术。同时，即用即付的特点使得该市在测试应用程序期间仅为所使用的部分付费。在这套应用程序没有被

---

① 洛杉矶市信息技术机构，"Los Angeles Google Enterprise Email & Collaboration System"（政府报告2010）。

② City of Los Angeles，2010年5月。

③ City of Los Angeles，"City of L. A. CSC/Google Project Highlights - as of 12/18/09"，the LA GEECS Google Site，2010年2月公布文档，http：//sites. google. com/a/lageecs. lacity. org/lageecs-blog-home。

大规模使用之前，这就变得非常有利。此外，IT 员工可以合理安排应用程序的开发，从测试转移到生产的过程也变得十分简单快捷。基于云平台的“311”网站应用部署取得了成功。现在，该市正在整体考虑云计算的价值和效率，从而为市民提供更多的服务。[①②]

5.10 佛罗里达州奥兰多市

项目：电子邮件

为了应对近期的预算削减和人力资源挑战，奥兰多市将其电子邮件和办公应用解决方案迁移到了云计算中。2010 财政年度，该市面临 12% 的预算削减，以及两个邮件管理员和一个信息安全员的退休。随着软件许可最后期限临近，为了应对这些挑战，该市 CIO 为奥兰多市引入了云计算。

在评估了多个供应商后，奥兰多市选择与 Google 签订合同，为市里 3000 名政府工作人员提供电子邮件解决方案。该市领导人基于多项决策因素来支持这项迁移，其中包括每年节省 26.25 万美元的项目花费、集中式的文档存储和协作和将每个用户的电子邮件存储空间从 100MB 增加到 25GB，以及增强对移动设备的支持等。

虽然选择了 Google Docs，但该市仍然保留了 Microsoft Office 办公套装，从而避免了对员工重新培训带来的花费。

在一小部分用户试用后，2010 年 1 月 7 日，该市全面推行新的解决方案。该市已经在电子邮件方面减少了 65% 的花费，并提供额外的功能来提高员工的工作效率。Google 现在负责该市的电子邮件服务器维护和 IT 服务支持。一些安全功能如病毒检查和垃圾邮件控制也由 Google 通过 Postini 服务实现。[③④]

5.11 俄勒冈州克拉马斯郡

项目：办公应用

俄勒冈州的克拉马斯郡是俄勒冈州最大的郡之一，其面积为 6000 平方

① Rutrell Yasin，“City of Miami takes citizen services to cloud”，Government Computer News，2010 年 3 月。http：//gcn.com/articles/2010/03/10/city-of-miami-microsoft-azure.aspx。

② City of Miami，2010 年 5 月。

③ Mark Schlueb，“Orlando goes Google for cheaper e_ mail”，Orlando Sentinel，2010 年 1 月。http：//articles.orlandosentinel.com/2010 - 01 - 09/news/1001080262 1 google-e_ mail-google-enterprise-google-docs。

④ City of Orlando，“Orlando Goes Google”（政府报告，2010）。

英里。该郡有常住居民约7万人，有600名政府工作人员分布在全郡。该郡员工定期召开视频会议。当该郡的IT领导人意识到需要对该郡的IT能力进行升级时，该郡正面临着预算紧缩，因此开始评估基于云的解决方案。

在考虑了多个选择方案后，该郡决定采用托管方案，并选择了微软在线商务产品套装。这不仅解放了用于管理服务环境的宝贵人力资源，而且还减少了花费。该郡还发现系统的性能不再依赖IT人员对服务器的优化能力，同时，该系统的可靠性也得到了提高。

通过迁移，该郡可以保持低花费，并确保IT人员和其他资源在收支不变的情况下得到合理的利用。管理电子邮件系统所需的工作量减少了86%。该郡也成功地部署了新功能，包括集成通信工具、用于提高整个郡生产效率的协作工具，以及对电子邮件进行压缩以便长期存档的工具。①

5.12 马里兰州乔治王子郡

项目：学区电子邮件

乔治王子郡的马里兰学区是全国第18大学区，拥有200个学校、1.29万名学生和近2.8万名教职员工。2008～2009学年，学区面临1.85亿美元的经费削减，而电子邮件系统升级需耗资100万美元。现有系统需要多个学区的专门IT人员进行支持，由于缺乏电子邮件归档系统，IT人员在跟踪用于法律目的的电子记录上花费了过多的时间。

学区决定将员工电子邮件账户迁移到Google Apps平台，这套平台对公立学校是免费的。学区的教职人员现在可以利用Google的云计算平台传送信息和进行协作。超过1.3万名教职员工使用Google Message Discovery存档和查询电子邮件，这个工具由Postini提供支持。由于云计算方案带来的成本节省，学区也可以新增Message Discovery功能，使授权用户能够在几分钟内找到电子邮件信息，而这项功能每年每个用户只需花费几美元。②③

5.13 科罗拉多州

项目：开展企业云（信息技术办公室）

2008年，科罗拉多州州长信息技术办公室（OIT，Office of Information

① Klamath County Oregon，2010年5月。

② 乔治王子郡的公立学校，“Googlizing the Masses”（演讲，乔治王子郡的学校董事会）。

③ 乔治王子郡的公立学校，2010年5月。

Technology）开始整合17个执行分支机构的IT系统。整合前，该州负责管理40个数据中心，包括1800台服务器，其中122台分别运行不同版本的Lotus Notes、Microsoft Exchange和Novell Group Wise电子邮件系统。整合的目的是通过标准化节约成本，同时减少管理多个平台的复杂性，并改善服务的质量。OIT同时也希望获得与地方司法部门和全州的学校共享资源的能力。

科罗拉多州决定实施混合云方案，以满足其17个执行分支机构不同的需求。每个机构有自己的应用程序，并有不同级别的安全性要求，所以该州的计划包括三个要素：为高安全性数据和系统提供私有云；为归档存储和灾难恢复提供虚拟私有云；为电子邮件、办公应用和网站提供公共云。

为了实现私有云，科罗拉多州将使用一个已有的数据中心，并开始进行服务器虚拟化工作。所有生产数据将保留在现场，而生产服务器的虚拟化实例则进行异地存储，从而在降低成本的同时提高了灾难恢复的能力。科罗拉多州的虚拟私有云允许大型系统按照即用即付的模式进行额外的扩展。科罗拉多州近期开始将系统转移到虚拟私有云上。

科罗拉多州将在电子邮件和办公应用方面使用Google Apps作为公共云的试点。基于云的电子邮件为科罗拉多州提供了增强的移动性、灾难恢复、存储，以及更好的文档共享和协作。试点将测试三个不同机构的电子邮件的迁移，工作重点在于安全性和工作流程。如果试点成功且成本效益分析证明可行，那么该州计划将全部2.76万名行政人员的电子邮箱迁移到新系统中。

通过将电子邮件转移到云，科罗拉多州将停运122个现有的电子邮件服务器，从而极大地减少运营开销。据估计，迁移到基于云的邮件系统每年可节省800万美元的花费。此外，科罗拉多州在未来三年将避免高达2000万美元的额外开销。①

5.14 密歇根州

项目：MiCloud（技术、管理和预算部）

2010年3月，密歇根州的信息技术部门与该州的管理和预算部门进行了合并。新的技术、管理和预算部（DTMB，Department of Technology, Management & Budget）正在建立一系列面向政府和私营部门的服务。密歇

① 科罗拉多州政府信息技术办公室，“Moving Colorado to the cloud：A business case”（政府报告，2010）

根州正在推进一个名为“MiCloud”的云计算解决方案，以便给客户提供快速、安全和低成本的服务。

目前，行动中的最关键部分是该州在存储虚拟化技术方面进行的战略投资，该投资有望于2010年10月兑现。密歇根州积极推广MiCloud，作为由DTMB提供的政府内部云服务，其实现“为用户存储”和“为服务器存储”的功能。运行第一年，预计空间消耗将会超过250T，存储成本比现在的最低成本存储级别要低90%。MiCloud提供自助服务，在线提交请求在10分钟内就会自动完成服务交付。表1给出了基于迁移率的预期成本节约。需要注意的是，这种低成本的方案只针对那些不需要每周7天、每天24小时的实时可用性，且是块级（block-level）的数据备份。

表1 基于迁移率的预期成本节约

单位：%，美元

迁移率	每年节省成本的潜力
10	228000
20	456000
30	684000
40	912000
50	1140000
60	1368000

密歇根州的2010～2014年战略计划也概述了在虚拟服务器托管和流程自动化方面的关键未来投资。该州目前正处于MiCloud的“Hosting for Development”和“Process Orchestrator”功能的概念证明阶段。“Hosting for Development”功能使得在30分钟内提交一份在线请求，便可以自动完成虚拟服务器的部署。密歇根州也将探索混合云，以实现更加复杂的应用平台提供服务（APaaS，Application Platform as a Service）的功能。“Process Orchestrator”功能使得机构用户能够创建并测试简单的流程定义，用户能够直接将流程和相关表格发布到服务目录中。最终，向云计算迁移将改善密歇根州对公民和企业的服务质量，同时释放了有限的资本、人力资源和IT资产，为关键性投资提供保障。①

① 密歇根州技术、管理和预算部，“Governing in the cloud—a government case study from Michigan”（政府报告，2010）。

参考文献

政府转型战略：使用信息技术实现——内阁办

Air Force Office of the Chief Information Officer. May 2010.

City of Canton. May 2010.

City of Carlsbad. May 2010.

City of Los Angeles. May 2010.

City of Los Angeles Information Technology Agency, "Los Angeles Google Enterprise Email & Collaboration System." Presentation, 2010.

City of Miami. May 2010.

City of Orlando, "Orlando Goes Google." Government document, 2010.

Defense Information Systems Agency. May 2010.

Department of Energy Office of the Chief Information Officer. May 2010.

Department of Health and Human Services. May 2010.

Department of the Interior Office of the Chief Technology Officer. April 2010.

Erlichman, Jeff, "Cloud Recruiting." On the Frontlines: Shaping Government Clouds, Winter 2010. http://www.mygazines.com/issue/5865.

Federal Labor Relations Authority. April 2010.

Feeney, Tom C, "NJ Transit to test online suggestion box for riders." Nj.com, May 14, 2008. http://www.nj.com/news/index.ssf/2008/05/nj_transit_to_test_online_sugg.html.

General Services Administration. May 2010.

General Services Administration, "Cloud Sourcing Models." Government document, 2010.

General Services Administration, "FDCCI-Initial Data Center Inventory." Government document, 2010. CIO Council. http://www.cio.gov/documents_details.fcm/uid/25A781B7-BDBE-6B59-F86D3F2751E5CB43/structure/OMB%20Documents%20and%20Guidance/category/Policy%20Letters%20and%20Memos.

Google Enterprise Blog, http://googleenterprise.blogspot.com/2009/11/microsoft-exchange-or-google-apps-one.html.

Klamath County Oregon. May 2010.

LA GEECS Google Site, The. http://sites.google.com/a/lageecs.lacity.org/la-geecs-blog/home.

Lawrence Berkeley National Labs Office of the Chief Information Officer. May 2010.

National Aeronautics and Space Administration. March 2010.

National Aeronautics and Space Administration Jet Propulsion Laboratory Office of the Chief Technology Officer, May 2010.

National Aeronautics and Space Administration Office of the Chief Technology Officer, "WWT Case Study." Government document, 2010.

National Aeronautics and Space Administration Office of Legislative and Intergovernmental Affairs. May 2010.

National Institute of Standards and Technology. http：//csrc. nist. gov/groups/SNS/cloud-computing/.

National Institute of Standards and Technology, "Summary of NIST Cloud Computing Standards Development Efforts." Government document, 2010.

New Jersey Transit. May 2010.

New Mexico Attorney General's Office of the Chief Information Officer. May 2010.

Prince George's County Public Schools. May 2010.

Prince George's County Public Schools, "Googlizing the Masses." Presentation, School Board of Prince George's County Public Schools, MD, 2010.

http：//docs. google. com/present/view? id = dxjw4sx_ 14gvr3r7fz.

Recovery Accountability and Transparency Board, "Recovery. gov Moves to Cloud Computing Infrastructure." May 2010.

Schlueb, Mark, "Orlando goes Google for cheaper e_ mail." Orlando Sentinel, January 2010. http：//articles. orlandosentinel. com/2010 - 01 - 09/news/1001080262_ 1_ google-e_ mail-google-enterprise-google-docs.

Securities and Exchange Commission Office of Investor Education and Advocacy. April 2010.

Social Security Administration. May 2010.

State of Colorado Government Office of Information Technology, "Moving Colorado to the cloud：A business case." Government document, 2010.

State of Utah. May 2010.

State of Utah Department of Technology Services, "Implementing Utah's cloud computing strategy：A case study on bringing cloud-based IT services to government." Government document, 2010.

State of Wisconsin. May 2010.

United States Army G - 1. May 2010.

U. S. Congress. American Recovery and Reinvestment Act of 2009. H. R. 1. 111th Cong. , 1st sess. January 2009. http：//frwebgate. access. gpo. gov/cgi-bin/getdoc. cgi? dbname = 111 cong bills&docid = f：h1enr. pdf.

U. S. Congress, *Energy Independence and Security Act of 2007*, H. R. 6. 110th Cong. , 1st sess. January 2007, http：//frwebgate. access. gpo. gov/cgi-bin/getdoc. cgi? dbname = 110 cong bills&docid = f：h6enr. txt. pdf.

Virginia Information Technologies Agency, "Cloud computing：Commonwelth of Virginia." Government document, 2010.

Yasin, Rutrell, "City of Miami takes citizen services to cloud." Government Computer News, March 2010. http：//cgn. com/articles/2010/03/10/city-of-miami-microsoft-azure. aspx.

网络空间中可信身份国家战略（草案）

编译：王 江 等
译审：沈解伍
国家信息中心公共技术服务部

译者按

2010 年 6 月 25 日，有着“网络沙皇”之称的美国网络安全协调官霍华德·施密特在白宫网站上发布了《国家网络安全网络空间可信身份国家战略》（NSTIC）草案。

NSTIC 是为了响应奥巴马总统批准的《网络空间政策回顾》（Cyberspace Policy Review）中提出的要求，综合考虑政府、企业和个人隐私等各方面的因素编撰而成的。其主要目标是提升网络空间中的身份信任级别，从而增强网上交易安全与隐私保护，减少网络欺诈与身份盗窃，最终实现个人用户及机构用户能利用安全、有效、便捷、可互操作的身份访问并获取网络服务。

NSTIC 一方面关注部分网络活动（如博客发布），一方面关注网络交易（如网上银行、票务预订等）。由于交易各方的高信任度、真实身份十分重要，NSTIC 寻求各种方法提升网络交易中个体、组织、服务商、设备等的可信身份级别。

NSTIC 的核心是构建并推广身份生态系统，支持可信网络环境。身份生态系统是在一个网络环境中，个人、组织、服务和设备可以相互信赖，因为有权威机构建立并验证其数字身份。

美国国土安全部是 NSTIC 的关键起草部门，其单独为 NSTIC 开设了面向公众的意见征集网站，预计 NSTIC 将于 2010 年秋季定稿。

近年来，中国网络基础设施和网上交易的发展速度大大加快，国民经济和社会发展对信息技术手段、网络通信的依赖日益强烈；中国互联网用户数量超过 4 亿人，位居世界第一，由于网络身份信息不实或不当泄露造成的经济影响、社会影响日益加大。国务院相关部门正在积极研究实施网络实名制，加强网上身份认证，但如何稳妥实施网络身份认证，如何在网络信任安全与保护个人隐私间取得平衡仍是较大难题。NSTIC 的颁布，对中国相关政策制定与推进有一定的借鉴意义。

网络空间中可信身份国家战略（草案）*

网络空间（Cyberspace）是支持信息传播的由IT组件支撑的网络，是国家关键基础设施。我们利用网络空间来交换信息、买卖产品和服务，以及实现国内外跨领域的在线交易。一个安全的网络空间对经济稳定和国家安全至关重要，联邦政府必须解决近年来不断增加的网上欺诈现象、身份盗窃和网上信息的滥用。

减少网上欺诈和身份盗用的关键一步是增强网络空间中身份关联的信任级别。虽然对许多在线行为来说匿名是有意义的（如博客发布），但对其他行为（如网上银行或访问电子健康记录），重要的是交易当事方对他的交易伙伴有高度的信任。钓鱼网站、窃取密码，还有盗用账户，是一个不可信计算环境的主要表现。这项战略旨在研究提高个人、组织、服务以及某些特定类型的在线交易涉及的设备身份信任级别。该战略蓝图是：个人用户及机构用户能利用安全（Secure）、有效（Efficient）、易用（Easy-to-use）、可互操作（Interoperable）的身份认证方案访问并获取网络服务，以此方式促进可信（Confidence）、隐私（Privacy）、可选择（Choice）和创新（Innovation）。

更具体地说，该战略定义身份生态系统（Identity Econsystem）以支持可信网络环境。身份生态系统是一个网络环境，其中个人用户、机构用户、服务和设备可以相互信任，源于由权威机构建立并验证其数字身份。身份生态系统实现了七大功能。

- 安全：提高破坏网上交易的难度，从而确保安全。
- 有效：有利于个体的简便及有效操作，使个体可选择管理更少的密码

* 选自http：//www.nstic.us。参与本文编译的主要人员是国家信息中心公共技术服务部的王江、张铠麟、张春雨，武汉大学的何畔。

或账户；对企业而言，则能从减少纸张使用、简化账户管理程序中受益。

• 易用：通过自动身份认证方案实现易用性，这些解决方案基于便捷的可操作性，仅需少量技术培训。

• 可信：使用户相信数字身份能得到充分的保护，从而促进网络交易。

• 隐私：更好地保护个人隐私。

• 可选择：供应商利用可互操作平台提供身份证书和设备，用户将有更多的个性化选择。

• 创新：随着服务提供商不断开发或扩展网络服务，尤其是那些原本风险较高的服务，将出现更多创新机遇。

隐私保护和自愿参与是身份生态系统的支柱。身份生态系统通过对当事人的身份保密和仅共享完成交易的必要信息来保护隐私。例如，身份生态系统允许个人用户提供年龄而不用出生日期、名字、地址或其他标识数据，要求另一方参与者以高可信度的数字身份完成交易。通过强大的控制技术，身份生态系统降低了未经授权的访问使用信息的风险。最后，个人用户和机构用户都可自愿参加身份生态系统。

身份生态系统的另一个支柱是互操作性。身份生态系统采用强有力、互操作的技术和流程使参与者能达到适当的信任级别。互操作性支持身份可携带，并且在身份生态系统中的服务提供者能够识别多种类型的身份认证媒介。身份生态系统并不依赖于把政府作为唯一的认证提供者。另外，互操作性允许多类公共和私营部门的身份提供者参与到身份生态系统中。

将互操作性和隐私保护相结合创建一个以用户为中心的身份生态系统，以用户为中心将允许其选择适合交易的互操作证书。

通过创建及采用隐私保护政策和标准，高级别的用户将能够仅传递交易所需的信息量，除非他们采用其他方式。另外，这类标准将阻止交易和服务提供商使用证书之间的连接。用户将更确信他们可以同适合的一方交换信息，安全地传播该信息，并且该信息将按照最佳隐私保护方法受到保护。

和构想中的身份生态系统的蓝图一样，网络空间可信身份国家战略（NSTIC）支持如下目标。

目标1：制定全面的身份生态系统框架。

目标2：建立并实施与身份生态系统框架一致的可互操作的身份基础设施。

目标3：提升用户信心，使其乐于加入身份生态系统。

目标4：确保身份生态系统的长期成功。

前两个目标主要是为了提供安全的网上服务，设计和建立必要的治理机制和基础设施。第三个目标致力于保障隐私和安全，以及使各方意识到加入身份生态系统的必要性。第四个目标确立进一步发展身份生态系统的架构和重点，以及对网上身份安全不断改进。

9 个高优先级的行动用于支持这些目标和蓝图。这些行动为身份生态系统的执行提供基础。这些行动是：

行动 1：指定一个联邦政府部门，引导公/私部门开展工作，促进目标实现；

行动 2：制定多方共同参与的、综合的行动计划；

行动 3：加速推广政府服务、试点项目和相关政策，保障身份生态系统成功实施；

行动 4：通过公/私部门间的工作，实现增强型隐私保护；

行动 5：协调风险模型和可互操作标准的发展及改善；

行动 6：强调服务提供商和个体的责任；

行动 7：开展宣传活动，提升所有利益相关者的意识；

行动 8：继续推进国际合作；

行动 9：寻求其他方法以促进身份生态系统在全国范围内的应用。

上述行动的执行要求联邦政府继续领导、协调和合作以提高数字身份的安全性。为引导这些行动的日常协调，总统办事机构（EOP，Executive Office of the President）将在联邦政府内部设立一个领导机构。EOP 中的网络安全协调官办公室（Office of the Cybersecurity Coordinator）将继续领导该行动中规定的跨部门政策发展。领导机构将与网络安全协调官办公室紧密合作。

这项战略要求优先采取一些具体行动，这些行动必须让联邦政府继续作为主要推动者、首先使用人和身份生态系统的主要支持者。联邦政府必须不断与私营部门、地方以及国际政府共同合作，提供必要的领导和激励机制，使身份生态系统成为现实。反过来，私营部门在执行该战略中起着至关重要的作用。通过在网络空间上的日常交易，个人将实现与身份生态系统相关的利益。国家的成功要求各方协作努力，为全力推行战略中明确的活动负责。

1　概况

设想这样一个世界，人们可以准确无误地从网上通过各种渠道——政府部门、私营部门、其他个体，甚至跨越国界的机构——获取信息和服务，而不用担心身份盗用和身份欺骗，也不用担心丢失重要的网络服务和数据，甚至不用管理那些烦琐的账号和密码。每个人可以做各种网上交易，并且信任与他们交易的人，人们知道信息提供商收集了他们的什么资料，也知道信息提供商会怎样使用这些资料。人们可以选择一种容易操作的身份凭证，在网上证明自己的身份，以省时省力地获取更多的网络服务。

这是以用户为核心的世界，各种机构依靠第三方或者交易环境中提供的身份证明和证书使其网上生意更具有效率，使机构本身大大减少了收集、管理、认证、授权和确认身份数据等冗余过程。凭借选择与网上交易类型相对应的身份保障措施，机构不仅降低了欺骗交易和数据盗窃带来的损失，也可以安全地扩展更多网上服务类型，例如，那些原本要求安全系数很高的网上交易服务。

场景

A先生自愿从他所在的州申请一个智能识别卡，此卡可以用来鉴别自己的身份，以享用一系列网上服务。例如：

- 信用卡购物
- 网上银行
- 获取电子医疗信息
- 安全使用个人笔记本电脑
- 匿名写博客及发表评论
- 利用昵称登录电子邮箱

这样理想的网络世界其实是有可能实现的。我们的首要任务是克服现有环境带来的障碍。这个战略及其实施的目的旨在改变现有的身份认证格局，把此格局转化成一种理想的模式——身份生态系统。身份生态系统由交易参与者和用来保障可信任数字身份及相互协作的基础设施组成。在身份生态系统中，个体、机构、服务和设备可以通过识别和认证而彼此信任。

1.1 现状

美国越来越依赖网络互联性以获取即时的信息和服务。但是，这种网络服务带来的便利也让美国付出了惨痛的代价，美国正经受大量的针对机构和个人的隐私、敏感话题和机密文件泄露的威胁，银行、零售业和其他行业的不诚实交易早已司空见惯，侵入对社会经济运转至关重要的国民基础设施（公用事业、交通、金融等）也是常事。随着越来越多的商业机构和政府部门使用网络服务，通过互联网传输的敏感信息和财政信息急速增加。这意味着，因数据盗窃、贪污、欺骗和故意侵害隐私而引起的信息丢失可能迅速增加。

尽管因网络欺骗和网络犯罪产生的损失难以数量化，但我们还是可以通过下列数据阐明此问题的严重性。

《2009 年互联网犯罪报告》阐明，“从 2009 年 1 月 1 日到 2009 年 12 月 31 日，网络犯罪举报中心（IC3）的网站已接到 336655 起举报，比 2008 年增长了 22.3% …… 所有案件的总计损失达 5.597 亿美元，而 2008 年是 2.646 亿美元。”[①]

2004 年，美国国会研究处估计，因网络偷窃带来的经济损失总计达 460 亿美元。[②]

《网络空间政策回顾》声明，“在 2008 年，因知识财产和数据偷窃带来的工业损失估算高达 1000 亿美元”。[③]

每年有超过 1000 万的美国人[④]成为身份盗用的受害者。身份盗用除了带来直接的财政损失外，恢复身份引发的花费也非常庞大。联邦商务委员会调查显示，身份盗用受害者最多要花 130 小时恢复身份（如信用评估、银行账户、信誉等）。[⑤]

网上欺骗和身份盗用的方法有很多，未及时更新的软件、不安全的网站浏览习惯及缺乏完善的防病毒系统都可以导致计算机泄露资料。违法者通常靠个人、网站、电邮或网络基础设施中薄弱的身份认证方案漏洞来获取信息。身份生态系统战略的重点正是改善这类身份识别方案中不完备的识别、鉴权和授权方法。

况且，现在的网络环境还不是以用户为核心，人们不能掌控自己的个人

① 互联网犯罪投诉中心：《2009 年互联网犯罪报告》，2010 年 3 月 12 日。网络发布时间，2010 年 6 月 2 日，http：//www.ic3.gov/media/annualreport/2009_ IC3Report.pdf/。

② 《国会研究服务，美国众议院国土安全报告》，2004 年，http：//www.cisco.com/warp/public/779/govtaffairs/images/CRS_ Cyber_ Attacks.pdf。

③ 美国白宫：《网络空间政策回顾》，2009 年 5 月，网络发布时间：2010 年 6 月 2 日，http：//ww.whitehouse.gov/assets/documents/Cyberspace_ Policy_ Review_ final.pdf。

④ 美国司法部、总检察官办公室：《司法部有关打击身份盗用的努力》，2010 年 3 月，网络发布时间：2010 年 6 月 2 日，http：//www.justice.gov/oig/reports/plus/a1021.pdf。

⑤ 联邦贸易委员会：《2006 年身份盗用调查报告》，2007 年 11 月，网络发布时间为 2010 年 6 月 2 日，http：//www.ftc.gov/os/2007/11/SynovateFinalReportDTheft2006.pdf。

信息，也无法用一个数字身份使用多个网上程序。不同的机构迫使人们输入不同的用户账号、密码和其他身份认证信息，给个人管理自己的账号带来了诸多不便。如果多个提供商和账户把相关的身份信息集合起来，加上社会媒体收集的个人信息，则会为身份破解带来极大的可乘之机。例如，用于恢复丢失密码的个人数据就经常能够公开获得（如妈妈的娘家姓、你的第一个宠物的名字等）。

有时候，服务商提供的网上服务满足了客户的要求却没有充分的身份保障系统。有时候，服务商认为某些服务在网上进行确实能够节省成本，增进效益，但不安全，因此不愿提供服务。为了使网上服务不因安全问题而停滞不前，美国必须完善网络空间的可信身份标准。

1.2 范围

身份生态系统战略的重点是建立和维护网上安全交易的重要成分——可信数字身份。网上交易是指在由网络、系统和计算机组成的互联网上进行的两方或多方的电子通信。信任是指某一交易中的各方都通过了识别、认证和授权。个体、机构、硬件和软件都是网上交易的组成部分，因此，对交易中每个组成部分的识别、认证和授权都是至关重要的。

场景

发电站远程控制部署在电表上的智能电网软件，以及电力公司和仪表间的可信硬件模块和安全鉴权流程，有效阻止了利用安置假电表的偷电行为，确保了硬件和软件的配置正确，限制仪表软件只能运行在已经授权的仪表上。同样，仪表信任电力公司发布的指令，以及周期性的软件更新。这些相互的信任，大大降低了智能电网中欺诈行为的威胁和恶意软件的安置。

此战略关注的交易方包括私营部门、个体和政府部门，并强调很多交易的跨国特征。它承认公共部门和私营部门对可信身份已经作出的努力，并会在此基础上建立更大的全国和全球范围的应用于网上服务的可信身份程序。

网络交易的安全措施有很多种，可信身份只是其中一种。其他的网络安全措施（这些措施不在此战略的讨论范围）包括锁定网络供应链、恶意软件的检测和分析、软件担保和配置管理等。此战略认为可信数字身份只是安全分层机制的一部分。可信数字身份无法解决网上交易带来的所有安全问题，但可信数字身份在增进网上交易的安全度上确实起到了至关重要的作用。

网上交易的身份环节是整个身份管理领域的一个子集。此战略不会详细阐述非网络的可信身份问题，但网络和非网络的身份认证方案应该是可以相互补充、相互影响的。

最后，此战略并不是提倡使用全国身份证，而是提倡建立互通的身份服务和可信赖的第三方。人们可以从第三方选择多种身份证书，或者只选一种能进行各种网上交易的身份证书。人们可以选择从公共部门或从私营部门的身份提供商那里获得身份凭证，他们也应该可以在任何部门的各种领域使用这些身份凭证（如医疗保健、金融、社交处理）。

1.3 国家发展战略

网络威胁对国家经济、社会、政府和关键性基础设施的深远冲击，促使EOP呼吁公共部门和私营部门联合改进网络安全。《网络空间政策回顾》提到：

> 联邦政府在计算机业、民营和私人组织的联合帮助下，应确立一个全国网络安全身份管理系统战略。此战略应考虑种种技术方法，如增强隐私技术。联邦政府与公民之间的日常交互，如信息、服务和福利项目等难以计数，因此，联邦政府有义务保护公众的私人信息。

联邦政府并不是此战略的唯一推行者，包括公共部门和私营部门在内的全体国民都应参与进来。政府主要是强调国民对安全和经济的需求。白宫已决定，让联邦政府在发展对抗网络威胁的战略上起到领导性作用。目前，联邦政府已在可信数字身份上取得进展。例如，它正大力推行身份证、凭证和访问管理（FICAM）[①] 的指导性说明。此战略旨在加速这些进展，并把可信数字身份提升到超越州界的全国范围。

在18个关键基础设施、重要资源部门和近70个代表私营部门利益的组织的帮助下，政府组建了一个跨机构的写作组。该写作组自2009年10月开始，历时数月，编撰完成了《网络空间可信身份国家战略》。[②]

---

① http://www.idmanagement.gov.

② 译者注：本版本为草案的翻译版。

2 指导原则

指导原则是本战略中所有目标、任务和行动的基础，是明确解决网络空间中可信身份问题的关键。

2.1 身份认证方案应该是安全的和高适应性的

身份认证方案的最重要目标是保护身份信息不被攻击和错用，确保身份认证方案的机密性、完整性和可用性。高强度密码系统、开放使用、充分审查验证的安全标准，以及可审计安全流程是身份认证方案值得信赖的关键。身份认证方案应该能够最大限度地发现、阻止各种入侵、破坏和篡改。

身份认证方案应该是可靠的，即使经历剧烈、突然的改变也能够及时、有效恢复，并且能够适应技术的不断变化。安全基础设施应阻止用户或机构的未授权交易行为，要最大限度地提高恢复的可能性，并为今后的进一步改进完善提供经验基础。

2.2 身份认证方案应该是互操作的

所谓互操作性，是指鼓励服务提供商接受各种证书和身份介质，就像ATM机上能够使用不同银行的信用卡、借记卡一样，用户可以把各种类型的身份授权证书提供给服务提供商，以实现身份验证的互通。

这一原则提出了身份生态系统有关互操作的两个理想状态：标准、可信的授权证书和得到广泛使用的身份鉴别介质；如果用户、设备或者软件提供了一个合法的、正确的证书，则任何有效的可信方都可以认可这个身份及其相关特性。

为达到这一理想状态，身份认证方案应具有广泛的适用性，能在不同的标准之间以及国家、地区联盟之间通用，超越传统意义上的地理边界。任一身份认证组织都允许服务机构认可并信任由第三方鉴权的外部用户。在身份生态系统中，个人可以跨越多个服务提供商和身份认证组织完成在线交易。当各种身份认证组织共同认可用于安全交换数字身份信息的一套标准、要求和强化机制时，身份认证方案就可以实现这种通用性。

身份认证方案共有三种互操作性要求：

• 技术互操作性——在定义完善和广泛适用的接口标准基础上，不同技术间进行通信和数据交换的能力；

• 语义互操作性——每一终端节点都可以交流信息，接收端能够正确理解发送端的语义；

• 策略互操作性——在法律框架允许下，系统间传递、接收和确认数据的业务策略和流程（如身份证明和审查过程）。

最后，身份生态系统将鼓励身份认证方案采用非私有标准保证互操作性。身份认证方案应该是模块化的，允许服务提供商使用更小、更简单的子系统构建复杂的身份系统，以提高灵活性、可信性和复用性，并且服务提供商可以对系统进行局部构件的添加、删除，不必全部更新，从而大大降低系统管理的复杂度，提高效率。

2.3 身份认证方案将保护隐私，公众自愿使用

在现实世界中，保护个人隐私有一些操作性障碍。例如，某人可以使用驾照去开银行账户、登机或者看限制级电影，机动车管理部门并不知道驾照上的哪些信息是服务提供商需要的身份识别信息，银行、机场和剧院也很难共享某人的这些交易行为。另一方面，这类交易中总有些隐私信息得不到保护。剧院服务员只需要知道购票人驾照上的年龄超过了18岁，但是，购票人出示驾照的同时，剧院服务员很容易看到家庭地址、出生日期等非必要信息。

场景

A先生利用绑定在PC机上的数字证书访问在线药店，要照方抓药。通过隐私保护技术，系统可以知道A已超过18岁，他的处方是合法的。该技术既能对药店屏蔽其他非必要信息（如出生日期、抓药的理由等），也能对个人隐私信息的提供方屏蔽A在哪个药店买药。

理论上说，采用身份认证方案后的在线交易会解决现实世界离线交易过程中的隐私泄露问题，8个公平信息实践原则（FIPPs，The Eight Fair Information Practice Principles）[①]——透明性、个人参与、意向说明、数据规模最小化、使用限制、数据质量和完整性、安全、问责制和审计——是评价隐私保护问题的公认基础框架。要想在身份生态系统中全面、完整地采用

① 参见附录。

FIPPs，就必须使用户清楚地知道在网络空间中使用他们的个人信息并作出他们自己的选择。采用FIPPs还应该确保限制相关服务机构收集使用数据，仅仅在相关和必要的时候使用这些信息，对这些信息进行足够的保护，并承担相应责任。

完整地将FIPPs诸原则嵌入身份生态系统是真正提升网络空间可信身份隐私保护水平的关键。比如，很多隐私信息访问的例子考虑到了“透明性”和“个人参与”，但是，如果没有包含其他FIPPs的原则，则实现整个隐私保护的责任就都落在了用户一方；相反，全面适用FIPPs原则的身份生态系统则提供多方面的隐私保护，比如它允许用户在完成交易时仅提供尽可能少的、必要的个人信息，这样一来，服务提供商之间的可信链接也大大减少。

当个体用户选择如何使用他们的个人信息（比如限制特定使用）时，这些选项在所有该信息的可能持有者之间实现。此外，身份生态系统要求各服务提供商仅能在有限时间内持有用户个人信息，允许用户通过适当手段访问、修正甚至删除这些信息，并根据相关标准、法律和政策，保留必要的审计记录。

自愿参与是本战略的另一关键因素。服务提供商和用户参与在线交易都是自愿的。联邦政府不要求服务提供商必须采用特定的身份认证方案或提供在线服务；如果用户不愿意参与高风险的在线交易，政府也不会强迫其使用。身份生态系统应支持不同安全级别要求的交易，从而让用户可以选择他们认为最合适的加密证书，只要这些证书满足服务提供商的安全风险要求。

2.4 身份认证方案应具有高性价比，简单易用

从用户的角度来看，管理不同级别的数字证书带来的复杂度和风险严重影响在线交易的方便性。各种服务提供商的存在又要求用户记住不同的用户名和密码，多数密码还必须足够复杂并定期修改。这是用户及服务方的沉重负担，增加了账户和证书管理的安全风险，甚至有使服务被弃用的可能。

场景

A先生使用第三方签发的强安全证书绑定他的手机访问政府税务系统，查看自己的税收历史记录，修改家庭人口信息，检查退税状态，在线报税。A先生和税务系统提供方都能促进现有基础设施（手机和在线服务）为支持在线交易而应进行的改进与完善。

身份生态系统必须致力于解决这种复杂问题以及由此产生的风险，改进综合身份认证方案，减少用户对证书、账户、密码的直接管理。通过这种综合方案，用户仅需要管理很少的几个身份证书，就可以访问各类不同安全等级的信息服务提供商。综合方案也能大幅减少本地安全信息维护的工作负担。

身份认证方案大大降低了因虚假信息、人工帮助和基于纸介质服务产生的交易成本。由于操作环节的减少而进一步提高了在线交易的效率，进而减少了交易成本，从而提高了潜在的投资回报。

身份认证方案应是简单易学的，用户只要投入较短时间的学习就能使用，服务提供方应对服务易用性进行专门研究，许多现有的基础服务（比如移动电话、智能卡和PC）应不断提高易用性，如果可能，身份认证方案应内置于服务基础设施中以提高系统的易用性。

3 愿景和效益

3.1 愿景陈述

个体和机构使用安全、有效、便于操作的、具有互通性的身份认证方案获取网络服务，这在某种意义上促进了信任，保护了隐私，增加了选择，提倡了革新。

此愿景可应用于不同层次的个体、商业机构、非营利机构、游说团体、协会和政府，促进私营部门和公共部门之间的紧密协作。此愿景也反映了身份生态系统以用户为核心的本质，给人们提供了较高的信息透明度、隐私保护、灵活性和选择。愿景遵从前文的所有指导原则。

愿景中的身份认证方案主要是识别技术（确立唯一的数字身份）和鉴权技术（个人与唯一数字身份结合）及其相应流程。它所具备的可信任性和有效性的属性为网络服务机构作授权决定提供了基础。

3.2 身份生态系统

愿景的具体实现就是身份生态系统。在这个网络环境中，个体、机构、服务和设备的数字身份通过授权机构的确立和鉴权，从而彼此信任。就像自然生态系统，身份生态系统需要不同机构和个体相互协作，扮演好自己的角色，履行义务并遵守一系列规章制度。身份生态系统也可为不需要很高识别和鉴权的服务提供匿名使用。

3.2.1 身份生态系统的构成

身份生态系统由三个层面组成：执行层——根据身份生态系统的规则进行交易；管理层——强制身份生态系统的参与者遵守其规则；治理层——确立身份生态系统的运作规则。

身份生态系统的三个层次为实现跨类别交易的识别、鉴权和授权确立了参与者、方法、流程和技术。值得一提的是，一个机构并不局限于单一角色，它可以提供许多角色的服务。身份生态系统的众多参与者列举如下。

• 个体是指参与网上交易的人。数字身份是指在交易中代表个体的一系列属性。

• 身份生态系统中的非人实体（NPE）可能需要验证。NPE 是指可以被当成个体的机构、硬件、软件或服务。NPE 参与交易或仅仅支持交易。

• 个体和 NPE 统称为交易的主体。

• 身份提供者（IDP）负责登记主体并分配、维持其数字身份。这个流程包括身份诊断与证明及对数字身份的撤销、中止和恢复。IDP 还负责发行证书，信息对象或设备在交易过程中用此证书证明自己的身份。IDP 还可以提供对权限、角色、权利、特权等属性的设置。

• 证书可以存储在身份媒介中。身份媒介是指存储一个或多个证书、要求和主体相关属性的设备或物体（实体或虚拟）。身份媒介的形式有很多种，如智能卡、嵌入电脑的安全芯片、手机、软件证书和 USB 设备。要根据具体目的以及媒介的风险承受力选择合适的证书。

• 属性提供者（AP）确立和维护身份属性。属性的维护包括确认、更新和撤销属性。属性用来描述人或物内在或外在的特征（如简的年龄至少在 21 岁以上）。属性提供者为可信方索取属性提供答案。在某些情况下，主体可以向可信方自行提供属性，但更多时候可信方还是通过能够精确确认要求的可信第三方获得属性。可信方以这些可信属性为依据授权主体。

• 可信方（RP）根据其接收者、有效性、主体的证书及属性作出交易决定。在身份生态系统中，可信方选择可信任的身份、证书，并根据风险和运作条件选出属性提供者。可信方不必考虑身份媒介的排列顺序，相反，他们信任身份提供者确认的主体证书。可信方通常也需要向主体证明他们是交易的一部分。

• 参与者是指一个交易中的所有主体，如可信方、身份媒介、服务提供者和非人实体。

• 信任标记是一个徽章、印章、图像或商标，通常用来表明一个产品或服务提供者满足了由认证机构规定的身份生态系统条件。为确保诚信，信任标记一定要有防伪功能，参与者可以用肉眼或电子手段鉴别其真假。信任标记作为一种可视符号，帮助人们和机构有效地选择提供商和身份媒介。

• 身份生态系统框架是指身份生态系统中具有的互操作性的标准、风险模型、隐私责任制度、满足信任标记的条件和执行机制的总和。

• 治理机构监管和维护身份生态系统框架，确立产品和提供商获得信任标记的条件。此外它还批准认证机构。

• 认证机构在信任框架的基础上评估和验证身份提供者、属性提供者、可信方和身份媒介。

• 信任框架确立身份生态系统参与者的权利和义务，明确参与者的参与行为，描述他们的参与过程和安全措施。信任框架评估每一个交易过程及交易参与者的风险等级。身份生态系统可以有许多信任框架，以适应不同参与者的要求。但是，参与者仍需与身份生态系统框架中的信任框架保持整体一致。

正是参与者及相关规章制度形成的信任结构，促成了身份生态系统。下面介绍一个在身份生态系统中在网上交易的运作示例。这个例子阐述了身份生态系统的每一个层次和优势，例如：

• 随时添加新服务；

• 产业、政府间互换证书；

• 加强隐私保护；

• 执行效率高；

• 国际通用性。

这个例子并不局限于具体的技术和流程，它只是众多可能性中的一种。

第一部分：执行层

执行层是网络交易中个体、机构和非人实体依照规章制度交互的环境。

如图 1 所示，个体可以根据可信方持有的信任标记选择合适的可信方。当个体要求使用可信方的网上服务时，可信方通常要求个体出示相关证书和属性以完成对个体的授权。可信方确认证书的有效性，通过有效的身份提供者验证个体的数字身份，通过属性提供者验证属性。用户也可以利用隐私保护加强技术直接向可信方表明自己的有效性。属性提供者可以提供属性值（如出生日期是1974年3月31日）或属性论断（如此人年龄超过21岁）。

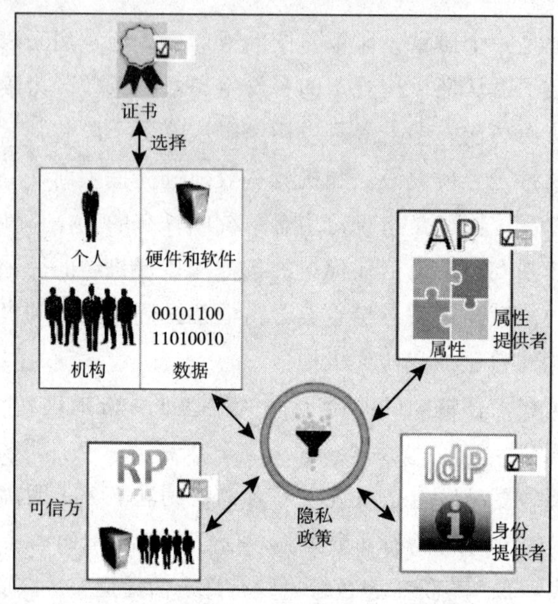

图1　执行层

非人实体，包括交易过程中的硬件和软件，也需要在执行层进行严格的识别、鉴权和授权。与个体相同，非人实体必须有身份提供者提供的数字身份，也可以有属性提供者管理的属性。图1中，个体、机构、硬件、软件和数据与可信方相互验证。

设想一下，一位女士向她丈夫看病的医院查询医疗信息。她想通过医院网站查询她丈夫的验血结果，医院需要通过严格的证书来验证这样的请求。除此之外，医院需要事先得到病人的同意，才能将病人的医疗信息告诉其他人。而该女士只需用她的手机号码就可轻松完成此项交易，因为所有参与方都有身份生态系统框架的信任标记。医院（RP）只需要该女士提供完成此项交易的必备信息（手机号码），而该女士的证书授权方（IDP）和病人批准（AP）仅需知道可信方（医院）的身份，这也是该女士仅需提供最少量的个人信息就可完成交易的原因。

该女士浏览医院网站读取她丈夫的验血结果，网站自行验证自己的真实性，确保该女士浏览的是真实的网站，并确保没有向冒充者发送信息。对于这种风险级别的交易，医院需要严格的证书来验证个体。该女士持有手机提供商（也叫她的IDP）发行的公钥基础设施（PKI）。证书储存在她的手机上，并与她的有效身份绑定。手机内含可信平台模块（TPM）用于验证此手机。该女士通过USB外接线将手机与电脑连接进行鉴权。医院验证证书、数字身份和手机的有效性。医院又通过基础医疗诊室（AP）得到病人的批准，允许妻子浏览他的病例。利用诊室提供的信息作为批准的证明，医院允许该女士查看验血结果。

身份生态系统中的非人实体嵌入了网络交易的识别和鉴权服务。在上述例子中，参与者的网络服务提供商（ISPs）和医院网络使用边界网关协议安全（BGPSEC）、网际协议安全（IPSEC）和域名系统安全扩充（DNSSEC）鉴权网络流量和交易数据。医院用来显示病人病例的软件被软件研发者赋予了数字签名。基础设施的运维者使用这些技术，增强了网络交易中通信和数据流的安全性，而那位女士可以对这些技术一无所知，但也可从中受益。

整个交易过程执行迅速，全部是自动化的。

第二部分：管理层

管理层是身份生态系统中个体和非人实体获得证书的地方，并且使个体和非人实体至少有一位是身份提供者（见图2）。在身份生态系统中，人们在进行交易前需从身份提供者那里得到证书，身份提供者确认主体的真实身份并确保与之一一对应的数字身份。身份提供者还需使主体的证书与其数字身份相对应。同理，属性提供者确认绑定和声明主体的属性信息。

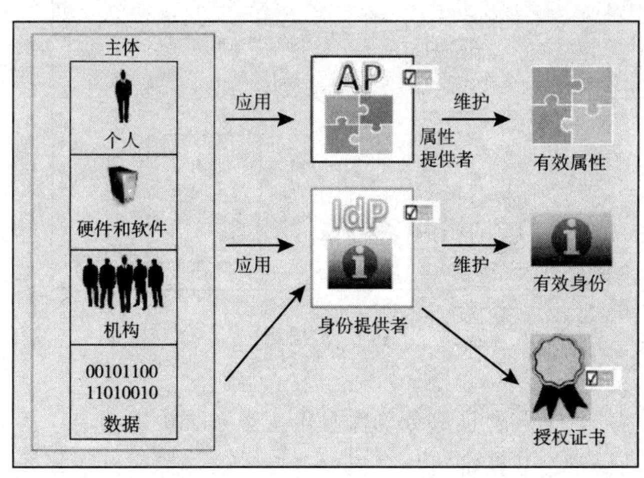

图2　管理层

在医院交易的例子中，那位女士在使用医院网络服务之前需有医院认可的认证证书。她丈夫的医疗提供者也要核对病人允许透露医疗信息的有效属性。那位女士的电话公司在她订购电话套餐时需要为她建立一个数字身份。电话公司根据身份证明标准验证她的身份，并在她的手机上发行身份生态系统中使用的证书。当她的丈夫签署医疗信息授权表时需提供他妻子的名字和手机号。医院需有扩展验证证明以保证其网站的真实性，而且医院为它们的网络软件加了数字签名，防止有人非法篡改其服务。软件开发商、互联网服务提供商和医院数据中心的管理员获得使用代码签名。

第三部分：治理层

治理层使不相关的实体相互信任彼此的数字身份（见图3）。治理机构建立评估和验证认证机构的标准，使认证机构评估和验证服务提供者。治理机构还确立信任标记的制度，此制度是服务提供者参与身份生态系统的行为准则。身份生态系统框架确立管理具体信任框架的总揽标准和规则。信任框架明确一系列特定交易及其参与者的具体规定。

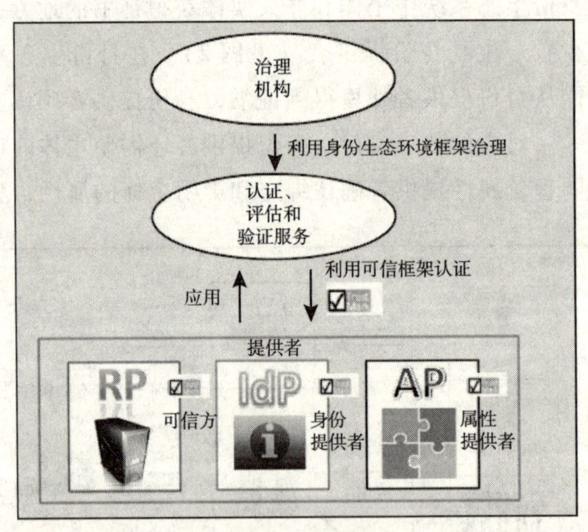

图3 治理层

认证机构的评估和验证服务确保身份生态系统提供者遵守基于信任框架的约定。成功验证之后认证机构向提供者发行信任标记以示其合法性。除了特定个体之外，任何参与者都需获得认证机构的认证，才能加入身份生态系统。认证机构的评估以及信任标记的使用促进了身份生态系统参与者的相互信任。

在医院交易的例子中，有一个信任框架管理医院、电话公司、主要医疗诊室和个体的关系。这个信任框架遵守身份生态系统框架的总揽标准。以信任框架为指导，认证机构需要验证每一个提供者。医院首先需要得到批准，允许医院请求和接受像电话公司这样的认证实体发行的证书。同样，认证机构评估和验证作为身份提供者的电话公司，以及作为属性提供者的医疗诊室，通过验证后，各个提供者获得信任标记。这样，信任框架中的参与者可以为人们提供安全、便捷、高质量的网上服务。

3.2.2 身份生态系统的特征

纵观三个层级，身份生态系统有如下特征。

• 个体和机构可以自行选择提供商和安全的交易模式。可信方根据对特定交易或一种交易类型的可接受风险评估，决定鉴权要求，包括证书类型和属性。个体自行选择他偏好的身份、证书和属性提供者，并根据隐私特性决定拥有的证书类型和数量。机构和实体可以选择提供多种服务。

• 参与者可以彼此信赖，并且认可交易的安全性。当需要的时候，身份提供者对交易中的参与者进行鉴权，提供安全的身份以支持各种网络群体，而现在还无法达到这种程度。统一的风险评估模型使可信方能够建立一套鉴权标准，并顾及安全、风险、便捷、隐私以及简单操作。这种方式使参与者免除了许多的交易要求（如保密性、数据和系统的完整性、内容和网站的完整性、可用性和效果）。身份提供者还对交易所依赖的基础设施进行识别和鉴权，更增加了交易的可信度。

• 个体可以与多个机构进行网上交易而不受隐私侵害的威胁。个体在与多个机构交易时可以自行选择隐私保护级别。人们可以选择保密性极强的证书匿名鉴权交易。机构获得身份数据时依照共享信息的规范和道德准则保护人们的隐私。此外，人们还享有请求、获得、修改和编辑个人信息的权利。

• 身份认证方案方便了用户和服务提供者。身份生态系统给用户带来便捷，用一个鉴权过程替代了使用不同证书登录多个可信方的过程。身份生态系统通过新的可信关系和服务共享，免除了用户和服务提供者各自身份诊断、证书授予和账户管理的繁杂过程。

• 身份认证方案具有扩展性和可进化性。身份认证方案应用模块组件和定义清晰、广泛认可的接口规范，具有互操作性。在这样的环境里，服务提供者可以更新或替换组件而不影响身份生态系统中的其他因素。身份生态系统的最优方案和指导原则不是一成不变的，可以根据技术、安全和隐私规划的变化而变化。

3.2.3 身份生态系统的效益

身份生态系统中的个体、私营部门与政府的价值取向是密不可分的。换句话说，如果个体、私营部门和政府广泛进入身份生态系统，将会增加身份生态系统中所有参与方的价值。国家的价值取向是非常明确的。我们的经济和国有关键性基础设施的重要部分，极度依赖互联网，任何增进网络安全的行为都对国家安全状况和经济稳定起到正面作用。

场景

A先生通过使用可信服务提供商提供的更具安全性的证书，以一种全新和安全的方式获得网上服务。他获悉电话公司、银行和本地政府都可以提供在个人电脑上使用的证书。进一步调查后，A先生又发现，其电子邮件服务提供商、社交网站、医保提供者和当地公用事业公司都接受这种证书，他可以依照个人情况选择相应的证书提供者。

用户收益

虽然用户上网出于不同的目的，技术背景和年龄层次也不同，但此战略认为，用户一致希望一个安全而又易于使用的网络环境，它能保护用户的隐私，但又不给用户增添负担。因此，此战略非常注重用户管理和体验，这是战略运作成功的重要条件。身份生态系统对个体的效益有如下内容。

安全。服务提供商使用内置技术和通用的、易于理解的流程，确保数据的安全，特别是和个体的数字身份绑定的数据，这样也就维护了个体的利益。对交易中的各部分，包括对人和非人实体强健的识别和鉴权，进一步保障了数据安全。

效率。人们获得了更多的网上服务，增加了更多的交易选择，节省了时间，促进了生产力发展。

易用。使用方法直观、易懂，可操作性强，并被广泛接受。人们不必为每一个网上服务设置不同的密码。

可信。改进的身份认证方案免除了身份盗用和不实陈述带来的恐惧，人们可以轻松在网上做生意，自主自愿参与网上交易。

隐私。任何服务提供者不得随意收集、使用或共享个人信息。它们要避免因疏忽或故意造成的数据泄露。此外，除了现实需要，个人信息不得与交易和服务提供者绑定。

选择。人们可以选择各种服务提供者和数字证书，也可以选择参与不同种类的交易，例如，匿名交易或需要使用一种或几种证书来验明身份的交易。

私营部门的收益

私营部门包括营利机构、非营利机构、非政府组织机构、游说团体和协会。此战略增进了私营部门对市场动态的敏捷性、创新性和应对性。此战略支持私营部门扩充网上交易的用户体验，给予私营部门决定证书种类和对客户属性要求的灵活性。私营部门的效益因在身份生态系统中扮演的机构角色不同而不同（如作为服务提供者和可信方）。

场景

能源公司与新型身份提供者合作，拓展能源管理服务。双方都须通过信任标记的验证。利用身份提供者发行的智能卡（根据个人情况也可用于其他网上服务），人们可以在能源公司的网站上浏览自家能源消耗的情况。人们还可以通过网站获悉高耗能家电的耗能情况，例如，冰箱、微波炉和烤箱的耗能情况。人们也可以通过观察设备的耗能差异，发现需要维修或更换的家电。

私营部门加入身份生态系统受益颇多，包括以下方面。

安全。改进的身份认证方案减少了欺骗带来的损失，更好地保护了知识产权以及需要传输的保密信息。加入身份生态系统也可以加强品牌保护。

效率。可信数字身份的一致性和精确性可以帮助提高生产力。例如，身份生态系统大大缩减了纸质交易以及运维中心关于账户和密码管理的成本，生产力的提高可以增加股东利益和提高竞争力。

可信。愿景的实现将减少对安全侵害的恐惧，也就增强了私营部门和合作伙伴对网上交易的信任。各方在交易风险上达成共识，可以在此基础上进行交流和作出相应决策。

隐私。身份生态系统降低了管理、维护员工和客户个人信息的复杂度，因此也减少了相关安全侵害的风险。

创新。身份生态系统的引入为创新型服务提供了新的市场机会，特别是那些高风险和以用户为核心的交易服务。身份生态系统的前期加入者，可以通过创新方法使自己的品牌在市场中与众不同。

政府收益

各级政府（即联邦政府、州政府、本地政府和部落政府）都可以充当身份生态系统的执行领导者。本战略认为，网上交易安全问题是公众共同关注的问题，政府必须参与其中，改进网上交易中的安全状况。政府的效益包括以下方面。

安全。增加交易中各方（包括人和非人实体）识别和鉴权的可信度，可以增加安全性。网上信任减少了网络犯罪，改善了网络和系统的稳定性和完整性，提高了用户的整体安全水平。身份生态系统可以辅助法律的实施，调查滥用系统产生的欺诈行为。

效率。身份生态系统使政府更好地服务于民众，通过稳定、精确的服务和冗余流程的缩减，政府可以更有效且更具有透明度地执行其功能。

创新。政府积极加入和帮助研发身份生态系统，明确承诺推广可信身份。这一举动将会掀起市场创新，久而久之能更加促进网络环境的安全。此外，许多正在起步的技术，如智能电网和医学信息技术，也会从身份生态系统中大大受益，从而鼓励再创新。

4 目标和任务

这个部分讲述了为实现远景需要完成的目标，每个目标阐明了当前环境下会遇到的具体困难，以及所期望的成果。每个目标下的相关任务是对整个目标的具体补充。

在网络空间中，可信身份的国家战略有 4 个目标。

目标 1：制定全面的身份生态系统框架；

目标 2：建立实施与身份生态系统框架一致的、可互操作的身份认证基础设施；

目标 3：提升用户信心，使其乐于加入身份生态系统；

目标 4：确保身份生态系统取得长远成功。

前两个目标主要是为了提供安全的网上服务，设计和建立必要的治理机制和基础设施。第三个目标致力于保障隐私和安全，以及使各方意识到加入身份生态环境的必要性。第四个目标确立进一步发展身份生态环境的架构和重点，以及对网上身份安全不断改进。

4.1 制定全面的身份生态系统框架

身份生态系统引领该体系中每个信任框架的发展。身份生态系统框架促使政策改革，在全国范围内确立强健的身份保障。这个框架还应该是灵活的，可以满足环境中各种参与者的不同需要。

在当前环境下，身份生态系统框架需要应对以下问题：

- 服务提供者应考虑具体业务的风险等级，而不是简单地用同样的风险等级制定交易的鉴权流程和要求；
- 缺少一个公用框架从帮助建立各种网上交易参与者的信任身份；
- 现行标准并不能使服务提供者们具有足够的互通性；
- 对于提供身份、证书和属性相关的服务所承担责任的顾忌，阻碍了身份生态系统的发展。

4.1.1 以已定义的风险模型为基础，建立综合身份认证和鉴权标准

建立网上识别和鉴权流程的国家标准，对于促进分布式网络环境的一致性和可信性是至关重要的，特别是在这样的分布式网络环境中有极具多样的交易种类和身份管理方案。风险模型使评估和制定交易风险的安全等级成为可能。这些标准的制定，可能会基于国际标准化机构（ISO）已作出的努力。标准将定义如何远程鉴别和治理，如何管理和实施用户数字身份、设备和开放式网络服务的数字身份，以提供与交易风险相应级别的互操作和安全措施。这些标准必须具有一致性，同时，当安全的威胁加剧或市场革新时也需具有灵活的应对性。

4.1.2 定义身份生态系统中参与者的义务，建立问责机制

身份生态系统框架的关键要素是，定义身份生态系统中各个参与者的权利和义务，以及当参与者没有履行义务时的执行机制。为了定义这些义务，联邦政府必须划分身份生态系统的责任归属问题，例如，如果证书被非法使用，身份提供商是否应该设定责任上限和下限？责任归属问题一度阻碍机构作为身份和属性提供者提供相应服务。联邦政府需要确立一个新的或修改现有的政策和法律，以解决责任归属问题，并建立可以落实责任的执行机制。

目前，很多机构都执行分布式的网上安全和隐私标准。任何新的法律和政策在保证操作灵活性的同时，也要统一各方提出的多样的甚至相互冲突的、阻碍了交互和信任的要求。

4.2 建立实施与身份生态系统框架一致的、可互操作的身份认证基础设施

在身份生态系统中建立参与者的可信身份，需要一个可以支持交易各方互动的基础设施。这个目标旨在克服当今环境下的障碍，列举如下。

- 为获得安全流畅的网上服务而制定的身份认证方案，实施过于缓慢；
- 缺乏多种多样的身份认证方案以及把它们整合在一起的能力；
- 缺乏安全、便捷、易懂的用户鉴权和识别方法；
- 较高的相关执行费用和管理费用，阻碍了本可以在市场上迅猛发展的身份和属性提供行业的发展。

4.2.1 政府继续发挥领导作用，积极采用身份生态系统框架

政府是许多网上服务的重要提供者和重要消费者。基于这个角色，联邦政府、州政府、地方政府和部落政府必须以身作则，尽早采用与身份生态系统框架匹配的身份认证方案。久而久之，这将促使消费者期望和要求所有网上服务使用改进的身份认证方案。作为私营部门的重要消费者，政府部门必须继续激发其购买力，以增加和扩大使用这些身份认证方案的商业案例和市场。

4.2.2 为落实身份生态系统框架，迅速部署身份认证方案

为了展现身份生态系统框架带来的优势，联邦政府必须促进和激励私营部门迅速执行身份认证方案和支持网上交易可信身份的商业模型。这方面的努力将推动市场革新，加快采用现有身份认证方案的步伐，促进新的身份认证方案的研发。联邦政府应该与企业共同合作，组织、协调和资助试点项目，通过将现有网络环境扩展成由数以百计的机构和交易类型组成的多重互操作服务网，最终改变网络服务的全貌。

4.2.3 大力推广身份认证方案，提升用户使用价值

当前，一个重要问题是大多数身份认证方案只适用于某一特定业务流程或服务，导致身份无法跨服务移植，缺乏互操作性。这种垂直式的方案给用户带来了极少价值以及诸多不便。联邦政府必须积极采取行动，促进身份生态系统参与者各个层面的互操作性，鼓励在政府内外产生一批身份认证服务提供商，并促进全体公民使用身份生态系统认证方案。

4.3 提升用户信心，使其乐于加入身份生态系统

个人和组织对身份生态系统的信心与参与意愿至关重要。本战略将从身

份认证方案相关的隐私保护、数据完整性、数据保密性等方面建立健全相应机制，从而提升用户信心；战略还将注重宣传现存的低身份识别和认证等方面的风险，并提供相应解决方案。

联邦政府在这个领域已经做了大量努力，重点是尽最大可能推进相关行动，这些行动应同时关注个人、政府与私营部门等方面的需要。

本目标旨在解决当前存在的问题：关注与个人隐私相关的未经授权的身份信息的收集、聚合、使用或发布等活动的潜在影响；关注知识产权保护；缺乏可信数字身份相关的感知。

4.3.1 通过公平、可靠的信息管理和解决方案管理提高隐私保护和交易安全

身份生态系统框架的实施将给个人用户提供强健的保密性和安全保护，并通过建立健全相应规章制度，为服务提供商或可信团体提供信息共享相关环境和支持。这些安全保护支持用户的网上威胁防御，保护个人隐私，进而提升用户的参与意愿和网上交易的积极性。同时，身份生态系统框架能够解决信息服务提供商在当前的交易环境和模式中存在的信息管理方式不一致等问题。

新的隐私保护将改变目前面向特定应用目的的身份信息采集的模式，而转向分散的、以用户为中心的模式。新的模式在通常情况下不需要用户提供全部身份信息。只有在需要完成交易时，服务提供商才去使用、收集、共享和保留信息。此外，联邦政府应该与地方政府、私人领域合作建立补偿机制来校正不准确的个人数据，为消费者提供修正错误数据的途径。

4.3.2 通过宣传教育实现知情决策

宣传教育方面的努力将提高用户对可信数字身份重要性的认识，使用户具备自主创建可信数字身份的能力。联邦政府应与私营部门合作，结合市场规模制定相应的宣传教育计划。

宣传教育计划帮助用户在多种身份识别介质和信息服务提供商中作出选择，对促进个人用户参与身份生态系统很有帮助。

与本战略相关的行动项目需要为用户提供相应的市场选择认识，以及与之相关的收益与保护措施，为用户选择不同方案提供必要信息。

服务提供商也同样需要参加宣传教育，特别是身份生态系统框架确定的总体安全，以及隐私保护中信息服务提供商的责任。

联邦政府将联合信息服务提供商为大型和小型企业开发教育资源，

促进身份生态系统内的连贯性与一致性。与美国公众一样，信息服务提供者既要了解其在解决方案中的角色，又要了解其他当事方的角色任务，以及各个角色共同培育可信环境的方法。认识和教育活动必须充分利用现有的项目和参与活动，尽快使民众认知现存的安全风险和最佳实践案例。

4.4 确保身份生态系统的长期成功

由于经济和互联网的全球属性，本战略的范围超越了国界。因此，身份生态系统的创建应该从国内和国际两个层面的管理和领导考虑，包括标准建立、研究开发、公私部门的协调努力等。联邦政府必须起到领导、协调和协作等作用，同时在国内和国际范围内鼓励数字身份的采用，促进下一代身份认证方案的出现，并建立相应联邦行动计划贯彻执行本战略。

本目标旨在解决当前环境中的下列问题：美国在相关国家和国际标准中的投入资源不足；需要额外的资源投入，以开发研究创新的身份技术；在联邦政府内部，需要促进可信数字身份相关的跨项目协同。

4.4.1 整合联邦政府在数字身份相关领域的合作（国内和国际）

美国已启动建立一个适用于政府和私人领域的网络安全基础设施，其中包含有效的公私合作机制以及一些应用系统，这些解决方案可以减少网络的不法行为。联邦政府应以此为基础，为数字身份问题的最终解决建立适当的协调机制。网络安全政策正在成为外交的一部分。本战略的行动计划会注重开展国际协作。联邦政府的领导和协调工作，以及在国际协作方面的努力，将为全球统一可信数字身份系统的建立作出重要贡献。

4.4.2 积极参与国内和国际的技术标准开发

数字身份的持续发展和创新，以及全球可信基础设施的建立，需要美国积极参与国内和国际标准的制定与开发。在当今全球经济环境下，各种交易活动不受物理或政治边界的约束。为了扩展身份认证系统的适用范围，依据本战略建设的网络安全基础设施的各体系之间的互操作必须遵从不同国家的法律和政策。本战略的贯彻需要进一步促进有关身份识别验证技术标准的发展，主要包括组织、设备、软件、数据和用户等方面的标准。

4.4.3 通过积极、集中的研究与开发（R&D）努力促进创新

联邦政府应梳理现有和未来研发身份生态系统的需求。美国要注重技术

和研发，改变现有模式，建立安全、可靠、可信的范例，保护那些需要对自身网上行为负责的用户。联邦政府需要持续促进政府资助的相关研发成果商业化。最后，来自不同社区和行业的、公共部门和私营部门的研发合作伙伴之间必须高度合作，以保证创新解决方案的迅速发展。

5 行动计划

构建身份生态系统需要在政策、流程、技术、宣传教育等方面开展一系列行动，涉及一大批利益相关者。本战略要求政府和私营部门携起手来，共同改善网络空间中的身份认证问题，公私部门、各国、各方参与者需要共同努力建设身份生态系统。本节提出的最优先行动是构建身份生态系统的关键内容，联邦政府将带头开展这些行动，成为构建身份生态系统的领导者和首先使用者。

这里列出的最优先行动并不是为达成目标和完成任务所需的全部行动，只是联邦政府在网络空间可信身份实现规划（见行动2）里的一系列工作的简述。

5.1 指定一个联邦政府部门引导公私部门开展工作，促进愿景实现

在构建身份生态系统的过程中，联邦政府必须承担起组织、领导、协调的责任。白宫将选定一个部门，责成其牵头协调此事。众多其他联邦部门结合各自职能，配合参与构建工作。领导部门将负责以下工作：

- 评估目标、任务、行动的进展；
- 确保政府通过实际案例领导身份生态系统建设；
- 促进公私部门合作建设身份生态系统；
- 支持跨联邦部门的协作；
- 建立面向私营部门的顾问咨询机制和支持战略。

该领导部门必须积极推进跨部门协作。隶属于总统办事机构（EOP）的网络安全协调官办公室（The Office of the Cybersecurity Coordinator）将具体承担此项行动中跨部门政策推进工作，领导部门与其紧密配合。此外，领导部门还将参加联邦 CIO 委员会，保证现有及未来相关政策的协调一致。

5.2 制定多方共同参与的、综合的行动计划

本节中提及的行动为公私部门今后的共同协作设定基础、确定基调，但这还不够。联邦政府将拿出一个实施计划，详细策划短期和长期行动，以迅速部署身份生态系统。这种跨机构、跨部门的协作计划将有助于保持身份生态系统持续向前推进。

行动计划的具体任务、时间表、依赖条件和实施责任者等内容，将以所有利益相关者的现有投资、标准、创新及最佳实践的再利用为核心任务。公私部门必须携起手来，依据实施计划，实现现有成果的集成整合，建立咨询、交流机制，为各方参与者分配任务，确定时间进度，定义关键成功因子，确保“目标和任务”可完成、可追溯。

5.3 加速推广政府服务、试点项目和相关政策，保障身份生态系统成功实施

联邦政府必须是身份生态系统建设、使用的带头人，各级政府都应参与系统建设，借此提供政府服务。联邦政府作为面向个人、私营部门、州郡政府的主要服务提供者，应着力于身份生态系统服务的高影响力和示范性。联邦政府的各项服务，因特点不同、参与者不同，其规模、形态变化多样，为身份生态系统提供了良好的表现舞台。联邦政府和试点项目的经验教训有助于带动私营部门使用身份生态系统并提高整体成功率。

政府推动和资金支持，比如利用身份生态系统提供政府服务的试点项目，是本行动的关键部分。联邦政府要特别注意在医疗保健、通信、信息技术、国防工业基地、能源、金融部门，以及与州政府协作等方面设置一些试点项目。领导部门应重新审定联邦内部有关身份认证方案的项目投资计划，最大限度地推进身份生态系统建设。这些试点项目应尽可能地向私营部门及个人扩展，同时联邦政府还要考虑国际试点项目，借此提高各国身份生态系统方案的一致性。

联邦政府应加速推进身份生态系统既有政策的推进力度，并制定更多的联邦政策，支持面向个人、机构用户的身份认证基础设施建设，以迅速减少针对政府、商业活动及个人的网络风险。此外，联邦政府现有的身份认证系统、试点项目和计划，如国土安全总统指令 12、联邦 PKI、DNNSSEC、IPSEC 和联邦身份、证书及访问管理路线图行动，只要有益于身份生态系统建设，就必须加速实施。

5.4 通过公私部门间的合作，实现增强型隐私保护

联邦政府将与私营部门合作，确定如何实现 FIPPs。系统建设早期，注重隐私保护政策、流程以及技术实现，有助于身份生态系统建设的参与者很快形成一些最佳实践案例、指导帮助和标准规范，帮助各方用户收集、使用、保护、传递以及销毁个人身份识别信息。联邦政府将制定详细的行动计划，强化隐私保护政策。身份生态系统的建设方应做到以下工作。

- 为最终用户提供简洁、深刻、及时、易懂的提示，帮助其收集、使用、传播和管理个人身份信息。
- 在各项交易活动中，要求身份生态系统参与者仅收集、传递必需的个人信息。
- 限制身份生态系统中个人数据的二次使用。
- 尽可能缩短各项服务中个人信息的保留时间，有法律要求的除外。
- 最大限度上减少身份生态系统中跨事务的个人数据集中和交换。
- 为个人用户提供访问、修正、删除个人信息的机制手段，如果他们希望终止使用身份生态系统，要尽可能减少终止过程中的相关障碍。
- 在身份确认方案中建立数据准确性标准。
- 当业务终止时，妥善保护并彻底销毁相关信息。
- 为那些怀疑自己的个人信息被错误使用的用户建立补偿机制。

身份生态系统以用户为中心，这一特点使得用户可以以全新的方式使用自己的隐私信息。本战略鼓励开展促进用户向各方服务组织提供个人信息的项目和行动，这些行动可以让用户使用简单、高效的手段更新、发布、编辑个人隐私信息。

5.5 协调风险模型和互操作标准的发展及改善

各类信息服务组织可以使用一系列风险模型和评估工具，决定其如何在身份生态系统环境下运作。风险模型在最大限度上降低了风险发生概率。有关互操作性、可信标记准则和鉴别的标准使得信息服务组织可以选择多种身份识别解决方案，从而进一步加速身份生态系统推广的进程。所有有关身份生态系统的标准的具体行动，都将基于联邦政府、信任框架提出者、私营部门、国际组织的已有工作开展。

身份生态系统中的标准要包括有关隐私保护的内容，并采用某种协议，以在身份生态系统的相关各方之间，减少交易和交易数据的相互关联和聚集，保持个人交易历史的完整性和可审计性。标准的进一步发展、更新要允许用户在身份生态系统服务提供者之间进行选择，要在工业界保持足够的灵活性，以提供跨行业的和跨地域的互操作性。

5.6 强调服务提供商和个体的责任

本战略定义了一个身份生态系统，使得某个参与者申明的数字身份信息可被另一个参与者认可。当下，各行业的身份认证方案受限于各自的权利和责任，各自为战，阻碍了跨行业的身份认证互通。联邦政府必须去除这种障碍，建立有广泛适用性的网络信任体制。身份生态系统要推进建立与参与者利益相匹配的责任模式。此外，本战略将进一步发展现有责任模式，强化立法工作，保护个人用户，改变信息服务机构将非法交易损失责任转嫁给个人用户的局面。

5.7 开展宣传活动，提升所有利益相关者的意识

个人用户和私营部门在身份生态系统的成功中扮演了关键的角色，他们必须理解可能的风险和收益，知道如何参与系统运作，因此宣传培训信息必须简单易懂，便于获取。联邦政府将配合“国家网络安全教育行动计划（NICE）”，让公众和机构认识到当前的身份识别技术的不足以及如何改进。联邦有关部门将在现有和将来的宣传教育计划中引入数字身份安全保护方面的内容，私营部门和其他政府机构也在与特定利益相关者（主要是个人用户和其他组织）的交互中发挥了重要作用。

从现在开始，联邦政府要与私营部门一道，根据宣传对象和宣传媒体的不同，设置不同的宣传教育方案，让个人用户理解什么是适当的网络安全行为。这种宣传有助于身份生态系统的建设。同时，要为这项优先行动设计效果评价机制，以进一步提高其有效性。

5.8 继续推进国际合作

联邦政府将增加有关网络隐私保护和可信数字身份方面的国际活动，提升这方面现有的国际合作活动的优先级，适当增加资源、人员投入。

国际通行标准是全球电子商务和信息交换的基础，只要条件允许，国

内标准应尽可能地采用国际标准。信息共享、国际交流和参与试点项目有助于身份生态系统的持续改进。国际合作不应仅仅是联邦政府的职责，私营部门也应参与到国际合作中来。国际协作起来，充分使用、检验具有良好互操作性和扩展能力的身份识别方案，是身份生态系统取得成功的重要保障。

在身份生态系统有关国际标准制定活动中，联邦政府将提升政府和私营部门代表的各种权限，鼓励其参与标准制定。这些活动包括国际政策制定、技术工作组、论坛、相关工作推进委员会等。为了使美国更好地参与国际协作，并从中获得经验教训、最佳实践案例，促进国际身份生态系统的互操作性，美国必须加大这类交流的力度。

5.9 寻求其他方法以促进身份生态系统在全国范围内的应用

身份认证方案的广泛应用必须依赖多方面的鼓励促进手段。联邦政府将采取措施，评估经济鼓励手段对私营部门和个人采用强度高、互操作性强的身份认证方案的有效性，比如允许最先使用者抵扣税、减税，为其提供网络安全保险、政府补助或者贷款。同时，联邦政府必须对怎样才能更好地利用政府补助项目建设身份生态系统加强研究。

联邦政府必须开展经济分析，以评估改变关键部门业务的必要性。具体而言，联邦政府将在建议某些关键部门的原有交易模式改变之前，评估其风险、代价和收益，比如提高信用卡业务的身份认证等级要求。

6 总结

本战略描绘了一个愿景，告诉用户、服务提供商及其他利益相关者在在线交易中如何改进数字身份的使用办法，为建设身份生态系统提出了一系列最优先行动。

在今后很长一段时间内，人们越来越依赖网络开展商业活动、交换信息，在线交易时，人们需要确认对方的真实身份。同时，保护个人及组织的身份信息是保护商业发展、鼓励创新、确保国家关键财产安全的重要任务。身份生态系统可以保护个人权利、提供更好的隐私保护、阻止身份盗用和网上非法行为。

在联邦政府的领导下，个人、商业部门、非营利组织、其他机构和政府合作参与，推动如何改进网络空间中的身份认证和使用。公私部门的一些现有合作已经在构建身份生态系统方面取得了显著成果，但是仍然有更多的工作要做。

解决身份认证相关问题已迫在眉睫，需要短期内取得实际进展，并做好长远规划。对于国家来说，认识到此战略的愿景及相关收益，各地域、各部门、各方面的利益相关者都要团结起来共同努力。

附录：公平信息实践原则（FIPPs）

为了真正保护在线交易过程中的隐私，必须在身份生态系统中全面、持续应用公平信息实践原则，该原则是一个评估影响个人隐私的系统、过程、流程的框架，得到各方广泛的认可。

公平信息实践原则主要包括如下内容。

（1）透明性

信息服务组织应该在有关收集、使用、传播和保有个人身份信息（PII）方面是公开透明的，并告知当事人。

（2）个人参与

信息服务组织应该使个人参与到使用其个人身份信息的过程中，搜寻有关收集、使用、传播和保有个人身份信息的许可，并为合法地获得、改正、纠正个人信息的使用提供机制。

（3）意向说明

信息服务组织应专门阐明允许采集个人身份信息的权利，并特别阐明拟使用个人身份信息的目的。

（4）数据规模最小化

信息服务组织应该只收集与完成工作目标直接有关的、必需的个人身份信息，个人身份信息保留的时间不应超过规定时间。

（5）使用限制

信息服务组织应该只因告知中所述目的使用个人身份信息，共享个人身份信息的目的应与收集目的一致。

（6）数据质量和完整性

信息服务组织应该尽可能保证个人身份信息是准确、相关、及时和完整的。

（7）安全

信息服务组织应该通过适当的安全预防保护个人身份信息（在所有介质中），避免信息丢失、非授权存取或者破坏、修改或者无心的或不合适的信息泄露。

（8）问责制和审计

信息服务组织应依从这些原则，培训使用 PII 的所有雇员和承包商，并且负责审计 PII 的实际使用情况，展示遵照这些原则和所有可适用的隐私保护需求。

公平信息实践原则的全面应用奠定了对在线交易的信心和信任的基础。

开放、参与：Government 2.0与Open Government的战略与实践

编译：冀俊峰 等
译审：汪育明

国家信息中心公共技术服务部

译者按

从 2009 年开始，Government 2.0 及 Open Government 俨然成为全球电子政务发展的热点词语，美国《商业周刊》更是把 Government 2.0 作为互联网的下一波高潮。Government 2.0 积极倡导利用 Web 2.0 技术手段实现政府事务和信息对社会的开放与共享，促进公民对政府事务的参与，加强政府和社会的协作和创新。实际上，Government 2.0 并不是传统意义上的电子政务或网上政府，而是作为一个整体、开放的平台，与民众进行直接的互动和沟通，标志着政府在管理上的一个根本性转变：从条块分割、封闭的架构迈向一个开放、协同、合作的架构，其重要性远超出了信息技术应用的范畴，引发了政府管理理念甚至社会文化的变革。

从 2009 年开始，美国政府启动了 Open Government 行动，澳大利亚政府制定了 Government 2.0 战略规划，英国实施了智慧政府战略…… Government 2.0 已经掀起全球电子政务发展的新浪潮。这些战略规划大多是从国家发展战略层面颁布的，而不仅仅是作为电子政务的发展规划。虽然它们的名称和侧重点各有不同，但都是以开放、参与、合作为核心。

一直以来，中国的电子政务发展都是以项目建设为中心，存在高投入、低效益等问题。为此，我们在利用信息化技术促进政府管理的同时，还要重视政府管理理念的创新、社会文化建设，要充分发掘电子政务的附加经济价值和社会价值，让电子政务的发展助力于中国开放型、服务型政府的建设。世界范围的 Government 2.0 风为我们带来了启示。

本部分内容主要编译自美国、澳大利亚等国政府和研究机构编写的政策文件和研究报告等，并按照统一的框架体系组织起来，便于读者的阅读。

开放、参与：Government 2.0 与 Open Government 的战略与实践*

1 概述

1.1 发展背景①

利用信息和通信（ICT）技术提供和改进公共部门服务、办理事务及互动交流已经使政府组织能够提供更优质的服务，并提高效率与效能。例如，在许多国家，目前已有70%以上的纳税人采用电子方式报税，还有许多其他事务——从更新驾照和支付停车费到管理政府福利——也可以在网上办理。政府机构雇员还可以在日常公务中利用互联网管理内部流程，如人力资源和差旅管理。

然而，在过去的几年中，尽管在电子政务前沿技术上持续配置了大量资源，但其进展却似乎已经陷于停滞。许多新的电子政务举措既没有激起用户参与的兴趣，又无法明显提高运行效率。面对空前严峻的财政紧张，以及随着互联网融入用户的日常生活和工作之中，民众对电子政务的期望不断提高，因此，公共部门进一步改进其电子政务方法，以确保这些举措发挥最大效用已势在必行。

根据《麦肯锡季刊》的分析，有三种障碍限制了电子政务发挥效用：管理效率低；缺乏与互联网应用相关的能力；在应用开发和内容创作的过程中，政府不愿意用户参与。政府机构应该克服这些障碍提升自己在互联网上

---

* 本篇是多个政府文件和研究报告的整合，具体来源见参考文献。参与本文编译的主要人员是国家信息中心公共技术服务部的冀俊峰、张铠麟、李军、贾一苇、付宏燕。

① 本节编译自 J. Baumgarten and M. Chui，“E-Government 2.0”，*Mckinsey Quarterly*. July 2009。

的服务效率，以实现电子政务效用的充分发挥。

第一，低效而复杂的治理流程是妨碍电子政务获得成功的根本障碍。对于基于互联网的政务活动，在大多数情况下，由 IT 部门或通信部门最终负责。而且由于通常并不把互联网视为一种核心业务渠道，与互联网相关的工作往往散布于整个政府机构之中。美国政府的一个机构发现，它除了有几十个外部网站外，还有上百个内部网站，并且使用多种工具和平台来维护这些网站。这种复杂性除了会增加成本、降低效率以外，还会妨碍网站的使用，例如，用户必须忍受在这些网站之中和网站之间进行多次注册登录的麻烦。

第二，大部分政府机构缺乏开发和改进互联网服务所必需的能力。尽管采用最优方法的私营企业会聘用专门人才来编辑和优化自己的网站，但政府却很少优先考虑互联网能力的提高，也很少聘用互联网设计或分析方面的专家。尽管与外部供应商合作也是一种选择，尤其是对于提供商品的能力，以及通过规模受益的能力（如提供网站主机空间），但为了监督开发与设计，以及有效地管理供应商，政府机构内部也需要具备相关技能。实际上，政府机构内部通常缺乏合理选择这些合作方并与之共事所需的专业知识。

第三，在应用开发和内容创作过程中，不愿意用户参与。出于希望保持对数据使用的控制及对安全问题的担忧，政府不愿用户参与讨论、开发应用软件，以及整合多来源数据的 Web 2.0 技术。但是，随着由用户高度参与才能发挥效力的 Web 2.0 技术的应用，用户越来越习惯于在线参与，如果政府机构放弃使用 Web 2.0 技术，就会严重影响公众感受，使政府网站的吸引力大打折扣。

1.2　Government 2.0 的基本概念

1.2.1　Government 2.0 的定义①

Gartner 咨询公司（Gartner，Inc.）的安德烈·迪·马尤（Andrea Di Maio）给出 Government 2.0 的定义是：利用信息技术使政府提供的服务、政府的业务流程与数据实现社会化、商品化。

社会化

社会化与 Web 2.0 密切相关。通过诸如博客、维客以及 FaceBook 等方

① 选译自 Gartner，Inc.“Goverment 2.0：Gartner Definition” by Andrea Di Maio。详细定义与特征见原文。

式，人们既是信息的创造者，同时又可能是信息的使用者。Gartner 认为，社会化包含以下方面：

- 从政府到公民，通过开放政府数据增加政府的透明度，允许第三方对政府数据进行分析汇总可以创造公共价值；
- 从公民到政府，通过那些本来不是为和政府交流目的而产生的、但却对一些政府业务很有用的信息实现社会化。
- 在政府部门内部，通过使用内部或者协作平台来使政府雇员的知识社会化。

商品化

E-Government 主要使用企业、特定领域的具体技术，而 Government 2.0 则主要基于越来越商品化的技术和消费级技术。采用消费级社会化媒体以及云计算是实现商品化的重要途径。利用消费级的社会媒体可支持内外部的合作目标，例如，Facebook 或者 Twitter；基于云技术的应用包括谷歌的 Gmail 或者 salesforce. com；还有将一些政府事务转移到基于云的基础设施上。

1.2.2 Government 2.0 的三个支柱[①]

Government 2.0 涉及两个方面：一是通过修订公共政策，创造一种开放和透明的文化，使政府愿意和公民互动，愿意倾听公民的声音。二是将大量的、非敏感的部门信息公开，使其成为国家信息资源。Government 2.0 通过技术手段推动公民与政府公职人员在政府治理方面的交流互动。

澳大利亚政府的 Government 2.0 特别工作组（Taskforce）定义了 Government 2.0 的三个支柱（见图 1)，作为实施日程。

- 在公共部门文化与实践中，领导力、政策与管理需要必要的转变；

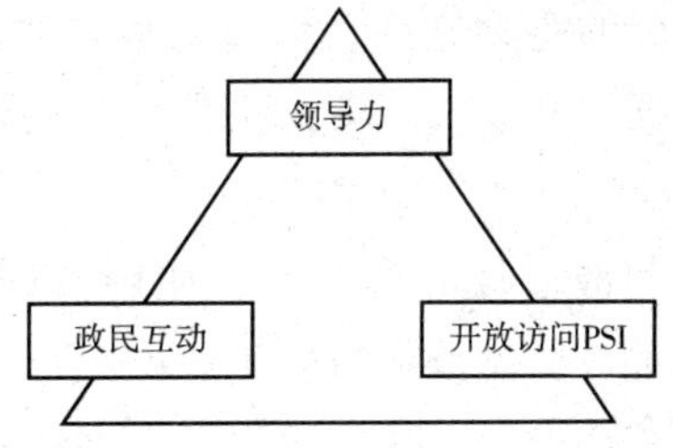

图 1　Government 2.0 的三个支柱

（来源：Government 2.0 特别工作组）

① 本节编译自 Engage：Getting on with Government 2.0. Report of the Government 2.0 Taskforce。

• 在政府事务中，应用 Web 2.0 合作工具和实践；

• 开放访问公共部门信息（Public Sector Information，简称 PSI）。

Government 2.0 的理念给政府已长期实施的一些措施带来了挑战，也潜在地改变着政府与公民之间的关系。

政府领导力推动社会变革

Government 2.0 的核心是文化的变革，其重要性远胜于政策的发展和采用新技术带来的挑战。

政府机构与公务员应鼓励公众参与，而不只是邀请（现在这种邀请并不少见），并要对公众的公共服务评价作出回应，这样才能产生有效的政民互动。借助 Government 2.0 发展的潜力，政府可以提高政策制定效率，与公众形成更为紧密的合作关系。充分的开放与透明，更利于社会对政府的监督和批评，更易于创新和知情反馈。

政府需要通过全部领导力推动这种转变。Government 2.0 将促进公共机构及其运作的文化氛围的变革。这应该成为“我们做事情的方式”。

在包括国家创新计划在内的一些国家级关键发展目标的实施中，Government 2.0 将起到核心作用，它将不断提高公共服务的质量、灵活性和创新能力，使得投资巨大的宽带和其他可用的基础设施得到充分的利用，这一切将促使澳大利亚实现更加互联的民主。

Web 2.0 协作工具促进政民互动

Government 2.0 涉及将 Web 2.0 协作工具应用到政府事务中。这些工具和实践已经过市场证实，可以提高生产率和效益。澳大利亚的民间 Government 2.0 谷歌研究小组研究认为：Web 2.0 不仅限于社交网络技术。它代表着政府在管理方面的重大改变，向着开放、协作及合作的模式变革，包括公开磋商、开放数据、共享知识等。技术和工具是这种变革中的重要推动者。

鉴于政府机构本身的群体性和合作性，使用 Web 2.0 技术的政府信息化将潜在地改变政府的服务，民众在行使主要民主权利时将更加积极参与并知情。在政府事务的处理中使用 Web 2.0 技术，将推动政府更加开放、透明、负责以及响应迅速。当然，仍需保留其他途径适应那些不想或不能在线参与的人们。

其一，什么是 Web 2.0？直到最近互联网的应用仍然主要是浏览静态网页和收发邮件，这种通过互联网支持广播、点对点通信，以及网站中心辐射的技术被称为 Web 1.0。十几年前技术就已经成熟的 Web 2.0 技术直到现在才在社区和市场普及。正如评论家所说的，Web 2.0 不是一种新技术，而是通过无所不在的网络技术实现的网络使用和交互的新方式。本质上，Web 2.0 的精髓就是以人为本，提升用户使用互联网的体验。

Web 2.0 促使了各种连通和合作。社交网站如 Facebook 和 Meetup 便利了人们的交流。在这种“创意市场”（Idea Market）的刺激下，问题和能解决问题的人聚集到一起，产生了巨大的经济效益。

搜索引擎利用人们的搜索方式，通过他们的合作帮助搜索引擎提高搜索结果的质量。维基百科（Wikipedia）和 stumbleupon. com 也是利用产品用户改进产品。

像戴尔（Dell）和星巴克（Starbucks）这样的公司使用 Web 2.0 实现与员工、供货商以及顾客之间的互动，发现问题，共同开发新产品。

Web 2.0 工具还可以建立关系网，密切关系，而各种各样的知识，无论是科技专业知识，还是那些短暂的、局部的意见，都可以共享和进一步发展。

其二，Web 2.0 的前景。通过 Web 2.0 技术实现的在线协作和互动将带来广泛的经济和社会效益。通过研究计算得出，使用 Web 2.0 技术的互联网搜索产生的经济效益约占美国 GDP 的 0.5% ~5%。

在线协作和互动产生的社会效益较难评估，因为互联网上的在线互动与合作虽然没有直接降低成本，但潜在地改善了生活质量。搜索引擎和维基百科（Wikipedia）不仅节约时间，而且相比以往的方式，能产生更多贴切或针对性更强的相关信息；Web 2.0 允许人群之间细粒度的交互，便于人们就某个特定的兴趣爱好、技能或者知识进行交流；博客（Blog）使任何人都可以通过互联网向全世界表达自己的想法，并且可以邀请别人就某个话题进行讨论。这样人们就可以很快找到相关领域的专家。上述这些效益很难用经济价值衡量。然而，通过个人或组织对信息的渴望和创新，以及按照他们自己的主张进行互动的强烈愿望，展现了 Web 2.0 如何改变世界。

公共部门信息（PSI）的开放访问

公民只有更多地了解 PSI，才能促使其对公共事务的参与。Government 2.0 在建设开放型政府进程中的下一步计划是增强信息自由权利，以及在此基础上对政府信息的其他权利，如获取、复用、发布，以及公共部门信息的增值。近期提交到国会的《公共部门信息公开法案》规定了 PSI 作为国家资源应为公众服务。

经合组织（OECD）委员会建议应加强 PSI 的访问和有效使用，并定义 PSI 为：政府或公共机构产生、创造、收集、处理、存储、维护、发布或资助的信息，包含信息产品与服务，并且没有相关法律和其他限制。

综上所述，Government 2.0 代表了公共部门信息公开时代的到来。信息公开可以激发更多的创新。由于商业化运作以及社会的研究机构将赋予公共部门信息增值的潜力，公共部门信息公开将产生更大的社会效益。政府相关政策的制定和国会法案的通过，将进一步推动这一转变。这些转变有的正在进行，有的正在酝酿中。这些转变是必要的，但 Government 2.0 将会带来更多的转变。

1.2.3 Government 2.0 的优势

实施 Government 2.0 为我们带来下述好处：

• 使我们的民主更具有参与性和知情性；

• 提高在公共服务领域，如教育、卫生和环境治理等方面的服务质量和响应速度，提高服务的效率；

• 培养和激发公众的热情，让公众更多参与到社区建设中；

• 通过公共部门信息公开，除了产生巨大的经济效益和社会效益外，还可以为创新活动提供信息平台；

• 实施 Government 2.0，将增强公共部门的活力，可以使政府在政策制定和提供服务方面更好地响应民众的需求。

具体包括以下途径：

• 为政府提供工具，以更好地使政府与社会团体进行交流互动；

• 允许公众能够更大程度地参与政府服务的设计，并不断改善政府服务质量；

• 政府机构之外的社会团体，在政府政策制定过程中，以专业知识和视角更好地提供专家意见，辅助政府决策；

• 通过更加扁平化的工作组织，以合作的方式吸引更多的公众参与到社会的公共服务中。

Government 2.0 将会积极推动包括创新计划在内的一些国家重要发展战略的实施。在澳大利亚，专家委员会建议政府管理改革的方向是以公众需求为核心，建立世界上最好的服务型政务，Government 2.0 可以有力地推动这一改革计划的实施。在民政部门的改革方案中，Government 2.0 将会成为重要的组成部分。此外，还可以充分利用已有的网络投资，建设更加互联民主（Connected Democracy）的澳大利亚。

1.3 Open Government 的基本概念[①]

与 Government 2.0 密切相关的另一个概念是欧美等国政府正在实施的开放政府（Open Government）行动，主要目的是广泛利用 ICT 技术手段，最大限度地促使政府信息公开，促进社会公众参与政府事务，构建开放型、服务型的政府。Government 2.0 和 Open Government 这两个概念目前在电子政务领域常被替换使用。

Open Government 是一种政府管理理念，即政府事务和国家管理应该在各个级别公开，并对此过程进行有效的监督和督察。从广义上来说，这和国家理据（The Reason of State）以及与国家安全相关的信息保密相对立。Open Government 的理念起源于 18 世纪欧洲的启蒙运动，最近的发展是受软件领域开源软件理念的影响所提出的开源政府（Open Source Government）。

目前，Open Government 作为一种政务管理的发展趋势在美国、英国以及澳大利亚等国迅速展开，各国纷纷制定相关的政策和发展计划，加大和拓宽推进的力度和范围。

1.3.1 Open Government 的要素

2009 年 1 月 21 日美国奥巴马政府发布关于透明与开放的政府的备忘录，2009 年 12 月 8 日发布的备忘录（编号：M10 - 06）要求联邦政府各部门在 2010 年 4 月 8 日前提交开放政府的实施计划（Open Government Plan）。备忘录附件中的开放政府计划模板中，列出了计划中需要包括的 Open Government 的三个要素。

透明化（Transparency）

政府的透明化是指政府部门公开相应信息，保证社会公众查看政府部门的工作和成绩，并对结果进行解释说明。

• 强化政府的责任。通过公开向公民提供政府的行为信息、公开工作程序和决策过程、把政务信息公布到网络等方式来强化政府的责任。政府鼓励记者、研究人员、政府官员和社会公众一起参与对政府进行监督，促使政府

① 本节根据 M - 10 - 06 Memoradum for the Head of Executive Department and Agency 2009. 12 和 “Open Government：A Progress Report to the American People” 相关内容编译。

想方设法提高为美国人民工作的质量。政府已经把总统的行为转化成看得到的方式。例如，白宫首次开始对外公布访问白宫的人员名单。行政部门对信息公开法案（FOIA）进行了大幅修改，前所未有地公布了联邦政府在经济恢复中的支出，公众可以在线访问白宫工作人员的财务报告和工资，甚至可以在线通过网络视频观看白宫会议。

• 促使政府信息的共享。将政府信息以开放和可以访问的格式发布到网络上。2009 年 5 月，美国联邦政府开通了一站式数据共享平台 Data. gov，将美国政府的经济、医疗保健和环境数据以多种可访问的格式发布。Data. gov 还允许利用常用数据下载软件保存数据。通过将分散的数据组织到一起可以降低管理成本，防止欺诈、滥用，还创造了新的商机和就业机会。通过利用这些数据的高附加值，可以促进国家发展，提高人们的生活水平。如农业部公布的可用的营养食物，帮助美国家庭改善家庭膳食；交通部门公布航班延误的情况和原因，帮助人们安排工作和娱乐的旅行安排。

参与性（Participation）

使公众参与重要的问题，并能够使政府听到他们的呼声。主动邀请政府之外的相关专家参与政策制定，使得政府政策的制定得益于最佳信息。

对政府运作的访问越便利，就越能够促使公众的参与。本届政府的公共参与行为基于一个简单的理念，那就是最好的想法常常来自华盛顿之外。

公共参与塑造了政策的形成。教育部长通过进行一系列的“听学之旅”，倾听各界对加强学校建设的看法，并将这些看法发布到教育部的博客上，有 500 多人对此留言。教育部的博客只是行政部门利用新的社会媒体和前所未有的通信方式与美国人民进行广泛互动和交流的一个例子。开放问卷（Open for Questions）提供了全体人民和政府直接沟通的渠道，向民众征集国家经济走向正轨的方法和建议。

政府还支持政府专家组的参与和创新。军队邀请专业人员按照维基百科的编写模式，通过实时协作编写“维基化战地手册”，向士兵提供战争的战术、军事技术和程序知识。

这些实例充分说明了参与性的核心观念，那就是公众参与将会有助于制定强有力的政策，提供更加有效和廉洁的政府服务。

协作性（Collaboration）

通过政府官员与其他联邦政府机构、非联邦政府机构、个人、企业的协作，政府与社会公众可以共享信息和理念。

政务的协作性侧重于通过利用公众的智慧发现解决问题的创新策略。美国劳工部通过网络合作帮助求职者找工作，发起了美国求职者工具挑战赛，让美国企业、科技公司以协作方式共同开发职位查询和推广工具。美国行政部门利用社会化媒体技术实现合作，使得政府机构内和机构间实现知识的共享。NASA 的“太空书（Space Book）”通过专业的网络实现部门内部的合作，通过使用太空书工具的协作，降低了项目风险，节约了成本，并降低环境影响。国防部的网络合作将人员、项目、文档联系起来，利用国防部内部的专家和技术人员合作，节省资金、提高效率，并可拯救士兵的生命。

1.3.2 Open Government 的三个支柱

Open Government 和 Government 2.0 具有很多类似的要素和特征。Government 2.0 的积极推动者——澳大利亚参议员凯特·伦迪（Kate Lundy）也是 Open Government 的倡导者。她归纳出 Open Government 的三个支柱。

以公民为中心的服务

这基于这样的共识，那就是政府有责任尽全力为公民的需求提供服务，并且要考虑不同人对服务的不同需求，同时按照每个人的不同需求对信息进行汇总和展现，而公民只需提供少量信息（如邮编或工作状态）。如果不考虑具体场景的复杂性，我们现在已经拥有足够的技术和资金解决公民和政府的交流接口。目前已经进行着服务的创新，公民应该直接参与政府事务，尝试新的模式。

开放、透明的政府

主要依据是，公民有权获得公共和政治事务等方面的信息，并在告知和授权的方式下参与政府事务。这意味着将构建一种创造性的手段，实现政府在制定政策和决策时可以与公民进行互动。这一原则可以确保公民和政府在政策和决策方面进行真正意义的互动。这种互动听起来容易，做起来很困难，但这对政府的集思广益非常重要。政府和社区的互动并不只是一种对话方式，而是政治家和人民之间建立真正的合作伙伴关系。当今面临的新的社会、经济和环境等方面的挑战，要求政府作出快速和有效的响应和应对，这种伙伴关系对此是至关重要的。政策决议的本地化可以保证政府在处理实际问题时的相关性和有效性，当出现新问题时，确保有合理的响应时间。开放与透明的政府将会增强公民对政府的信任，最终参与政策的完善和推动政府的发展。

促进创新

政府有责任为公共和私人的创新提供机会，这将为政府的数据和系统增加价值。这需要考虑到，在政府信息里面有一些特定的数据和系统，由于涉及隐私、安全、商业秘密或其他原因不能公开访问。还有大量的数据是可以公开的方式和格式发布的，这些数据可以被统计，可以被增值利用。

美国政府多年的经验表明，政府数据在开放访问后，将从数据中产生极大的社会和经济效益。这意味着整个社会都可以从数据开放中获益。公共部门信息应该在公共领域，其不仅可以促进公共和私人领域的创新，而且使每个人都可以作出明智的选择。需要明确的是，我们在这里谈论的不是那些私人的、被保护的个人信息，而是那些和我们的生活区域、环境和社会生活等方面相关联的信息。政府信息中有 80% 和地点有关，因而可以通过地图技术为政府提供的以公民为中心的服务提供帮助，以全新的、有效的方式为公私人员的创新提供数据的汇总和展现。在这些领域实施透明化将确保监督和合作文化，而不是保持保密传统。最后需要指出的是，在将来可以对数据持续访问也是必不可少的。开放的标准和格式被制定成公共保障政策，可以确保政府数据的持久访问。

在促进创新方面，政府的核心责任在于以下方面：

- 适当开放政府数据资源，便于公众使用和创新；
- 使用开放的标准、格式和 API；
- 确保有用的元数据的收集、维护和公开；
- 利用许可版权简化数据的管理和使用。

上述这些原则合在一起，组成了开放政府的三个支柱。开放政府应该应用什么样的原则，或者我们怎么做才能将上述理念转化为实践呢？

2010 年 7 月 16 日，澳大利亚政府为响应 Government 2.0 特别工作组报告中的核心建议——颁布国家层面的关于建设开放型政府的指导意见，发布了“开放政府宣言”（Declaration of Open Government）。宣言提出，开放和透明政府遵循以下三个关键原则。

- 知情：强化公民获取信息的权利，在澳大利亚各个政府机构中营造鼓励信息披露的文化氛围，使政府信息更加易于访问和可用；
- 互动：与公民在政策和服务的提供方面进行广泛合作，增强政府的决策能力和效果；
- 参与：使政府能够更方便地与民众进行磋商，让民众参与政府事务。

澳大利亚政府一直致力于在公共部门建立开放透明、民众参与和互动的文化，宣言的发布为实施 Government 2.0 提供了重要基础。

1.3.3 Open Government 的优势

Open Government 的政策和实践可以给不同群体的人们带来好处。

• 公民——可以公开访问政府信息，了解决策的制定，从而增加对政府的信任和信心。社区居民可以参与到决策过程中，而不是简单地执行政府的政策。值得注意的是，需要区分国会议员和行政部门的不同职责，前者主要包括政治家和政府部门之间的交互，后者主要是提供健康、教育和社会福利等方面的服务。

• 政治家——开放政府给政治家提出了更高的责任要求，同时也提供了更多、更广泛地与社区、专家交互的机会，从而使政治家在重大问题上会作出更加明智的决策。

• 政府行政部门——通过和公民之间的互动，准确地了解公众的服务需求。开放政府的政策和实践会让政府部门迅速提供高效的服务和有效的决策。

• 工业界——通过利用公开的途径接触政府，能够获得激动人心的成果，比如将公共部门信息（PSI）创新，应用到私有和公共领域，为经济增长创造新的机会。一个很好的例子是私有领域可以向开放领域生成的地理信息提供增值服务。

加拿大著名记者、知识开放运动的倡导者科瑞·多克特洛（Cory Doctorow）将开放政府的好处和开放的途径归纳为：从历史的角度来说，广泛意义的开放是经济成功的重要因素。和封闭社会相比，开放社会的经济增长更加迅速，社会也更稳定。

1.4 Open Government 与 Government 2.0 的关系

尽管 Government 2.0 和 Open Government 经常作为相近的概念被替换使用，但这两个概念在实际应用中还是有些区别的。Gartner 的安德烈·迪·马尤（Andrea Di Maio）通过对美国、英国及澳大利亚等国提出的开放政府的定义和 Gartner 的 Government 2.0 的定义进行比较，给出了二者之间的三个主要区别：

• Open Government 是 Government 2.0 的子集；

• Open Government 倾向（或者试图保持）控制；

• Open Government 的方式是自上而下，而 Government 2.0 采用自下而上的模式。

但也有人对上述说法有不同意见，如戴夫·布里格斯（Dave Briggs）就认为 Government 2.0 的主要出发点是技术人员利用网络通信技术实现政府和公民互动，是从技术角度处理政务问题；而 Open Government 则从政府管理、社会文化等更加广泛角度实施政务管理的透明、参与和协作，技术有很大作用，但文化也发挥着重要作用。①

2 应用与实施要点

2.1 应用实施概览：利用 Web 2.0 和社交网络构建政府社区②

2.1.1 引言：未来取决于现在

一般来说，Government 2.0 是由社区、州和联邦政府承担的工作，实施所采用的工具与技术是私营及商业部门为扩展互联网应用而开发和使用的。这些工作总的来说就是 Web 2.0。

根据 Wikipedia 的定义，"Web 2.0" 这个词语最早在 2004 年 O'Reilly 媒体会议上创建，自那以后，Web 2.0 有了各种各样的定义。一些人把 Web 2.0 定义成 Web 网站的新生代，促进用户通过类似 MySpace、Flickr、Wikipedia 和 YouTube 等网站进行协作、创造和互联，其他人声称 Web 2.0 就是 Web 技术的自然发展，还有一些人宣布 Web 2.0 什么都不是，只是一种骗人的市场营销策略。

O'Reilly 媒体的蒂姆·奥赖利（Tim O'Reilly）认为，Web 2.0 最具特点的是提供具有丰富用户体验和集体智慧的应用，这是大多数政府网站做得不好的两点。

Web 2.0 出现以前，对个人来说，信息就是力量，以个体为重点，而 Web 2.0 把这个重点转变成更加协作和以群体为重点的组织合作，这让许多资深的国家公务员难以想象和接受。

---

① 具体参见 http：//blogs. gartner. com/andrea_ dimaio/2010/09/03/how - do - open - government - and - government - 2 - 0 - relate - to - each - other/。

② 本节编译自"Government 2.0：Building Communities with Web 2.0 and Social Networking" By Todd Sander。

这是一种政府不能忽视的趋势，它给那些已经建立了阻止对社会化网络政策市场访问的部门以沉重打击。Web 2.0 技术的应用让我们看到，我们所有人的智慧加在一起比其中任一人更加聪明，并带来了新的活力，这为以前的专家时代投下长长的阴影，因为专家们崇尚权威性的掌握和控制，认可高资历的重要性。就像足球场上队员的协作，Web 2.0 时代的队员没有设定的位置，主要强调团队的力量。新一代的队员与他们的父辈明显不同，没有那种自上而下的组织架构。在许多情况下，他们避免选择这种正式的组织结构，而更加倾向那种松散的社会网络结构。

联邦政府的人力资源管理办公室已经证实即将出现规模庞大的退休潮。该部门的主要职责是负责跟踪和规划联邦政府劳动力变化，根据其最近的预测，大约有 30 万或 16.2% 的联邦政府劳动力即将在 2006～2010 年期间退休。在过去的 5 年里，实际的退休率占非季节性的、全职且稳定的劳动力的 14.7%（大概为 229000 人）。政府（包括州/联邦/地方）达到退休条件的老龄职工劳动力已经超过私营企业，退休潮开始吞袭政府各部门。到 2002 年止，46.3% 的政府职工超过 45 岁，而私营企业只有 31.2%，特别是在那些需要特殊技能、教育和培训的岗位上。

当婴儿潮时期出生的人即将面临退休的时候，他们帮助自己的子女或孙子女顶替政府部门中的公职。但是，这些新一代的国家公务员并不想占据父母工作的地方。对他们来说，工作并不是你要占据的一个地方，而是你要做的一些事情，只要你有合适的工具，你能在任何地方做它。那些常常被称作“千禧之子”的人天生就善于与朋友在移动中联系。

一个挪威的软件公司最近发布的“移动网络状况”报告表明，在美国，像 MySpace 和 Facebook 这样的社会网络的流量几乎占所有网站流量的 60%。

社交网站从根本上改变了年轻人的交流方式。他们整天发短信，当他们想告诉朋友一些即将出现的事情、他们到过的地方和他们在干什么的时候，他们就将视频、图片和文字描述上传到他们的 Facebook 或者 MySpace 页面。

如今的政府官员需要理解和尊重这样的文化现实，以及以 Web 2.0 为代表的主要变化。否则，我们的公共机构将会面临错失 Web 2.0 带来的好处和重要创意的风险，这有可能阻碍公共机构参与公共言论和活动。

2.1.2 利用工具把个体的表达转变成社区的构建

许多现在被我们看做 Web 2.0 技术的东西，都起源于年轻人的自我表达、点对点交流，以及一种新的与朋友保持联系的方式的需求。例如，博客的最初建立主要是为了写在线日志。发布博客非常简单，而且通过博客还能合并个人网页，这样很容易链接到其他人的页面和应用。

MySpace、Facebook、YouTube、Wikis 等工具有更加自动化的流程，更加容易加入图片、视频、音乐和其他定制的格式，通过链接到朋友页面而建立兴趣社区。所以，对于政府部门来说，问题是：当初是为了更深入地自我表达的这些工具，真的能代表和揭示一种重大改变，可以让我们建立和管理我们的关系网和交互吗？还是这些工具仅仅是现代社会的一种泡沫，一种有趣的却没有实际意义的或长期价值的应用，特别是在公共部门的应用。

西雅图市的首席技术官（CTO）比尔·施雷尔（Bill Schrier）是 Web 2.0 在公共部门发展潜力研究的负责人，也是数字社区 CIO 任务小组的成员之一，他已经对这个问题进行过认真的思考和研究。他在文章中指出，社会化网络应用，如 MySpace、Facebook、Linkedln 甚至是 Second Life，的确已经开辟了新的天地。个人通过建立虚拟的新场所，使他们能够与在线社区其他成员交互。这些手段还可为政府进一步促进社会组织和支持小型社区团体发展提供机会，例如，预防犯罪监视团体和地区灾后重建小组。根据施雷尔的观点，为这些社区团体之间的交互、互相学习和自我教育而建立的（安全的）社会网站是很有前景的。

他提到，那些交互评论的和缓客观的博客，对于当选官员们是个潜在的好方法，他们可以通过在博客中持续不断地交互收集信息。这些博客有可能成为社区中公共会议的一种辅助，但是它们不是没有挑战，例如，博客和公共会议常常为少数自诩的活跃分子所掌控，为此，政府需要许多时间和人力去监控博客。

在线调查工具，如 Zoomerang 和 Survey Monkey，在私营企业中被普遍应用，它也能被用于帮助当选官员们获知市民在特定问题上的态度。然而，正如所有的在线调查一样，活跃分子和特殊的兴趣团体能够通过“频繁投票”来操纵结果。那样的调查在统计意义上是无效的，但是通过把它们与通过美国邮件和电话实现的传统的调查技术相结合的方法，能够得到有价值的数据。

作为许多 Web 网页的集合，Wikis 允许任何能够访问它的人利用简单的标记语言去创建和修改内容，这种工具在政府内部的确有极大的用途。政府机构通常被分为各个部门，每个部门有独立的职能。这些部门又被分作各种独立的小组，部门间的沟通和交流很难得以建立和维护。Wikis 或类似工具，像微软的 SharePoint 或其他工具，能够在整个政府机构内实现业务流程、功能和术语的标准化。像“怎样处理一个公众公开的请求”或者“怎样支付供应商发票”，这样简单的流程都可以通过 Wiki 进行记录和完善。当然，这样的流程也可以在现在的政府内网上的静态网页中记录和存放，但是 Wikis 的好处在于，更多的工作人员参与建立和编辑内容，结果流程越来越快，工作人员真的读了并用了它，因为他们参与进去了。

施雷尔认为，外部 Wikis 也能为当地政府提供丰富的运用。例如，这些 Wikis 可以用于给社区成员传递信息，解答经常被问到的问题，像“回收旧电脑，什么方法最好”，或者“我怎么申请和使用食品券”，甚至是“当我在繁华的大街上发现一个冰箱，我该打什么电话”。同样，这些信息也可用传统的流行方式在政府职员维护的公众网页发布。但是，通过利用 Wiki 结构，政府可以把那些存有不同意见或有更好见解的人都纳入进来。例如，旧物回收者、环境保护者、非营利性组织、教育组织和其他可能在处理电子垃圾方面有很好想法的人。Wiki 的这种合作和交互的特性给每个人参与制定最佳方案的机会。

地方政府的主要角色是在辖区范围内制定公共政策和提供公共工作。公共工作可以包括公共安全、公共服务，以及街道、公园和其他公共设备的开发和维护。有一种正在发展中的工具叫“Mashup”，很适合支持地方政府的工作。Mashup 是一种网络应用程序，它把多个来源的数据整合成单个完整的应用。例如，利用地理数据可以把位置信息添加到犯罪或机动车事故报告中，或提供更多关于哪里需要社会服务的位置信息。这对于那些当时寻求帮助的需求来说是最好不过的了。从程序数据库中得来的数据信息可以显示在地图上，给政策制定者和社区成员提供他们社区更加完整的图像。

施雷尔指出，Web 2.0 技术在地方政府中既有广阔前景，也面临着许多挑战。公共策略和政府管理流程中增加公民的参与是一把众所周知的双刃剑。大多数人同意在公共讨论中增加不同的声音、观点和想法是一件好事，但决定让更多的人参加会议或者建立一个新的电子参与途径，这个流程容易受善言的少数派操纵。Web 2.0 技术也有被这些人操控的风险。但是，正如施雷尔肯定地指出的那样，“正常”的选民也会通过其他的途径、方法和机会与当选官员沟通。

社区成员间也有可能存在这样的数字鸿沟，一些人能够很容易地获取信息和通信技术，但有些人却无法获取，这种数字鸿沟不能被忽视。在这样的社区里，为了保证每个人都有参与的机会、诉求的渠道和从政府那里获取他们所需要的服务，建立电子参与通道的收益和投资必须在更加传统的通信手段之间取得平衡。

许多人可能会使用电子通信方式来实现日益增长的公民参与。但是，在那样的通信中，维护一个适当水平的文明礼仪是有挑战性的。电子通信的相对匿名使得许多人用一种粗俗和激进的态度发表自己的意见，这种情况在面对面会谈中不会遇到。为了维持有益的公共交流，监控和过滤那些意见就很有必要，但是如果对于什么是允许的、什么是不允许的没有一个清楚的政策和解释，就会使政府面临政治审查的指控。

通过互联网与选民进行越来越多的沟通和交流也会使数据和记录的类型增多和容量增大。随着建立的公共记录的数量、类型和复杂度的加大，政府可能需要在数据存储、归档、搜索和检索技术方面进行更多投资。

最后还有一个问题："如果你建了，他们会用吗?"只有时间才能准确地回答。当选官员们使用传统的方法广泛搜索和评估从选民那里得来的关于公共议题的信息。作为积极的地方政府工作人员，施雷尔指出多数回应常常是淡漠的。即使 Web 2.0 具有种种好处，也很难得到选民准确的想法和需求。各社区的官员将自己决定这种参与度适度增长的好处是否值得投资。

2.1.3 政府需要放手

几个世纪以来，政府一直在一个相对封闭和结构严密的环境中工作，在这个环境中，当选和任命的官员们能够设计他们的物理空间，控制基于可预见状况的管理流程。新技术和不断改变的行政管理期望带来了一系列变数，政府官员办公时间和服务窗口已经过时，政府应该按需服务，控制权正从公务员的手上转移到被服务公众的手上。

Web 2.0 实际上不是一种技术或一组工具，而是人们做事情的方式，人们能够利用智能手机、黑莓和笔记本电脑等从世界上任何地方做这些事情。必须在制定政策和建立服务机制时考虑这些因素，使人们不受固定时间表和地理位置的限制。

但是那样的改变很难达到。确切地说，管理是有风险的。一些问题相对比较容易理解，比如那些更加开放和动态的系统架构所带来的潜在的安全风险。信息技术历来都被看做可控的资产，但是 Web 2.0 和与之关联的飞速的变革能力将使它变得难以控制。

还有一些问题现在难于把握，例如，与公民更多的互动和公民更大的参与所造成的对结果的影响能力的预期，这些都可能带来政治风险。Web 2.0

的基本特征是，能够放大那些原来无法被听到的声音。而他们的声音一旦被听到，他们会期望他们说的话被听从，这样就会给政府的行政管理带来额外负担。

老一代公务员，他们被教育知识就是力量，成功来自知识的熟练应用。年青的一代更倾向于把知识仅仅看做是一种工具，它可通过社会媒体和广泛的、非结构化的合作实现广泛的共享、扩展和细化。这些不同来源的观点不可避免地存在分歧，如果没有定义和实施一个统一的策略，这种分歧在组织上可能会造成巨大混乱。

幸运的是，首席信息官（CIO）们可被唯一指派帮助建立和实现统一的策略。作为成功的高级执行官，他们了解组织的历史和以前的系统，也理解那些有顾虑的同行们的担心。作为创新者和变革的机构，他们也能够顺应社区中那些新一代的社会力量。

建立一个美好的未来，需要马上行动起来去搭建成功的框架。关于 Web 2.0 的潜力，微软的全国技术官和前华盛顿州的首席信息官斯图尔特·麦基（Stuart Mckee）最近说道："我们真正知道怎样才能最好地描述事情的特征，还需要 10 年的经验。现在，我们向着目标蹒跚而行，我们并不关心时间、地点和具体安排。为了在这种蹒跚而行中取得优势，必须放弃对原来结构的控制。寻找新的结构也许就需要在公共流程和社区管理之间建立新的关联。"

最后，首席信息官们必须现在决定，Web 2.0 技术是否对自己的社区有意义，是否现在需要对此投资。显然，可能需要开发一个社会网络道德规范对他们进行指导。当支持合作和舆论的 Web 2.0 把专家时代放进历史书时，大家渐渐地认识到，仅仅相信一条信息或者一个来源是不够的。不断发展的文化活力对我们着眼于多方面、评估多方面、与多人磋商与合作并最后作出决定等是个挑战。即使到现在，Web 2.0 也并不是政府试图获得更好地与公民互动和管理的真正问题，问题是：什么是建立一个有活力的、灵活的和有勇气的组织的最好方法和策略，使这个组织能够迎合当地社区不断改变的需求和期望？这个问题如何解答也将勾画当地政府的未来：Government 2.0。

2.2 核心措施：促进在线互动[①]

在线互动包括利用 Web 2.0 工具实现政府与公民进行沟通、合作等一

① 本书编译自"Engage：Getting on with Government 2.0 Report of the Government 2.0 Taskforce"。

系列综合活动，包括倾听不同人群的声音、让他们知情、向他们咨询，以及和他们合作发挥公众的能力。

2.2.1 通过在线互动实现开放和以公民为中心的政府

Web 2.0 工具可以使具有相似思想和目标的人们相互联系，并且一起合作共同完成工作。如果使用的适当，Web 2.0 可以降低工作成本，增加灵活性，并提高工作质量。这样会最大限度地实现“没有组织结构的组织”。

Web 2.0 首先出现在软件领域，宗旨是提倡开源生产方法。现在这个理念已经超出了软件开发的范围。最具创新的开发项目，如维基百科，就模仿了开源软件的开发方式，平台一旦建立起来，很多用户可以一起合作，逐步构建整个产品。对于政府机构的现有架构，Web 2.0 将是一种更加有效的工具。

如今，Web 2.0 可以允许企业邀请客户加入到产品的研究、设计和生产中，让客户对产品拥有发言权，成为产品的共同生产者。这种模式同样可以应用到政府和公民的合作、政府机构内部协作、对政策提供研究建议、设计并交付公共服务，以及持续提高管理水平上。澳大利亚和世界其他国家的公共部门已经开始尝试应用各种社交网络工具和应用程序实现与公民之间的在线互动。

2.2.2 通过网络解决问题

在线互动可以极大地扩展专家意见的范围、增加意见类型和增强综合程度，帮助解决具有挑战性的复杂问题。特别是对于那些复杂的、有争议的或者涉及不同价值观的问题非常有效。Government 2.0 允许访问开放的、各种各样的知识，这非常有助于公众能够抓住机遇，或者解决问题。

解决问题的方式正在从简单的咨询向着政府内部和政府外部的真正意义的政策合作方向上发展。这意味着公共服务在文化和管理层次上要进行观念和实践的转变。Government 2.0 所带来的好处，首先需要展开正式和非正式的专家意见征求。征求了专家意见后，还需要找出有效的方式将这些意见和知识进行综合，应用到决策制定过程中。

和非政府部门进行合作，得到的意见会有潜在差别。公务员通过运用不同类型的专家意见和知识，将会让越来越多的政府外人士贡献他们的专业意见和洞察力。在很多情况下，这些意见建议将从所服务的用户的角度，或者根据他们本身的知识以及他们了解的专家意见中得出。这种方式也被称为“维基政府模式”（Wiki Government），即通过技术手段为政策制定和提交服务同时提供民主的和专业的建议。政府能够形成更加开放、连通的方法。这样在某些情况下，政府制定政策、提供服务所需要的专家意见就可能从政府外的特定机构获得。而它们有可能又从其他机构、社区服务用户或者澳大利亚国内国外的兴趣小组，以及其他途径获得帮助。

需要指出的是，强调来自公众智力的价值并不是贬低特定专家和具有政策制定经验的政府公务员的能力，也并不是说任何问题都可以简单地利用公众就能成功解决，很多问题还是需要特定的专家。但即使这样，在成熟发展的社区进行讨论可以扩大知识和专家意见的范围，最终结论则由政府部门作出。

2.2.3 在线互动的机会和挑战

Web 2.0 向公共部门和公务员都提出了关于如何管理在线互动事务日益增加的问题。特别工作组基于在线互动的机遇和挑战两方面的考虑提出建议。

通过 Web 2.0 提高公务员的工作效率

对公务员们来说，要认识到在线互动工具可以实现以下功能：①进一步提高他们现有的专业知识水平；②提高他们的研究质量；③扩展他们的信息资源来源的范围；④提高他们问题评估和提供解决方案的技能和容易度。

与那些在公共部门的人一样，这些挑战对于大型的私人和公民的社会组织来说是对等的。同时，政策的改变能够在公共事务中起到辅助作用，许多改变将只作为日益增加的培训和支持的结果而发生。

负责部门需要和相关部门合作，开发和提供以下内容：①提供指南和培训，使决策者能够对在线互动作出好的决定。这还应该包括一系列的“如何”指导相关部门在线互动和使用 Web 2.0 工具。②为在线互动建议提供一个“帮助窗口”。③工具。澳大利亚政府需要建立一个 Government 2.0 工具包，给相关部门提供工具和使用方法的清单。工具包可能包括一些访问优先选择软件的提示和入口，这些软件是可访问的，且是已获许可证的。相关部门可能也提供建成的专业技能网络的入口，如提供社区互动、自我控制和其他服务。

部门关于在线互动的报告

如果部门想从中获利，它们必须加速对 Web 2.0 技术的利用，采用更加开放和协作的文化。虽然接受 Government 2.0 需要坚定的领导力，但是，互动必须是真诚的，不能带有强迫性和欺骗性。基于这些原因，部门通过具体的项目获得 Web 2.0 的经验，特别是通过那些积极把政府变成新的中间媒体的项目。

除此之外，在线互动的评估和报告对于成功或者努力来说是很重要的。澳大利亚公共服务委员会（APSC）在它的年度服务报告陈述中报告了一些关于澳大利亚公共服务（APS）的活动。它的 2008～2009 财政年度报告中包括了哪个部门正在使用像 Twitter 和 Facebook 这样的 Web 2.0 工具的系统化信息。

APSC 关于 Web 2.0 工具使用的报告应该更加深入，以支持政府各部门关于 Government 2.0 进展的评估和报告。

相关实施建议详见 3.2 提议 3：改进指导意见，并要求政府机构在线参与。

2.3 关键环节：公共部门信息（PSI）管理[①]

作为政策的制定者和服务的提供者，政府耗费了大量时间和资金进行数据的搜集、分析及转化，得到了大量数据、信息和内容。政府还负责对美术馆、图书馆、档案馆和博物馆等部门（简称 GLAM）数据的收集和管理。最终，这些机构和数据将作为公共利益存在。

政府为这些信息进行了大量的投资，这些信息也就成为国家资产。国际国内都普遍认识到需要像管理其他的国家珍贵资源那样对这些信息进行管理，使其发挥经济和社会效益。与实体物品和服务不同的是，信息具有“非冲突”特性，也就是说，信息共享不会使其贬值，事实上，常常还会使其增值。

互联网的出现极大地增加了信息的价值，因为通过互联网发布信息成本极低。互联网将信息传递给有需要的人们后，人们可对其以想到或想不到的各种各样方式进行处理。

2.3.1 PSI 开放访问原则

信息要想有用就必须能够找得到，并且还要在实际中有用。一般来说，资产被使用时产生的最有效的价格是其被使用的边际成本。在互联网时代，PSI 发布的边际成本趋近于零。如果没有正当的反对理由，在互联网上，PSI 的发布应该是免费发布的，即零价格。

PSI 除了是免费发布外，还应该是自由访问的。信息发布后，将为其创

① 本节编译自“Engage：Getting on with Government 2.0 Report of the Government 2.0 Taskforce”。

新使用提供新的活力，商业、研究和社区等部门都可以对其增值使用。罗宾逊等人概括了通过 Web 2.0 对数据进行转换增值的各种方法，包括高级检索、信息汇总、讨论论坛、数据可视化、机器自动内容和主题分析，以及协同过滤等。这些益处只有当信息被许可自由访问时才能得到。在本文中，开放访问 PSI 或开放 PSI 是指信息以零价格自由使用，包括对信息进行复制、使用、传输、再利用以及转换等。

特别工作组国际参考小组成员 David Eaves 提出开放政府的三个定律。

- 如果信息不能被检索或索引，那它就不存在；
- 如果信息不能以开放及机器阅读格式使用，它就不能被参与交互；
- 如果法律框架不允许信息用于其他目的，它就不能发挥其作用。

这可以被简要概述为：发现、发挥和共享。开发访问途径将确保这种可发现性、可用性和再利用性。

2.3.2 PSI 的经济价值

PSI 一旦可以被政府部门自由使用，将产生巨大潜在的经济价值。根据 2006 年欧委会（European Commission）的调查显示，欧盟 PSI 的整体市场价值为 2700 亿欧元。各种国际研究部门也确定了开放公共部门信息将产生的经济价值。PSI 从收费使用到免费发布，造成了国家财政收入的减少，但是 PSI 的公开使得社会团体和个人更多地参与到经济活动中，为此带来的税收增长将超过免费使用公共部门信息造成的财政缺口。例如，2007 年英国关于信息力量的评论文章中指出，英国贸易基金相关信息直接销售创造的收入远少于 PSI 创造的广泛的经济效益。

在澳大利亚，经济模型显示，使用三维空间数据和高精度定位系统可以提高部分产业部门数十亿美元数量级的生产效率，例如，农业、林业、渔业、财务资产与商业服务业、建筑业、交通运输业、电、气、水、采掘与资源开发利用、通信业、政府部门等。

信息处理所产生的潜在效益并不独立于公共部门。2008 年英国凯捷信息管理报告（Capgemini Information Management Report）得出，信息资产没有合理开发使用给公共部门和私人部门造成了难以置信的损失，分别是 460 亿英镑和 210 亿英镑。

文摘：开放访问数据的一些经济优势

美国向公众免费公布全部气象资料。而欧洲国家则相反，宣布拥有气象资料的版权，对这些资料实行有偿使用，收取高额费用。哪种方法更好？美国的天气风险管理业的规模比欧洲大近10倍，雇用了更多的员工，生产了更有价值的产品，产生了更多的社会财富。一个研究表明，欧洲对气象资料投资95亿欧元，产出约合680亿欧元的经济价值，翻了近7倍。相比之下，美国投资近两倍，为190亿欧元，产生经济价值7500亿欧元，翻了近39倍。另一个关于从地理空间数据到交通模式和农业领域的研究显示了类似的结论。信息的免费流动更有利于激活经济活力。

詹姆斯·玻意耳：公共信息应该开放，
《金融时报》，2005年2月24日
James Boyle："Public information wants to be free"，
Financial Times，24 Feb.，2005

澳大利亚近期免费发布PSI的举措显示了信息消费者对免费信息有多大的反响，以及免费发布信息能够产生多大的效益。澳大利亚政府宣布：2001年9月实施的空间数据访问及其定价政策，截至2002年2月已过近6个月。这个政策实施的前提条件是所有的基础空间数据可以免费使用，至多收取信息交换产生的边际成本，以便通过这些数据的使用最大化净经济效益与社会效益。数据下载量从2001～2002年的75000增长到2005～2006年的863000，年平均增长率由40%变为第三年和第四年的年均增长超过了200%。

澳大利亚统计局（ABS）在推动免费使用数据方面走在了澳大利亚政府部门的前列。ABS的数据在有偿使用时每年下载量约为100万条，在数据免费使用后，第一年的下载量就增长到了400多万条。

2.3.3 PSI的社会价值

PSI产生的社会效益不像经济效益那样容易量化，但它们却以很多方式提高人们的生活质量。澳大利亚的很多文化机构，如国家图书馆、悉尼博物馆、战争纪念馆以及国家档案馆，已经将它们收藏的各种藏品免费发布到互联网上。它们还通过Web 2.0工具和互动社区完善它们的藏品信息。

2007年以来，国家图书馆开始扫描澳大利亚出版的报纸，并利用光学字符识别（OCR）软件数字化这些报纸。它们把结果文本放到互联网上，这样人们可以纠正OCR软件的识别错误。得到的成果非常惊人：

• 开放使用的第一个月就纠正了 20 万行错误。目前已经纠错 600 万行；

• 对纠错没有时间限制，可以实现每周 7 天、每天 24 小时工作；

• 78% 的用户是澳大利亚人，但像来自英国、美国、新西兰和加拿大等国的国际用户也越来越多，纠错量最多的前 10 位用户中有一个就在美国；

• 6 个月内没有发现故意捣乱的内容，也就不需要版本回滚或调整。

英国政府向学生提供评价信息，可以明显促使学校提高业绩。和英国不同的是，澳大利亚的学生在选择高校或者中小学校时无法访问那些耗费巨大公共资金收集到的信息。

2.3.4 PSI 原则

2008 年 4 月，经合组织委员会采纳了为其提出的增强访问以及更加有效使用 PSI 的建议。它建议成员方在建立或审议访问及使用 PSI 政策时，考虑使用统一原则，为公共部门信息、内容的广泛和有效使用提供一个一般框架。

特别工作组赞同较为宽泛的信任原则，但注意到在这个原则中有一种非常突出的情况。有些按照规定需要公开的信息，其封闭时间已经很长。数据需要进一步的处理以提高质量，因为数据是要发布的，同时要清楚地说明信息质量的局限和对其使用的限制。当然，还有一种情况是修订数据的质量还不如原先数据好，但这种情况很少见。

特别工作组也考虑了有效发布 PSI 元数据的重要性。元数据是描述数据的数据，它对于用户进行数据的查找、使用和共享是极为重要的。元数据有下列形式。

• 发现元数据——以足够详细的程度描述资源内容，以使对此感兴趣的人发现它。发现元数据的最简单途径是看表单的标题，这可以使资源最大限度地被发现。发现元数据要更加详尽，最好要遵循标准。

• 质量元数据——可以让用户决定是否使用，或怎样使用资源。为了充分利用资源，所有资源的质量元数据应该采用一致的方式，这可以通过一个质量框架评估所有资源。质量元数据的所有方面也适用于发现元数据。

• 内容元数据——可以使资源能够被理解和使用。在最高级别上，内容元数据包括使其独立使用的元数据超集，即数据集的元数据和包含的实际数据元数据。在最低级别上，内容元数据描述数据集中每一记录的元素，如名称、格式、程度等。

元数据越详尽，它就越有用。但是，提供详尽的元数据需要耗费大量时间和代价，特别是对于那些信息管理相对落后的部门。过分的完美将会造成数据发布的不必要拖延。为了解决这个问题，可以采用分层元数据的方法，即优先提供较为简单的元数据集，随着专业技能的积累和信息管理的熟练，再建立完整的元数据。

2.3.5 授权 PSI 作为国家资源

为了营造乐于披露的文化，将政府信息作为国家资源，需要对联邦版权法进行更加有效的管理。版权法授予版权所有人对其创造成果的控制权，使其获得经济利益。但基于此而对政府产生或资助产生的 PSI 进行保护不会令人信服。

现在，有不少国家已经将政府信息排除在版权保护范围之外。在美国，联邦政府中由官员或雇员生成的信息属于公共领域，不在版权保护范围之内。在其他国家，如新西兰、日本、韩国等，政府文档，如法律和判决文件，也不受版权保护。

目前，澳大利亚政府的版权法只允许有限的预先授权许可使用政府文档，这将赋予政府官员有决定是否赞同将政府信息公开使用的权力，但这种做法实际上与版权法没有太多关系。

实际上，授权对 PSI 的广泛发布，允许对政府文档进行复制和评论将对政策辩论起到积极作用。对政府信息的不受限制使用将会增强澳大利亚的创新能力，并促进经济繁荣发展。

2.4 重要保障：信息安全及隐私保护①

2.4.1 Government 2.0 和信息安全

到 2009 年为止，澳大利亚的大多数政府部门都不允许工作人员使用目前流行的 Web 2.0 工具，很多部门还不提供 Webmail 访问。安全问题是实行这一限制的最普遍的原因，这是导致新的互联网工具应用滞后的原因。

各国政府都有信息安全保密制度。澳大利亚政府的信息安全指南是《信息安全手册》，即 ISM。这份文献定期修订，提供了一系列保障政府机构信息安全的建议与方法，这些建议与方法是基于一系列覆盖信息安全所有方面的准则而提出。

---

① 本节编译自 Engage：Getting on with Government 2.0 Report of the Government 2.0 Taskforce。

除非特别授权，澳大利亚联邦各个机构必须严格遵守《信息安全手册》的所有规定。《信息安全手册》里面列举的很多政策和实践都非常适用于国防、安全和情报等具有高安全等级的部门。但对于其他大部分政府机构来说，这些政策限制了它们对政府所需要的技术变革和创新的快速响应能力。《信息安全手册》明确规定禁止使用 Web 2.0 工具。

Government 2.0 特别工作组认为，无论是对高安全需求机构，还是对其他机构，安全确实是一个需首要考虑的因素。几乎所有机构的 IT 安全部门都不允许人们访问机密材料。禁止政府机构利用 Web 2.0 工具是《信息安全手册》防范风险的举措。

《信息安全手册》明确反对使用社交网络和博客，阻碍政府利用 Web 2.0。它明确规定，政府人员禁止在网上公布任何数据，除非数据已被授权发布到公共领域中。

由于缺乏指导，政府官员在考虑 Web 2.0 工具相关风险时，常常为了避免出错而谨小慎微，尽量不考虑那些安全风险太高，但可能会增加效益的方法。因此，需要有特定的指南帮助政府机构制定明智的、合适的决策，处理使用 Web 2.0 工具相关的安全风险。

相关实施建议详见 3.2 提议 10：安全性和 Web 2.0。

2.4.2 隐私和 PSI 发布

个人信息通常不在 PSI 发布的范围内。没有人希望把提供给政府机构的个人信息在网上公开，或者出现在汇总文件中。这不仅违反 1988 年澳大利亚政府推出的隐私保护法案，而且将抑制人们使用政府服务，削弱人民对 Government 2.0 的信心。然而，在 Government 2.0 中忽略个人信息将会极大限制 PSI 发布数据的范围，减少人们使用这些数据所带来的收益。

政府所掌握的个人信息是一种具有极高价值的资源，因此，我们必须想办法利用它们，并且在不危及个人隐私的前提条件下以汇总的方式发布这些信息，就像我们在人口普查中所做的那样。但是，无身份数据并不是简单地去除名字就可以保护隐私。一个例子是 AOL 在 2006 年发布的 65 万名匿名用户的搜索日志，结果是，根据用户搜索的链接关系，记者确定了用户的身份。在美国，有人发现，仅仅根据生日、5 位邮编和性别，就可以确定 87% 的人的身份。

不过，如果从身份信息中删除了姓名和地址，但仍然可以根据其他信息确定个人的身份，则隐私保护法案仍然适用。政府机构如果发布这样的数据，将违反这项法案。由于这些原因，政府机构在发布去身份信息时要非常小心，因为在增加数据综合能力的同时，将会面临身份被重新确定的风险。

现在通过一系列的方法能够将信息和实践经验综合起来。对个人信息进行去身份处理后，政府机构能够将完全去身份化的信息公开发布。这些方法同样可以用于对机密信息的处理。

相关实施建议详见 3.2 提议 11：隐私权和保密性。

3 各国政府 Government 2.0 行动计划

3.1 美国①

2009 年 1 月，奥巴马总统在其就职典礼的第二天就向各部门颁布了两项总统备忘录，清楚地说明了其建立责任、透明、可参与和协作政府的思路。这是奥巴马在其选举活动中宣传利用信息技术与公众互动的后续。

“透明与开放政府备忘录（2009 年 1 月 21 日）”号召建立一个透明、可参与和协作的政府，该备忘录清楚地使用了“我执政的职责就是建立一个有史以来最开放的政府”这样的声明。此备忘录是首席技术官制定开放政府行动的决策依据。

“信息公开法案备忘录（2009 年 1 月 21 日）”号召建立一个责任、透明的政府，并要求各部门管理“信息公开法案”。该备忘录使用了一个清晰的推断，“毫无疑问，开放才是趋势”。该备忘录包含了一项指令，要求为信息自由制定新的指导书，重申对于责任和透明的承诺。这些指导书要求各部门应当在任何公共请求之前有准备地、系统地发布信息。

2009 年 12 月 8 日，作为对“透明与开放政府备忘录”的回应，美国管理与预算办公室颁布了第 M－10－06 号令：开放政府行动。第 M－10－06 号令期望对备忘录中提到的透明性、参与性和协作性的实施提供支持，并指导美国政府的执行部门和机构按照步骤实施，主要包括以下内容。

- 在线发布政府信息；
- 改善政府信息的质量；

① 本节编译自 M－10－06 Memorandum for the Heads of Executive Departments and Agencies 2009.12。

• 创建开放政府文化并使其制度化；

• 建立一个开放政府的政策框架；

• 美国公共部门开放政府行动计划要求。

此外，Data. gov 网站是美国的开放政府行动计划的一项重要行动内容。其目标是改善公众对于机器可读数据集的访问，这些数据集由联邦政府的执行机构开发。该网站允许用户推荐其他的数据集，以便载入网站中。其同样提供了对美国类似的州和地方类别的网站的链接。

美国管理与预算办公室第 M－10－06 号令：
开放政府行动（2009/12/8）（全文）

在 2009 年 1 月 21 号发布的关于透明与开放的政府的备忘录中，总统命令管理与预算办公室（OMB，Office of Management and Budget）发布一个开放政府行动。作为回应，本指令旨在指导各行政部门和机构的具体措施来实施总统备忘录中的透明、参与及协作的要求。

透明、参与和协作这三大原则构成了开放政府的基石。透明提高了政府的问责性，需告知公民政府正在做什么。参与允许公众成员能贡献想法和专门知识以使政府决策能得益于来自社会的巨大信息源。协作通过鼓励联邦政府内部、各级政府间以及政府和私人机构间的相互合作来提高政府的工作效率。

这个开放政府行动对行动设有最后期限。但由于开放已得到总统的认可，从而鼓励各机构先于这些最后期限提前完成它们的开放政府计划。

本指令要求各行政部门和机构按以下步骤向创建一个更开放的政府目标前进。

3.1.1　在线发布政府信息

为增强政府问责性，促进公众知情参与，并创造经济机会，各个机构都应该采取迅速的行动，通过使信息符合开放格式并可在线获取来增强信息的可访问性。在此信息应是支持开放性的（在法律允许的范围内，并服从合理的隐私性、机密性、安全性或其他限制）。

• 各机构应该遵守信息在线发布这一开放性的假定（作为对其他计划的或法定的发布方式的补充），同时保留并维护电子信息，与联邦记录法案（Federal Records Act）和其他适用的法律及政策相一致。及时的信息发布是透明的重要组成部分。高要求不能作为延迟的理由。

• 在可行范围内并服从正当约束的条件下，各机构应在线发布符合开放格式的信息，使得采用普通的网络搜索应用也能对信息进行检索、下载、索引和查询。开放格式是跨平台的、可机读的，以及公众可用的，并且不限制信息的重复使用。

• 在可行范围内并服从正当约束的条件下，各机构应该积极主动地使用现代技术来传播有用的信息，而不是遵从或仅等待 FOIA 具体要求。

• 在 45 天内，各机构应该鉴定并按开放格式在线发布至少三个高价值的数据集，并在 Data. gov 上注册这些数据集。这些数据集应从未在线发布过或是提供下载。

• 在 60 天内，各机构应该在 http：//www. ［agency］. gov/open 上创建一个开放政府的网页，作为机构从事与开放政府行动相关活动的网关，并且应根据时效性及时对网页进行维护和更新。

• 各开放政府网页应该包括一定的机制使公众能对所发布信息的质量进行反馈或评价，对优先发布哪些信息提供建议，同时对机构的开放政府计划提供意见。

• 各机构应该定期对开放政府网页上获得的公众意见进行回应。

• 作为对其他计划的补充，各机构应在开放政府网页上发布它的年度信息公开法案报告（Freedom of Information Act Report），该报告应采用开放格式。

• 各机构若有大量未解决的有关信息公开要求的积压工作，应采取措施使这类积压工作每年减少 10%。

• 各机构应遵循关于执行总统开放政府计划的指导，如 Data. gov，eRulemaking，IT Dashboard，Recovery. gov 和 USAspending. gov。

3.1.2 提高政府信息的质量

为提高面向公众的政府信息的质量，高层领导应该确保信息遵循 OMB 在信息质量方面的指导，同时也要确保联邦各机构有适当的系统和进程以增进这类一致性。

• 45 天内，各机构应与 OMB 进行协商，指派一名高水平的高层职员对通过诸如 USAspending. gov 或其他类似网站等公共场所公开传播的联邦支出信息的质量、客观性以及内容控制负责。该职员应该参与本机构的高层管理委员会或类似的管理组织，从而能依照联邦人员财务操守法案（Federal

Managers' Financial Integrity Act）在机构范围内部进行管理评估。

• 60 天内，OMB 副主任将会发布一个关于联邦支出信息质量的架构，并通过如 USAspending. gov 或其他类似网站等公共场所公开传播。该架构可能是一个独立的指南，或是作为任何已计划的综合管理指导的一部分。该架构将要求联邦各机构提交一个计划，计划中应有实施信息质量中内部控制的具体细节，包括系统和进程变化，以及当前在机构现有基础设施下这些控制的集成。在实施 OMB 信息质量指导上增加额外指导对覆盖政府传播给公众的其他信息类型的必要性将在晚些时候作出评估。

• 120 天内，OMB 管理主任将会发布一个关于联邦政府透明性开支的长远全面的指导。该指导可能是一个独立的指南，或是作为任何已计划的综合管理指导的一部分。该指导包括联邦资金问责透明度法案（Federal Funding Accountability Transparency Act）和美国复苏与再投资法案（American Reinvestment and Recovery Act）。这个指导将会确定政府机构关于提高信息质量工作进度的季度报告方式。

3.1.3 创造公开政府文化并使其制度化

为在各机构创造前所未有的持续的公开性和问责性，高层领导应该致力于将透明、参与和合作的价值融入本机构的当前工作中。要实现更开放的政府，要求在政府内部同时存在各种专业学科——如政策、法律、采购、金融和技术操作——共同致力于界定和开发开放政府的解决方案。各种不同专业学科的集成便于组织——是政府运行方式上广泛而持久的改变。

• 120 天内，各机构必须制定开放政府计划并将其公布在开放政府网页上。计划中需描述本机构如何提高透明性，如何将公众参与及合作和本机构的工作相结合。本计划要求的内容在附件中另有详述。各机构的计划需每两年更新一次。

• 60 天内，联邦首席信息官和联邦政府首席技术官必须在 www. whitehouse. gov/open 上创建开放政府仪表板。开放政府仪表板应使公众可查询各机构的公开政府计划、统计数据和用来对行政部门的公开政府状态进行评估的可视化，也可查询该指示中为每项行动设定的截止期限之前的各行动的进度。

• 45 天内，OMB 副主任、联邦首席信息官和联邦首席技术官将建立一个致力于联邦政府内部透明性、问责性、参与性和合作性的工作组。该工作组中应包括政府各项目组和管理办公室的高层代表，其将提供一些关键功能：提供一个论坛让大家共享关于促进透明化的创新思想的一些最好措施，包括信息收集、统计，确认和传播的系统和过程的解决方案；致力于执行已有授权以使联邦开支透明化，其中包括联邦资金核查和透明法案和美国经济刺激法案；提供一个论坛让大家共享创新思想来促进公众参与和共同合作，包括新技术的实践，利用联邦政府内外部人们的专业知识和洞察力，与研究员、私人部门和公民社会紧密合作。

• 90 天内，通过独立的指导或作为任何已计划的综合管理指导的一部分，OMB 副主任将发布一个基本架构，阐述本机构能如何利用挑战、奖励和其他激励策略来寻求创新或合适的解决方案以改进开放政府。

3.1.4 营造一个开放政府文化并使其制度化

新兴技术为政府和人们开启了新的沟通模式。通过改进政策来实现开放政府的技术潜能非常重要。

120 天内，信息和管制事务办公室（OIRA，Office of Information and Regulatory Affairs）的管理人员与联邦首席信息官和联邦首席技术官协商后，将评估已有的 OMB 政策，如文书精减法案（Paperwork Reduction Act）指南和隐私权指南，以找出开放政府和利用新技术所存在的障碍，必要时发布已澄清的指南和（或）对此类政策提出修改，以促使政府更加开放。

本指令中的任何事项不能解释为替代管理与预算办公室有关立法、预算、管理和法定材料的预决策信息审核和批准的已有要求。此外，本指令并不意味着开放就排除了对那些发布后将会威胁社会安全、侵犯个人隐私、违背机密或损害其他真实合理利益的信息的法律保护。

公共部门开放政府行动计划要求（2009/12/8）（全文）

1. 计划制定

本开放政府行动计划是一张公共路线图，以《政府的透明与开放备忘录》中提出的原则为纲，制定运用于本部门的主要行动目标。该计划应该反映出本部门的高层战略，以及法律和技术的领先地位与一般公众和开放政府专家的思想，并详细标明本机构准备采取的具体行动以及行动实施的时间表。

2. 计划发布

在该指令给出的截止时间前，本机构的计划必须在本机构的开放政府网页上以开放格式公布，允许公众对计划中的任何信息和数据进行下载、分析和可见。

3. 计划内容

透明化

本机构的开放政府计划必须详细阐明本机构如何提高透明化。计划中必须描述本机构准备采取的步骤并在网上公布信息，步骤中包括为提高透明化而提出的任何对内部管理和管理方针的改变。具体说来，作为计划中扩大信息传播的一部分，本机构应该描述它是如何实现合法信息传播的责任，如何通过提供以下信息来扩展已有的信息传播工作。

• 透明化的战略性行动计划：①提供可供下载的本机构高价值信息的详细目录；②培养公众通过这些信息来增进对机构的了解，促进公众对机构服务的审查；③识别还未利用的高价值信息，为以公开格式在网上公布信息建立合理的时间轴，并附上具体的目标日期。高价值信息是指：可以用来增强机构的责任和增进公众响应的信息；增进公众对机构和机构运作方式了解的信息；促进机构的核心任务的信息；创造经济机会的信息；对通过公开讨论所确定的需求和要求的回应。

• 如果机构提供电子格式的公开信息，即一个及时公布底层数据的计划，这些底层数据必须采用公开格式，并尽可能详尽，与法定的责任相符，但允许有充分根据的隐私、保密性、安全和其他限制。本机构必须确认信息的主要受众和受众的需求，致力于发布的高附加值信息可让任何受众以最易访问的形式和格式访问。特别是政府以教育为目的创建或委任的信息应该清晰地划分公众使用、修改和散布的权利。

• 关于如何让本机构遵守透明化行动指导方针（如 Data. gov，eRulemaking，IT Dashboard，Recovery. gov，and USAspending. gov）的明细。若有差距，该机构应该细化本机构采取的步骤和时间来实现每个独创性的要求。

• 详细写明已提议的行动，需有清晰的里程碑，以便告知公众本机构重要的行动和商务活动，如通过机构公众大会、简会、网上记者招待会，以及周期性的领导人与民众直接对话。

• 链接一个公开网站。该网站显示本机构是如何达到现有的档案管理要求的。这些要求作为本机构的档案管理计划的基石，包括很多活动，如识别和计划所有的电子档案，确保所有有永久保存价值的档案及时转移至国家档案局。

• 链接一个包括以下信息的网站：①描述你的工作人员、组织架构，分析和回应信息公开法案（FOIA）要求的过程。②评估。评估的项目包括本机构的分析、协调和对该类要求的及时回应能力、提议的改变，以及技术资源或本机构用来增强本机构的回应能力所采取的改革。③如果本机构有很重要的积压待办事项和里程碑，详细描述本机构是如何以至少每年减少10%的速度解决FOIA突出要求的迫在眉睫的积压待办事项。对FOIA的要求作出迅速回应，以让公众获悉了他们寻找的具体信息。

• 描述或链接一个网页，该网页应描述你的工作人员、组织架构、分析和对国会信息要求的反应的过程。

• 链接一个公开网页。在该网页中公众可以获得该机构的已解密的项目，了解如何获得已解密的材料，并提供关于何种信息可以获得优先解密的信息。根据已建立的步骤，解密的政府信息不再需要保护，这点对信息的自由流通是必不可少的。

公众参与

创建拥有更多信息、更有效的政策，联邦政府应该增加公众参与整个决策制定过程的机会。

• 计划应该详述本机构是如何增加公众参与机会的，其中包括本机构采用的用来修改当前的行动以增加公众参与机会的具体步骤和对机构重点任务的反馈。具体信息应该包括为增加公众参与内部管理和管理方针的机会所提出的改变。

• 该计划应该包括对一些合适网站的描述和链接，在这些网站上公众可以加入该机构的参与过程。

• 这个计划应该包括对新反馈机制的申请，包括为公众的参与创造新型的和更简易的创新工具和实施计划。

合作

本机构的开放政府计划应该详细阐明本机构如何增强合作，包括本机构对当前情况准备采取的修改方案，以促进与其他联邦和非联邦政府机构、公众、非营利性和私人部门的合作，共同完成机构的核心任务。具体的步骤应该包括为增进合作而对内部管理和管理方针所提出的改变。

• 该计划应该包括通过技术平台增进机构内外部人员合作的提议。

• 该计划应该包含适当的网站描述和链接。公众可以通过这些网站了解该机构所作的合作努力。

• 该计划应该包括创新方法，如奖励和竞争，从增进与私人部门、非营利性学术社区的合作中获取信息。

旗舰行动

每个机构的开放政府计划应该描述至少一个本机构正在实施的（或准备在下一个开放政府计划更新前准备实施的）具体的具备透明化、公众参与或合作的行动。这些描述应该包括下列内容。

• 行动的概况，该计划是如何处理三个公开原则中的一个或多个问题，如何完善机构的运作。

• 解释本机构是如何让公众参与或计划让公众参与，并与能给该行动贡献创新思想的当事人保持沟通。

• 若机会合适，你可以确认任何本机构外部的合作伙伴，在行动中直接合作。

• 阐述本机构计划如何通过这次行动衡量透明度的提高、公众的参与性和/或合作度。

• 阐述本机构采取持续行动和继续提高的具体步骤。

公众和机构的参与

本机构的公开政府计划应该包括（但不仅限于）这个附件中提出的要求。在制定计划过程中应该有公众和员工的广泛参与，这样才能让相关和有用的思想结合并获得发展。公众参与将继续成为本机构周期性对计划进行回顾和修改的一部分。本机构应该定期回应公众的反馈信息。

3.2 澳大利亚①

澳大利亚政府对 Government 2.0 十分重视，相继颁布了多项战略法规。主要有下列相关文件。

• 通过立法改革信息公开（FOI，the Freedom of Information）行动法案，设立澳大利亚信息委员会办公室；

• 澳大利亚政府于 2010 年 5 月 3 日发布了对 Government 2.0 特别工作组报告的批复文件；

• 批复“改革澳大利亚政府行政管理部门的蓝图”，同意将建立 Open

① 本节编译自 Government Response to the Government 2.0 Taskforce. The Department of Finance and Deregulation Australia。

Government 作为澳大利亚公共改革的关键内容之一；

• 建设开通专门的信息开放网站 Data. gov. au，将澳大利亚政府部门的信息公开发布；

• 发布“信息公开方案”，要求各个部门公开广泛的信息；

• 启动立法程序，实现 Government 2. 0 特别工作组报告的批复文件中提出的法律法规；

• 澳大利亚财政和管理部（DFD）每年都将通过信息和通信技术管理委员会主任向政府报告 Government 2. 0 的实施进展。

澳大利亚财政与管理预算部关于开展 Government 2.0 的批复（2010/5/3）（全文）

1. 提议 1（核心提议）：颁布国家层面的关于建设开放型政府的指导意见

在政府颁布与这份报告相关的政策建议的同时，应该同时颁布一个关于建设开放型政府的国家公告（声明）。这个公告应该涵盖以下方面。

• 政府在制定政策及提供公共服务的过程中，使用技术促进公民的参与及公民与政府的合作，从而促使政府更加具有可磋商性、参与性，也更加透明。

• 公共部门信息是国家资源，尽可能多地有效利用这些信息可以最大化其对国家的经济价值和社会价值，并有利于健康民主社会的建设。

• 公务员在线参与，包括他们以工作身份参与的或以私人身份参与的与工作职业相关的讨论。这些都会有利于他们的部门发展、职业发展，以及有利于和他们讨论的人的发展，并从而促进社会的发展。因此，公务员应该被鼓励在线参与。

各级政府全面贯彻执行上述几点是政府的整体目标，包括公共部门改革、创新，以及利用国家资金推进宽带普及，从而保障信息社会及民主社会的建设。

财政与管理部批复意见：同意。澳大利亚政府将致力于推进政府的开放与透明，应该颁布公告以表明政府的这些原则与理念。这个公告应该协同澳大利亚政府 1982 年颁布的信息自由法，同时助力政府推进鼓励公开的文化。因此，澳大利亚政府将起草一份关于推进开放型政府建设的公告上交国会，并通过国会向澳大利亚公民发表声明。

2. 提议 2：加强相关部门间的业务协调和相互支持

提议 2.1：应该建立一个国家 Government 2.0 建设的直接责任部门，由这个部门全权负责国家 Government 2.0 建设的管理指导、资源配置及技术支持等相关工作。有关的项目建设应该协同其他相关部门，如总理和内阁办公室，提议设立的信息委员会办公室，财政与管理部，澳大利亚公共服务委员会，国家档案室，国家统计局，宽带、通信及数字经济部等组成 Government 2.0 指导组。

财政与管理部批复意见：同意。Government 2.0 的建设将由财政与管理部牵头，协同 Government 2.0 指导组（以下简称指导组）。指导组的成员将由总理和内阁部、信息委员会提议办公室、澳大利亚公共服务委员会、国家档案馆、国家统计局、宽带、通信与数字经济部等组成。财政与管理部将协同指导组对澳大利亚 Government 2.0 的发展与执行负责，向政府报告执行进程，以及向其他机构部门提供指导意见及支持。

提议 2.2：澳大利亚政府应该建立其他政府部门之间以及与 Government 2.0 牵头部门之间相互学习相互促进的政策机制。

财政与管理部批复意见：同意。推进其他各级政府部门的参与将不仅为其提供学习、创新、提高的机会，还将为 Government 2.0 的协同合作带来契机。

3. 提议 3：改进指导意见，并要求政府机构在线参与

提议 3.1：要使政府更大程度地提高咨询能力、促进公众参与、推进政府透明，Government 2.0 的牵头单位应该协同其他相关单位颁发相应的指导意见，以扩展和提高政府在线参与的范围和质量。

财政与管理部批复意见：同意。财政与管理部将协同 Government 2.0 指导组颁发相应的指导意见，以提高咨询能力、促进公众参与、推进政府透明，指导意见的起草工作将同国家公共服务部（APSC）的相关人员共同进行。

提议 3.2：指导意见应该在牵头部门在批复此报告的同时颁布，所有的

机构应该：

• 找出其机构内部阻碍在线参与的环节并书面提交消除这些障碍的措施。

• 编写并书面提交专项项目规划，此项目的建设目的就是利用社会网络和众包（Crowdsourcing）工具及相关技术提高政府机构决策制定、执行的能力，并形成可持续提高的机制。

• 编写并书面提交专项项目规划，此项目的建设目的是通过提高在线工具及平台的利用率，从而为政府公共部门内的跨部门协同政务带来契机。

财政与管理部批复意见：同意。政府部门在它们每日的业务实践中使用Web 2.0技术将潜移默化地助力政府植入Government 2.0文化。识别现存障碍将让相关部门聚焦着手解决其内部体制问题以适应Government 2.0建设中组织制度及技术平台的要求。在一些部门先行启动试点项目有助于树立优秀典型，为其他部门在消除雇员使用新工具的障碍等方面起示范效应。指导组将全局监督各政府部门的项目实施，在起初的12个月里，财政与管理部将在Government 2.0 blog中定期发布实时的进度报告以推动澳大利亚社区的推进。

提议3.3：国家公共服务委员会（APSC，Australian Public Service Commission）在其年度报告中应该对各个部门上述建议的执行情况予以详细阐述，包括成功案例、失败案例，以及教训总结。

财政与管理部批复意见：同意。国家公共服务委员会将于2010～2011年度开始在其年度报告中公布开放政府进度报告。

提议3.4：在保障安全及隐私的前提下，在所有的国家资助的公共调查中，在线提交表格应该保证能够在线搜索并易于在线评论及复用。Government 2.0牵头部门应该鼓励政府在实施调查过程中引入互动媒介（如blogs）来公共讨论新想法及相关议题。

财政与管理部批复意见：原则上同意。总的来说，澳大利亚政府认可开放与透明地进行公共调查将有助于调查过程。

统一的调查模式不适用于所有部门，如皇家委员会、国会发起的某些调查，以及法定官员如总检察长、联邦监督官发起的动机研究调查。

因此，财政与管理部将联合指导组起草一个相关政策，在鼓励成果数据公开的同时保障保密数据的安全。

4. 提议4：鼓励公务员在线办公

提议4.1：Government 2.0 特别工作组赞同国家公共服务委员会于2009年11月18日颁发的修订后的在线办公指导意见，其中提出了 Web 2.0 技术带给公务员一次利用社会辅助政府决策制定及执行的良机。特别工作组同意，依据国家公共服务委员会的指导意见，国家公共服务委员会的公务员应该被鼓励在线办公。

提议4.2：国家公共服务委员会应协同 Government 2.0 牵头单位，定期对在线办公的实施情况进行监督检查，考量各单位用 Government 2.0 方法保障开放及透明型政府的建设进程。

财政与管理部批复意见：同意。国家公共服务委员会应该与 Government 2.0 的牵头单位，即财政与管理部共同对各部门的 Government 2.0 指导意见的落实情况定期检查。

提议4.3：各部门默认的职位应该鼓励其雇员在线办公，部门应该对在线办公所需的工具访问及消除内部的技术及政策障碍提供支持。

财政与管理部批复意见：同意。财政与管理部将协同国家公共服务委员会及其他相关部门牵头实施在线办公。国家公共服务委员会的在职高层领导应该保障自上而下的变革，明确地支持其部门公务员的在线办公。为消除内部技术及体制障碍所需的花费应该直接使用部门行政事业费用。财政与管理部将开通一个在线论坛以帮助各部门记录其部门在 Government 2.0 项目中的心得及经验总结。

提议4.4：各部门应该支持 Employ-initiated，创新以 Government 2.0 为基本的建议，使部门工作的各个方面最大限度地支持公民与社团的参与。在部门内部应该建立一种文化，让更多有独自创意的员工能自发参与，并把他们的创意在第一时间应用到部门的实践中，以提升部门的整体表现。

财政与管理部批复意见：同意。这项提议的实施会有利于提升政府和公民之间的理解，有助于政府服务方式的创新及服务质量的提高。因此，澳大利亚政府部门应该弘扬让政府员工更多地参与到为在线办公进言献策的文化活动中。各部门应该积极地建立内部激励机制，以配合此报告中的提议5提出的设立 Government 2.0 奖项，同时激励政府员工创新及在线办公。各部门同时应该保证各个领域的利益相关者都能够参与其中，例如，除公民的 blog 有对医疗保险程序的改革建议外，一个卫生工作者的 blog 应该提供关于医疗保险程序的反馈。

提议 4.5：Government 2.0 牵头单位应该设立在线论坛，为各部门记录其项目进展及总结建设经验提供平台。

财政与管理部批复意见：同意。财政与管理部作为 Government 2.0 的牵头单位，将集中充分利用其现有技术资源（govdex. gov. au），为各部门提供相互学习、相互总结的平台，这将是一个实用的措施。财政与管理部将鼓励政府部门设立各自部门内的在线论坛，提供 Government 2.0 技术交流平台，引导建立 Government 2.0 文化环境。

5. 提议5：奖励

Government 2.0 牵头部门应该协同其他有关部门设立相关奖项，以表彰 Government 2.0 工具的优秀使用个人和机构，以及在 Government 2.0 项目中有突出贡献的个人和机构。

财政与管理部批复意见：同意。财政与管理部将协同指导组在现有的电子政务年度奖中增加 Government 2.0 特别奖项，表彰在 Government 2.0 项目中表现突出的个人和机构。

6. 提议6：推进公共部门信息公开，可访问，可重复使用

提议 6.1：默认情况下公共部门信息（PSI，Public Sector Information）应该是：

- 免费的；
- 基于开放标准的；
- 容易发现的；
- 可理解的；
- 计算机可读的；
- 可任意复用和转换的。

提议 6.2：PSI 应该在切实可行的范围内尽早发布，并定期更新以保证它的价值。

提议 6.3：与免费公开的复用和改写一致，发布的 PSI 应遵循标准创作共用（Creative Commons BY standard）协议，并将其作为默认协议。

提议 6.4：更具限制性的许可协议应当仅供特别情况时使用，并且这类用途应该遵循由所提议的信息委员办公室（OIC，Office of the Information Commissioner）提供的一般性指导或具体建议。

提议 6.5：所提议的 OIC 应该制定政策以最大化现有 PSI 遵循创作共用许可协议的程度，其中应考虑到管理责任过重对机构产生的影响。为最小化管理责任，特定工作小组的任务设想为：凭借大量已发布的 PSI 能够自动地指定创作共用许可协议以使规则被采纳。这将包括公众已能访问的政府报告、法规和记录。个人或组织也应该要求通过申请可以向所提议的新信息委员要求其他 PSI 遵循创作共用许可协议，当请求被拒绝时有上诉权。

提议 6.6：PSI 的所有权取决于联邦，数据应该在遵循创作共用许可证的前提下发布。数据发布前，联邦政府必须与其他政党或多个政党进行协商，以确保对不属于联邦或是与其他政党共享的 PSI 数据的发布遵循创作共用许可协议。与第三方的新契约或协议应该尽量包括一个条款，其中需清楚陈述联邦公布相关数据的责任，以及遵循创作共用许可证的申明。对联邦在 2011 年 6 月之后签订的所有条约应强制实施该政策。

提议 6.7：在遵循《档案法 1983》的前提下，联邦记录可供公众访问时，应当修订版权政策以使受皇家版权保护的作品能自动遵循创作共用许可协议。

财政与管理部批复意见：同意，稍作修改。澳大利亚政府将修订澳大利亚的版权政策，以确保根据《档案法 1983》联邦记录在可被公众访问时，受皇家版权保护的作品将自动遵循一个合适的开放属性许可证。这个选择和一个合适的开放属性许可证将根据机构的具体情况保留机构的责任。机构可以使用联合政府信息发牌架构（nGILF，Government Information Licensing Framework）工具以帮助它们制定信息许可证决策。

提议 6.8：除了因法律义务而拒绝发布的情况，任何保留 PSI 发布权的决定，必须遵照协议或与所提议的 OIC 认可的政策相符，并且与澳大利亚政府的政府信息公开（FOI，Freedom of Information）政策相一致，请注意：

• 对于结构化数据，机构必须在寻得豁免前竭尽所能保护其隐私性和机密性。

• 各机构应该积极辨别且无需请求即可发布对机构外的政党具有价值的数据。

提议 6.9：澳大利亚政府应该鼓励澳大利亚政府委员会的其他成员参与进来，将这些规范上升至各级政府，包括联邦、州、领地，以及地方性政府均承认的国家信息政策。

提议 6.10：为了加速 Government 2.0 的采用，除机构希望的继续任意发行安排外，机构应确保它们发布的 PSI 应该能通过一个中心入口（data. gov. au）方便地被发现和获取，该中心入口包含有 PSI 的类型、格式及发布的详细资料。

财政与管理部批复意见：同意。财政与管理部将建立 data. gov. au 网站以方便公众访问公共部门信息。机构需要确保发布的公共部门信息也能通过这个中心入口提供访问。上传到 data. gov. au 的信息应该包括该信息的类型、格式及发布的详细资料。

提议 6.11：在所提议的 OIC 成立的第一年中，通过与领导机关协商，OIC 应该同意并建立一套共同的方法来告知政府关于所发布的 PSI 带来的社会和经济价值。

提议 6.12：适用《财政管理和责任法 1997》（FMA Act）的主要机构，应当自所提议的 OIC 成立的第一个周年开始，使用共同的方法在年报中汇报它们的 PSI 发布情况。

提议 6.13：自所提议的 OIC 成立的第一个周年起，它应该每年公布一份列出各个机构对联邦 PSI 综合价值贡献的报告。这个报告须网上公布，并且允许评论和讨论。

提议 6.14：在政府对最初的“PSI 报告的价值”认可后，所提议的 OIC 应当考虑制定一个供其他机构使用的更易于使用的公共方法。

提议 6.15：特别工作组记录对《FOI 修正案草案 2009》（FOI Amendment（Reform）Bill 2009）提出的变动，以获得所提议的 OIC 的问题指导方针来支持未来法案的运行，见说明书第 8 部分第 2 点。为确保访问 PSI 的有效性及一致性，这些指导方针应该顾及前面所列的概念。

财政与管理部批复意见：原则上同意。《信息公开法（修正提案）2009》和《信息委员会提案 2009（FOI 修正）》将会创建新架构用于政府信息的发布和管理。FOI 改革将创建新的法定官员，即信息委员，负责向内阁大臣汇报信息政策。

提议 6.1、6.2、6.8 和 6.15 将会在信息发布方案（Information Publication Scheme）中给予处理，该方案将由信息委员根据法律发行。

对于提议 6.3、6.4、6.5 和 6.6，与 AGD 保留版权政策一致，AGD 是用来确保 IP 指导方针不会妨碍提议 6.3 中提出的默认开放式许可的位置。

为确保 6.11、6.13 和 6.14 的提议能够最有效地被执行，政府将会要求新信息委员去辨别可行的方法，这将推进澳大利亚政府信息管理政策发展，并完善澳大利亚的新 FOI 架构。信息委员应当在《信息公开法（修正提案）2009》和《信息委员会提案 2009（FOI 修正）》开始施行的 12 个月内向内阁大臣提议执行方法。

7. 提议 7：解决版权管理中的问题

提议 7.1：各机构在 PSI 的许可证发放上应采用政策指导，或按个别情况征求意见，这可以是在 PSI 发布前，或是在所提议的 OIC 出版 PSI 后对许可证进行管理时。

财政与管理部批复意见：同意，稍作修改。各机构将在 PSI 许可证发放上依政策指导，或依个别情况给出建议，可以是在其发布后，或是在出版后管理许可证时。

然而，与对提议 7.2 的回应相一致，版权的责任不交由 OIC 承担，仍然由 AGD 负责。AGD 将重新修订澳大利亚政府的知识产权政策以鼓励开放式许可的使用。

各机构可以使用联合政府信息发牌架构（nGILF，National Government Information Licensing Framework）工具来辅助它们制定信息许可决策。

提议 7.2：目前，与版权许可证发放前后材料相关的职能是由在总检察署（AGD，Attorney-General's Department）内部的联邦版权局（CCA，Commonwealth Copyright Administration）执行，这些职能应转交至所提议的 OIC 或是领导机构。CCA 的其他管理职能应该重新审查以确认哪些职能应该继续保留在 AGD 中，以及哪些职能需要转交至所提议的 OIC。

财政与管理部批复意见：不同意。这些职能由 AGD 执行最好，而且也应该继续由 AGD 执行。

提议 7.3：目前推荐的一种做法是由所提议的 OIC 审查有关孤儿作品的版权法现状（包括 1968 年《版权法》第 200AB 章节），目的在于给出修订建议以解除那些目前实际中存在的阻碍该类作品使用的限制。

财政与管理部批复意见：同意，稍作修改。与对提议 7.2 的回应相一致，尽管特别工作组已经提议 OIC 审核当前有关孤儿作品的版权法现状，但是澳大利亚政府的观点是这一审查工作需由 AGD 承担。

8. 提议 8：信息发布方案

提议 8.1：特别工作组提议，在政府信息发布方案的制定、管理和实施中，所提议的 OIC 一旦建立，应重视《政府信息发布总体方案，政务 2.0 特别工作组项目 7》报告中的调研结果和提议。

提议 8.2：特别工作组支持在《信息公开法（修正提案）2009》中提出的发布方案模型，并且指出该草案合并了一些互补的目标。为加强该支持，特别工作组提议信息发布方案应按以下所述的明确目标来制定。

- 为所有机构的信息发布提供一个总体的、统一的法定架构。
- 鼓励最大程度公开与公众利益相关的有用政府信息，因而政府能得到更多信任。

•在克服态度、技术和法律障碍上给予机构指导，以最优化信息的公开和使用，并提高公众参与度。

•提供一个用于协助机构进行总体信息管理的规划大纲。

•为机构提供一个全面且简单的指导，以使它们履行信息发布和报告职责。

•为公众提供一个清楚并易理解的指导，让公众明确访问和使用政府信息的权利和方法，以改善政策发展中的服务交付和公众参与度。

•使所提议的 OIC 能够监督方案，而且鼓励机构参照范例朝政府鼓励披露（Pro-disclosure）的宗旨发展，并报告不符合要求的处理。

9. 提议9：可访问性

需要重大的文化变革来更有力地支持易获得的 Web 2.0 工具、协作和在线社区参与活动，以及 PSI 交付项目的采用。因此，特别工作组提议：

•机构需遵守万维网联盟（World Wide Web Consortium）的 Web 内容可访问性指南（WCAG，Web Content Accessibility Guidelines），将此作为对所有在线社区参与的最低访问级别，并且还要求提供在线 PSI。在主要 PSI 站点（data. gov. au）上提供的数据应完全遵守 WCAG。

•机构在考虑 Web 2.0 项目时，严格地遵守 WCAG 可访问性指南，以避免可能有导致项目不能实施的风险，AGIMO 将会对方便残疾人士最大限度访问的办法提供指导。

•但凡一个机构决定着手一个并不完全遵守该指南的项目，它们需要发布一个在线声明来解释站点可行性，并发布一个概述，概述中应包含何处不满足一条具体的 WCAG 准则及其原因和已考虑或提供的可行访问选项，以及在一个合适时间范围内遵守该指南的规划。

•一个可访问性遵守声明的注册中心须在 data. gov. au 维护。

•经过与相关机构磋商，领导机构应该设立奖项，来认可在可访问性原则应用实践上表现突出的机构，并给出 Government 2.0 工具的指南来提高机构同公众、商业界和社区组的互动。

财政与管理部批复意见：同意。Web 2.0 工具和战略正创造新的局面，鼓励和吸引公众直接与政府合作。澳大利亚政府已经宣布将 Web 2.0 作为在线活动最低标准。财政与管理部同样也将可访问性考虑为电子政务奖项中的一个准则。这将会确保澳大利亚政府的透明性，并有责任确保每个澳大利亚公民均有机会参与到 Government 2.0 中，访问特色服务及在线信息。

10. 提议 10：安全性和 Web 2.0

提议 10.1：领导机构和澳大利亚国防通信处（DSD）应该制定一个更好的实用指南（或是“如何做”指南）来协助各机构以更有效、更安全地使用 Web 2.0 工具，并指导它们进行相关的风险评估。

提议 10.2：澳大利亚国防通信处（DSD）应该指导各机构采取合理的减缓措施来处理使用社会网络和相关工具时需考虑或暴露出来的问题。这项指南还需考虑到各机构不同的工作环境、存在的不同风险，以及可能使用到的一系列工具。DSD 应该相应地更新信息安全手册（ISM）。

提议 10.3：在公共部门信息（PSI）中必须特别关注敏感的国家安全数据。为保证未来的 PSI 安排与政府信息公开（FOI）法案的改变提议相一致，所提议的 OIC 应该向各机构就如何实现本机构信息量的最大发布提供建议。与好的做法及保护安全手册（PSP）的要求一致，为防止需要通过复审或预处理数据来使信息得以发布，各机构应该避免对数据进行过分的分类。

财政与管理部批复意见：同意，稍作修改。澳大利亚政府认为公共部门信息是国家资产，政府应该致力于寻求能让政府和公民都使用其价值的最好方式。在这个大背景下，通过更好的实践指南和合理的缓和处理方案支持各机构贯彻实施这项措施是很重要的。信息委员将在政府信息自由法案下发布指导方针时考虑提议 10.3。

11. 提议 11：隐私权和保密性

提议 11.1：为保护公共部门信息（PSI）中的个人信息，隐私权委员会应该在信息发布前对 PSI 的身份消除处理建立指南。

提议 11.2：为保护公共部门信息（PSI）中的商业秘密信息，所提议的 OIC 应该为 PSI 去标识（de-identification）建立指南。

财政与管理部批复意见：同意。《档案法 1983》要求各机构按要求保留联邦记录。这项义务在 Web 2.0 环境下将继续实施。为协助各机构完成这项义务，国家档案馆（NAA）将为 Web 2.0 环境下的行动制定联邦记录构成指南。

12. 提议 12：联邦记录的定义

提议 12.1：特别工作组提议，那些希望使用第三方地点实施合作、提供服务或者发布信息的政府机构，要确保档案的复印件保存在联邦，以符合《档案法 1983》对联邦档案的规定。澳大利亚政府复查了 1983 年的档案法中基于财产的联邦记录的定义。旨在代替该定义，澳大利亚政府将联邦记录定义为联邦在执行联邦商务时所创造或收到的任何信息。

提议 12.2：为保证和协助 PSI 的发现、共享和再利用，各机构应该遵循国家统一颁布的元数据标准，如澳大利亚政府定位服务元数据标准（AS 5044）和政府分类标准。无论何时，若不能达到这些标准都应该推迟发布 PSI。

财政与管理部批复意见：同意。特别工作组的报告建立在我们最新的 FOI 改革上，通过请求开放政府数据和信息来加强政府问责性。财政与 NAA 将向政府各机构提供有关贯彻实施澳大利亚政府已通过的元数据标准的指导，这些元数据标准包括政府定位服务元数据标准，以及政府分类法中的所有内容，如澳大利亚政府信息互操作性架构。根据特别工作组在报告中的提议，凡是在机构不能达到这些标准，并且要达到标准将会使 PSI 的发布产生一定延迟的情况下，数据应该先暂时发布，然后在规定的时间范围内更新相应的元数据。

13. 提议 13：鼓励信息慈善（info-philanthropy）

澳大利亚政策制定者应该最大限度地减小信息慈善的障碍，使其成为对捐赠接受者免税的合法活动，并承认其具有慈善用途的法律地位。Government 2.0 的一些最为成功的实验在如英国和美国之类的领先国家已经兴起，都是非营利性的。作为它们识别社区中志愿者政策中的一部分，它们应该也确保在线志愿者能够被合理地识别。

财政与管理部批复意见：推迟考虑。这个提议将在澳大利亚未来的税务系统改革和生产力委员有关对非营利部门贡献的报告中考虑。

参考文献

M - 10 - 06 MEMORANDUM FOR THE HEADS OF EXECUTIVE DEPARTMENTS AND AGENCIES 2009, 12, http: //www.whitehouse.gov/sites/default/files/omb/assets/memoranda_2010/m10 - 06.pdf.

"Engage: Getting on with Government 2.0 Report of the Government 2.0 Taskforce", http: // www.finance.gov.au/publications/gov20taskforcereport/.

"Government 2.0: Building Communities with Web 2.0 and Social Networking" By Todd Sander, director of the Digital Communities program, with the assistance of the Digital Communities CIO Task Force, http: //www.nysforum.org/committees/security/051409_ pdfs/Gov%202.0%20 Whitepaper.pdf.

Gartner, Inc., "Government 2.0: Gartner Definition" by Andrea Di Maio.

"Government Response to the Report of the Government 2.0 Taskforce", Australian Government, the Department of Finance and Deregulation (Finance).

J. Baumgarten and M. Chui, "E-Government 2.0", *Mckinsey Quarterly*, July 2009.

美国交通部开放政府计划

编译：张春雨 等
译审：张铠麟　赵　农
国家信息中心公共技术服务部

译者按

奥巴马就任美国总统的第一天就发布了“政府的透明和开放”备忘录，呼吁建立透明、公众参与和协作的政府。首次倡导“参与式民主”的概念，鼓励民众了解并参与公共政策讨论，从而掀起了一股“数据开放”的浪潮。本篇介绍了各发达国家 Government 2.0 与 Open Government 的战略与实践的概况，美国交通部的开放政府计划（以下简称“计划”）作为 Open Government 的具体实例在本篇详细介绍。

2010 年 8 月，美国政府组织了一次以开放与创新为主题的面向联邦政府部门的开放政府计划评比。美国交通部的开放政府计划最终荣获领导与治理及文化创新大奖。“计划”以促进政府透明、多方参与、协同合作为原则，以支持部门战略目标为指导，主要从四方面作出努力：一是增加透明度和问责制，以开放的格式、在线的方式持续发布交通部数据信息，保证数据准确性、隐私性、安全性与保密性；二是积极促进政民互动，在公共服务中，促进公众参与，积极吸纳公众意见，用创新的方式引导公众参与；三是鼓励合作和创新，在提供与业务相关的服务方面，增加与其他相关部门、非政府组织、私人部门等的合作，推进交通部数据和信息的创新；四是推进开放、参与、协作的文化建设，通过加强沟通、治理与指导，鼓励跨部门、跨业务的员工参与和协作。

作为美国联邦政府的最佳实践案例，“计划”对我国政府电子政务规划同样有借鉴作用。本文对“计划”全文编译，以供领导决策参考。

美国交通部开放政府计划*

启动的开放政府行动（Open Government Initiative）标志着美国联邦政府各部门在工作方式上和与公众互动方面的重大转变。交通部（DOT）认为，开放政府行动不仅仅是新工具和新技术的简单应用，而是一种真正意义上的政策和文化方面的改变，将确保交通部无论是内部还是外部，都真正变得更加透明，更具有参与性和合作性。为此，交通部的开放政府计划着重关注文化、政策和技术等可增强交通部开放性的相关议题。

在未来两年，交通部将积极实施一系列的行动，促进雇员、利益相关者以及普通公众对 Open Government 的理解。

• 政策制定。交通部的旗舰行动将探寻如何在政策制定流程中积极鼓励更加有效的参与（详见第 4.1 节）。

• 数据发布和可视化。交通部将编制更加完善的数据清单，并继续以开放格式发布数据。交通部将开发一个平台，允许主题数据能够可视化展现，将其与交通部优先行动集成，如分心驾驶、高速公路设施等（详见第 4.4.1 节）。

• 公众评论。交通部将首次提供互联网交流工具，让公众对部门战略计划进行评论和讨论。在过去，这些评论需要通过 E-mail 提交，现在通过互联网，公众将能够看到并讨论其他人的观点（详见第 4.2.2 节）。

• 观念塑造。通过学习其他部门的成功实践经验，交通部将向员工提供一个关于项目、实施和技术等方面的创新交流平台（详见第 4.3.2 节）。

• 文化变革。通过改革内部流程，包括政策、交流计划、培训、绩效管理，以及可持续管理等，交通部承诺，在接下来的两年中为未来的开放政府

---

* http：//www. dot. gov/open/. 参与本文编译的主要人员是国家信息中心公共技术服务部的张春雨、栾国春、王江、冀俊峰、贾一苇，武汉大学的何畔。

行动奠定基础。

除此之外，计划还提出了交通部 Open Government 的目的和目标，将促使交通部在不久的将来变得更加开放，主要包括以下内容。

• 增强部门的透明度与责任感：以清晰方式展示交通部关于项目和目标方面的信息；继续及时发布交通部的数据，使其以一致的内容、开放的格式实现在线访问，数据不仅要准确，还要保护隐私，符合保密和安全要求。

• 采纳公众参与政府服务的建议：将以创新方式收集并反馈公众对交通部的政策和项目的建议和意见。

• 鼓励合作和创新：与联邦政府其他部门、企业及非政府组织在相关服务方面加强合作。

• 营造开放的交通部文化：在各个层面鼓励 Open Government 原则的应用；加强 Open Government 工具和项目方面的交流、管理和指导，鼓励多形式、跨学科的合作，激发从业人员的敬业精神。

我们的实施计划分以下两个阶段。

第一阶段，2010~2012 年。交通部将专注基础工作，如政策的制定或细化，数据发布流程的制定，将 Open Government 的原则应用到现有的管理体制中，推动 Open Government 的优先发展目标（如上所述）。

第二阶段，2012~2015 年。此阶段的 Open Government 计划将在 2012 年 4 月 12 日正式发布。第二阶段开始时将已经奠定了成熟的基础。在此阶段，交通部将致力于政策的修订、行动的完善，以及实施新的行动以进一步实现 Open Government 的目标。

计划按照以下方式组织：首先是交通部编制 Open Government 计划书的方法（第 1 节），接下来提出 Open Government 实现的目标（第 2 节）和战略（第 3 节），然后给出交通部的行动，包括旗舰行动（第 4 节），最后是信息发布要求和需要遵循的规范（第 5 节）。

1 计划编制说明

1.1 美国交通部简介

在全球交通运输领域占据领导地位的美国交通部（DOT）拥有 56757 名专业员工，这些人员分布在美国和世界各地。2011 财政年度政府拨给交通部的预算为790亿美元，旨在完成政府的三项优先发展的交通目标：提高交通运输的安全性；为未来发展投资；促进建设宜居社区。

交通部的任务是为美国提供交通管理服务，保证提供一套快捷、安全、高效、易用且方便的交通运输系统，不仅要满足现在和将来美国国家利益的需要，还要满足提高人民生活质量的需要。

自1967年成立以来，交通部实施、完善了一系列的交通运输项目，以满足国家经济发展的需要。现在，交通部的组成包括部长办公室（OST）、地面交通委员会、总检察官办公室，以及下列的运行管理机构（OA）。

- 联邦航空局（FAA）；
- 联邦高速公路管理局（FHWA）；
- 联邦汽车运输业管理部门（FMCSA）；
- 联邦铁路局（FRA）；
- 联邦运输管理局（FTA）；
- 海运管理局（MARAD）；
- 国家高速公路安全交通局（NHTSA）；
- 管道和危险品管理局（PHMSA）；
- 研究与技术创新管理局（RITA）；
- 圣劳伦斯航道发展公司（SLSDC）。

为了落实美国管理与预算办公室（OMB）的Open Government行动计划，交通部设计了一个Open Government框架（见图1），作为编制Open Government行动计划的指导。

图1框架的详细介绍见交通部网站（http://www.dot.gov/open）。该框架可以让我们快速了解计划步骤，分析并解决影响Open Government活动相关的技术、政策以及文化方面的问题，并且从开始阶段就让最适合的人员参与到Open Government的工作中。图2给出了组织架构，其中交通部主管发起人（Executive Sponsors）、指导委员会（Steering Committee），以及各个工作组共同起草了Open Government计划。

在计划阶段，主管发起人联合部内各专业（政策、法律、技术）代表开展工作，吸引交通部全体职员对Open Government计划的关注，由Open Government指导小组指导计划的编制，并将Open Government行动计划的各项要求分配到各个工作组和小组。交通部动员了近200名员工参与这项工作（见表1）。

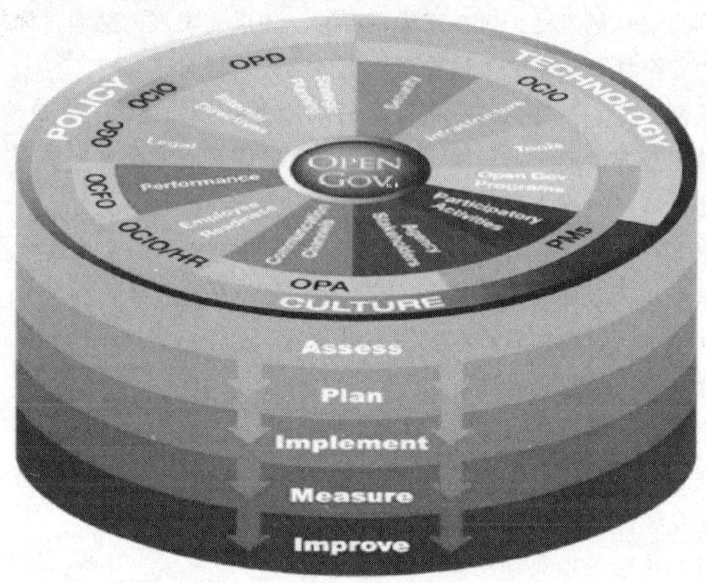

图 1　交通部开放政府计划执行框架

说明：Assess（评估）：理解目前的情况；Plan（计划）：决定方向以及实施策略；Implement（实施）：进行变革；Measure（衡量）：从性能指标监控变革；Improve（提高）：改进计划和方法，提高绩效。

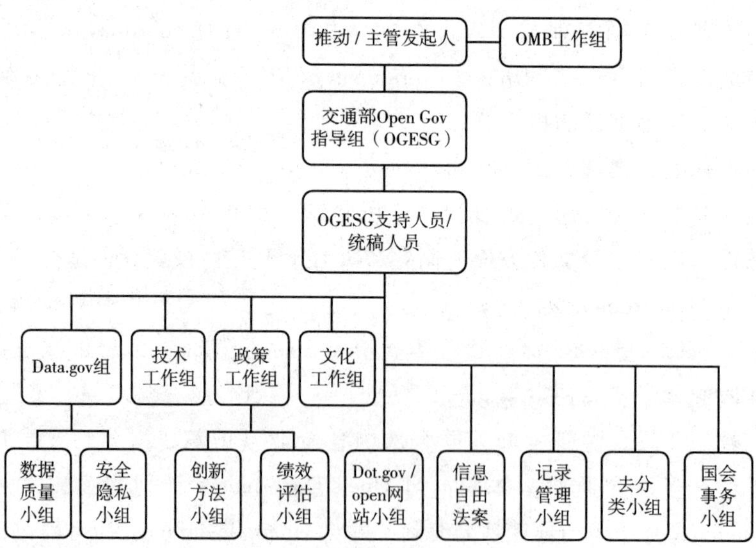

图 2　交通部开放政府计划组织机构

表 1　Open Government 的组名、成员及关注的问题

组名	成员组成	关注的问题
主管发起人	CIO 办公室(OCIO),预算及绩效管理局(人力资源、采购和安全)、法律、公共事务、政策,以及研究与技术创新管理局(RITA)	促使部门内部持续关注 Open Government 活动,促进部门的透明、合作和创新
Open Government 指导组(OGESG)	预算及绩效、政策、法律、行政管理、公共事务、CIO 办公室(OCIO)、联邦航空局(FAA)、联邦高速公路管理局(FHWA)、联邦汽车运输业管理部门(FMCSA)、联邦铁路局(FRA)、联邦运输管理局(FTA)、海运管理局(MARAD)、国家高速公路安全交通局(NHTSA)、管道和危险品管理局(PHMSA)、研究与技术创新管理局(RITA)、圣劳伦斯航道开发公司(SLSDC)	负责部门内与 Open Government 工作相关的技术、政策、文化等决策
Data. gov 组	CIO 办公室、预算及绩效、法律、安全、行政管理、公共事务、联邦航空局(FAA)、联邦高速公路管理局(FHWA)、联邦汽车运输业管理部门(FMCSA)、联邦铁路局(FRA)、联邦运输管理局(FTA)、海运管理局(MARAD)、国家高速公路安全交通局(NHTSA)、管道和危险品管理局(PHMSA)、研究与技术创新管理局(RITA)、圣劳伦斯航道开发公司(SLSDC)	负责处理 Open Government 工作相关的数据问题(质量、保密、隐私、安全等)
技术工作组	CIO 办公室、公共事务、法律、联邦航空局(FAA)、联邦高速公路管理局(FHWA)、联邦汽车运输业管理部门(FMCSA)、联邦铁路局(FRA)、国家高速公路安全交通局(NHTSA)、研究与技术创新管理局(RITA)	负责 Open Government 工作隐含的安全、基础实施、工具问题
政策工作组	预算、司法、CIO 办公室、公共事务、行政管理、政策、残疾资源中心、联邦航空局(FAA)、联邦铁路局(FRA)、国家高速公路安全交通局(NHTSA)、研究与技术创新管理局(RITA)	负责 Open Government 工作包含的法律、战略规划、绩效、指令要素等问题
文化工作组	CIO 办公室、行政管理、公共事务、联邦航空局(FAA)、联邦高速公路管理局(FHWA)、联邦汽车运输业管理部门(FMCSA)、联邦运输管理局(FTA)、联邦铁路局(FRA)、研究与技术创新管理局(RITA)	负责 Open Government 工作包含的对利益相关者的外延服务、员工文化以及新媒体
Open Government 小组	交通部各运行部门的相关专业专家	负责部门内与 Open Government 工作相关的安全/隐私问题、创新方法、绩效考核、“信息公开法案”的遵从,网站及记录管理、解密处理、国会事务

Open Government 行动计划还要求任命两个高级官员，他们的工作职责为：

• Open Government：H. 乔瓦尼·卡尔纳罗利（H. Giovanni Carnaroli），副首席执行官，负责商务—技术的协调和管理；

• 财务质量：克莱斯特·伯特莱姆（Christ Bertram），预算和项目助理秘书/首席财务官。

交通部将其 Open Government 框架相关的材料和工具放在交通部 Open Government 网站（http：//www. dot/gov/open/）以及 OMB MAX 门户上共享。

1.2 与员工的互动

交通部在编制 Open Government 计划时遵循透明、参与及合作等原则，使用交通部内网（intranet）作为合作平台。CIO 办公室利用 Share Point 的即时站点开发功能，为 Open Government 的每一个重要活动都建立了工作组网站，为便于组内合作还建立了小组网站。交通部使用很多方法促进合作、透明及参与。

• 建立 Open Government 网站，使得在组内任务、目标、讨论和工作等方面充分透明，但仅限于本组成员日常工作的合作和文本编辑；

• 非本组成员也可通过提交问题和评论等方式参与工作。

最后，创建文档库存储、显示该组完成的最终文本，供所有员工查看。

1.3 与公众的互动①

交通部还向社会征集反馈意见和建议，并纳入 Open Government 计划中。在计划编制过程中，交通部使用的公民在线互动工具 Idea Scale（www. opendot. ideascale. com）从社会公众中征集相关的建议和评论。征集到的 65 个建议和 103 条评论中有很多都被吸收到了计划的文本中。

例如，征集到一个很好的建议，建议制定完整的战略来使交通部跟上技术发展的步伐。建议者指出，当今时代各种技术发展迅速，联邦各部门很难跟上其发展步伐，这会导致政府部门常常使用过时技术，不仅效率不高，还常常不能把事情做好。

为此，交通部在计划中增加制定可持续发展的综合战略，这样可以使新

① 相关内容见 Open Government 行动计划讲解系列研讨会。

技术更加开放有效和及时地实施。第3节详细描述了这项战略。还收到很多建议，让交通部调研使用各种类型的内部和外部合作工具，以改善交通部内以及与公众的信息共享、交流。本文用了一节（3.3节关于增强交通部公共协作的改革方法）描述如何建立创新方式，以增强与公众的合作。

IdeaScale公众互动工具在应用Open Government的公开透明及合作等方面发挥了极好的作用。第4节描述了交通部在编制其他计划（如《2010~2015年交通部战略》）规划时积极探索使用在线交互工具收集公众反馈意见的方法。

在解决复杂问题方面，交通部致力于与其他联邦机构以及与公众进行合作，以期得到最佳结果。基于这个理念，交通部于2010年1月11日主办了第二次Open Government行动计划研讨会。有来自近40个联邦部门及私营部门的250人出席了会议。通过这次会议，各部门开始进行关键信息共享，并开展合作活动，从而使各部门获得实现更加透明、参与及合作的最佳方法。①

2 开放政府的战略性目标与措施

交通部开放政府计划支持本部门的战略性目标，在“政府透明、各方参与、共同合作”的原则下，确保优先考虑交通部的核心任务。考虑到这个重要关系，基于交通部整个机构的总体目标，《2010~2015交通部财政年度战略计划》包含了与开放政府相关的战略。机构的总体目标囊括并支持所有的战略性目标。开放政府原则是确保交通部高效优质完成任务的一个主要部分。自从开放政府计划指导部门预算与行政事务起，这两个目标的整合发挥了重要的作用。上述计划方案发布在交通部网站（www.dot.gov）上，供公众讨论发表意见。

交通部使用了在第一节提到的方法论来实现开放政府行动倡导的目标。特别值得一提的是，交通部全面地考虑了技术、政策以及文化等方面助力或阻碍开放政府行动的相关因素后发现，实现本部门更加开放是一项艰巨的任务。为此，交通部遵循开放政府行动计划与交通部战略性计划的指导，充分参考雇员与公众的建议，以及开放政府专家的意见。此外，交通部开放政府目标是复杂的，需要分阶段完成。交通部开放政府计划将分5年完成，并在本章第2.1节详细讨论，分阶段目标如图3所示。

① 这个系列研讨会的详情见http：//opengovdirective.pbworks.com/。

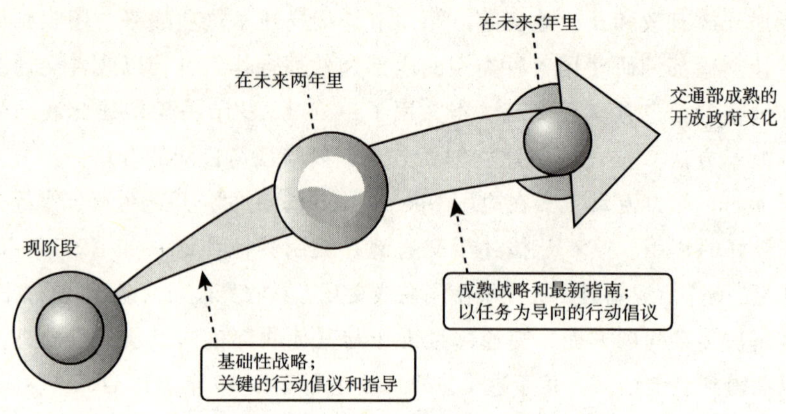

图 3　交通部开放政府行动 5 年发展路径计划

交通部充分吸纳了开放政府计划的全部目标，从部门到个体雇员不同层级采用；采用了一些计划和管理工具，使本部门整体产生可持续的变化，同时将对这些工具的效用进行评估，考察它们对核心业务鼓励开放是否发挥了最好的激励作用，以及在每个发展阶段是否都得到采用。这些工具包括业绩报告、任务和指南陈述书、组织评估、年度预算进程，以及方案执行情况。2.2 节介绍了在每个层级上整合上述原则的情况，描述了交通部的业绩框图。

2.1　优先制定开放政府计划目标、成果、战略与行动计划

为了在不久的将来使交通部的政务更加透明，参与度与合作度更高，技术、文化与政策工作组联合采用 SWOT 分析法①协助发展执行开放政府计划。SWOT 分析法是一种战略性规划工具，用来评估一个组织运转所处的内外部环境。它分析一个组织与特定项目或目的相关的优势、劣势、机会与挑战（见图 4）。为解决发现的问题，工作组还需要制定一些办法来利用现有机会，应对潜在挑战。

下面是交通部在关键技术、政策和文化方面，使用 SWOT 分析法得出的现实挑战。其中也包含了如何减轻这些挑战所应采取的策略。

文化和政策挑战：长期来看，部门文化的持续改善将使交通部对公众越来

① 又称态势分析法，由旧金山大学管理学教授于 20 世纪 80 年代初提出，是一种能够较客观准确地分析和研究一个单位现实情况的方法。SWOT 分别代表：strengths（优势）、weaknesses（劣势）、opportunities（机会）、threats（威胁）。通过综合评估与分析得出结论，然后再调整企业资源及策略，来达成企业的目标。

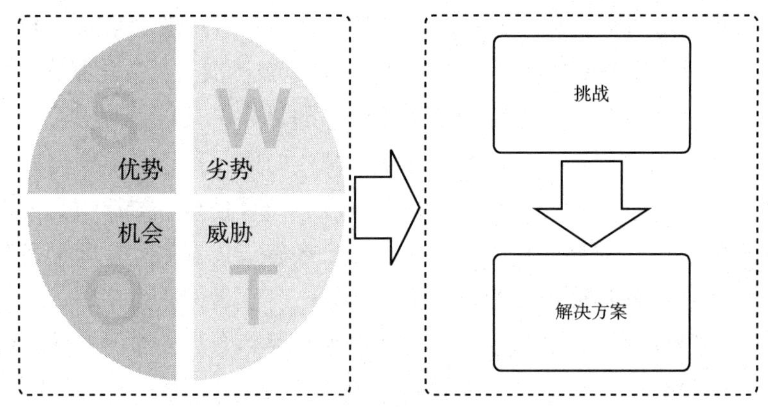

图 4　开放政府 SWOT 分析

越开放、透明，需要有政策保障、管理适应各种变化，对雇员有明确的指导。

解决办法：交通部需要评估政务公开原则与行动将在多大程度上可以与现有的政府结构整合。交通部开放政府执行指导小组将向领导层就如何确保持续地采用政务公开原则给出建议。为了促进开放，交通部也将制定一个变更管理计划，以加强沟通、宣传和培训。一个统一的开放政府政策将识别行动的目标，并提出指导意见，使得交通部雇员了解如何变得更加开放，如何管理风险。

技术和政策挑战：交通部大部分的工作流程和技术（如记录管理、政策和软件）将进一步现代化，这需要重要的资源。

解决办法：交通部首先对最重要的流程和技术实现现代化，对其余的工作流程和工具制定一个长期发展规划。

SWOT 分析法也识别出来一些优势，交通部可以在满足开放政府目的中加以利用。

- 交通部拥有有价值的数据集，并可以向公众发布；
- 交通部即将使用一些 Web 2.0 技术，这些技术将有助于扩大公众参与度和参与范围；
- 交通部利用现有的知识管理工具可以扩展培训，促进政务透明和多方合作；
- 这些年来，在与开放政府相关的领域（包括电子规则的制定和绩效管理的透明度方面），交通部已成为了一个领导者。
- 作为这一过程的结果，交通部为开放政府计划行动倡议制定了以下高水准的目标：提高交通部的透明度、增强责任感；通过鼓励公众参与，将其知识应用到政府服务中；鼓励合作与创新，使开放的交通部文化制度化。

为满足上述目的，交通部确定了分阶段的目标。交通部使用了一些标准评判这些目标的实施顺序，例如，在未来两年时间，是否必须要完成的基础性行动；这些行动是否可以相对较快地开展；与目标相关的行动是否是雇员或者公众需要的；与目标相关的行动是否已经有了负责人并分配了资源。

根据上述评判标准确定的目标将成为第一阶段目标，列在表2中。第二阶段的目标需要更成熟的基础领域，并作为交通部开放发展的基础，将在未来2~5年间执行。

表2　交通部开放政府目标的排序列表

<table>
<tr><td rowspan="2">透明</td><td>交通部应清晰地发布有关方案和目标信息</td><td rowspan="9">评判标准
• 基础活动
• 较少数量的依赖
• 交通部雇员和公众的建议
• 能力和做好准备</td><td rowspan="2">提高本部门透明度、增强责任感
• 交通部应清晰地发布有关方案和目标信息
• 以开放的格式、在线的方式持续发布交通部信息，保证数据的准确性，并保障隐私性、安全性与保密性</td></tr>
<tr><td>以开放的格式、在线的方式持续发布交通部信息，保证数据的准确性，并保障隐私性、安全性与保密性</td></tr>
<tr><td rowspan="2">参与</td><td>公众用创新的方式参与交通部的政策与项目，交通部收集相关信息并作出反馈</td><td rowspan="2">公众参与政府服务的过程中，将公众的知识应用其中
• 公众用创新的方式参与交通部的政策与项目，交通部维持承诺收集相关信息并作出反馈</td></tr>
<tr><td>为公众发现问题并提出建议的参与过程持续地创造机会</td></tr>
<tr><td rowspan="2">合作</td><td>在提供与业务相关的服务方面，增加与其他联合机构、私人部门、非政府组织之间的合作</td><td rowspan="2">鼓励合作和创新
• 在提供与业务相关的服务方面，鼓励增加与其他联合机构、私人部门、非政府组织之间的合作</td></tr>
<tr><td>进一步鼓励来自交通部的数据和信息方面的创新</td></tr>
<tr><td rowspan="3">文化变革</td><td>鼓励部门各级员工对政务开放作出努力</td><td rowspan="3">将交通部开放政府文化制度化
• 鼓励部门各级员工对政务开放作出努力
• 与开放政府工具、项目相关的内容，通过加强沟通、治理与指导，鼓励跨模型、跨学科、有合作精神、有参与性的员工</td></tr>
<tr><td>与开放政府工具、项目相关的内容，通过加强沟通、治理与指导，鼓励跨模型、跨学科、有合作精神、有参与性的员工</td></tr>
<tr><td>通过不断提高雇员对交通部数据和信息使用的意识，使交通部保持作出以数据为基础的判断</td></tr>
</table>

交通部开放政府行动第一阶段目标是：

• 交通部应清晰地发布有关方案和目标信息；

• 以开放的格式、在线的方式持续发布交通部信息，保证数据的准确性，并保障隐私性、安全性与保密性；

• 公众用创新的方式参与交通部的政策与项目，交通部维持承诺收集相关信息并作出反馈；

• 在提供与业务相关的服务方面，增加与其他联合机构、私人部门、非政府组织之间的合作；

• 鼓励部门各级雇员对政务开放作出努力；

• 与开放政府工具、项目相关的内容，通过加强沟通、治理与指导，鼓励跨学科、有合作精神、参与精神的员工。

第二阶段的目标是：

• 持续为公众参与创造机会，鼓励其发现问题并提出建议；

• 进一步鼓励来自交通部数据和信息方面的创新；

• 通过不断提高雇员对交通部数据和信息使用的意识，使交通部保持作出以数据为基础的判断。

所有的策略和行动计划将在下面的章节介绍。两年后，交通部开放政府规划将更新策略，为了准备这个版本，交通部将重新评估行动倡议。同时确定为满足第二阶段目标所需要的准备工作（见表3）。

表3 开放政府的目标、策略和行动倡议

阶段一目标 （第2节）	策略 （第3节）	相关的行动倡议 （第4节、第5节）
提高本部门透明度、增强责任感： • 交通部应清晰地发布有关方案和目标信息 • 以开放的格式、在线的方式持续发布交通部信息，保证数据的准确性，并保障隐私性、安全性与保密性	• 用语言清楚地表述 • 内部变更管理的策略 • 公共宣传 • 数据透明策略 • 统一的政策框架	• 显示交通部数据的新网站 • 编目 Web 2.0 商务服务 • 重新设计交通部网站 • 支持航空消费者保护 • 与 USA spending. gov, data. gov, Recovery. gov 网站的行动保持一致 • Data. gov 排行系统 • 信息公开法令计划
公众参与政府服务的过程中，将公众的知识应用其中 • 公众用创新的方式参与政策与项目，交通部承诺持续地收集相关信息并作出反馈	• 公共宣传 • 规则制定策略	• 有针对性的公众反馈工具 • 对策略规划的公众反馈 • 标志性行动：电子规则制定

续表 3

阶段一目标 （第 2 节）	策略 （第 3 节）	相关的行动倡议 （第 4 节、第 5 节）
鼓励合作和创新 • 在提供与业务相关的服务方面，鼓励增加与其他联合机构、私人部门、非政府组织之间的合作	• 内部变更管理的策略 • 公共宣传 • 创新方法的策略	• 标志性行动：电子规则制定 • 有安全性保障的视频会议和网络会议 • 适当鼓励挑战和竞争
将交通部开放政府文化制度化 • 鼓励部门各级员工对政务开放作出努力 • 与开放政府工具、项目相关的内容，通过加强沟通、治理与指导，鼓励跨模型、跨学科、有合作精神、有参与性的员工	• 内部变更管理的策略 • 统一的政策框架	• 内部的观念和合作平台 • 制定内部开放政府政策，执行变更管理计划，确定绩效指标，并将开放政府与交通部现有管理整合

2.2　在开放政府实践中管理交通部绩效

交通部使用了一些规划和管理的工具支持部门持续变革，并将对这些工具的效用进行评估，考察它们对核心业务鼓励开放所需变化是否发挥了最好的激励作用，以及是否在每个组织机构层级都得到采用。这些工具包括业绩报告、任务和功能陈述、组织评估、年度预算进程，以及方案执行情况。

为了将这些原则融入交通部文化，交通部需要探究如何更好地平衡规范行为与激发雇员积极性两者间的关系。为了使开放政府原则有效地发挥作用，利用整合后的管理方案和员工的活动，将上述这些原则应用在基于任务的方案中。因此，交通部将评估如何更好地把开放政府融合到管理实践中。业绩评价通过多种绩效工具从部门级开始，流向执行管理局和方案级别。绩效工具主要有绩效报告、组织评估、计划执行情况和雇员激励四个方面。

• 绩效报告：根据策略规划制定的执行情况，交通部每年都要进行一个高水准的评估。交通部战略规划里包含的开放政府目标及选定的绩效指标将被跟踪和报告。

• 组织评估：每年各运行管理机构都要对其执行情况完成自评估。

• 计划执行情况：每个计划都使用一个简单模型来评估计划执行情况。

• 雇员激励：为改变个人层面的行为方式，很多行动是至关重要的。主要包括：雇员的教育和培训、创建开放式政府奖励（Open Government Awards）、模型化所需的行为、改变工作流程、推广示范工程成果和开展引导性课程来共享经验。交通部将探究使用更多这样的方式，使雇员更加的开放。

开放政府的目标很难量化。但是，为了理解交通部是否很好地满足了目标，度量很重要。另外，与开放政府有关的度量应该与交通部战略规划的绩效测量相关联（见表4）。交通部将很多绩效测量纳入了绩效仪表板[①]。交通部高层领导将每月审查绩效仪表板，并根据它显示的工作情况来调整策略和行动。

表4　开放政府目标和简单的抽样度量

目　　标	抽样绩效指标
开放政府目标1:增加机构透明度与责任感	
交通部应清晰地发布有关方案和目标的信息	交通部网站增加的访问量与互动
保证数据的准确性,以开放的格式、在线的方式持续发布交通部信息,并保障隐私性、安全性	以开放格式发布的最新及高价值数据的数量
	交通部数据集使用网络服务,以及使用开放格式发布的数量
开放政府目标2:通过公众参与,将公众的知识应用到政府服务中	
公众用创新的方式参与政策与项目,交通部承诺持续地收集相关信息并作出反馈	用于收集公众意见和对公众进行反馈的主动行为的增加
开放政府目标3:鼓励合作与创新	
在提供与业务相关的服务方面,鼓励增加与其他联合机构、私人部门、非政府组织的合作	根据交通部战略目标将方法分层,这些创新方法的使用推动完成交通部业务
开放政府目标4:将交通部开放文化制度化	
鼓励员工对政务开放作出努力	接受开放政府训练的全体员工的数量,包括执行者和管理者
与开放政府工具、项目相关的内容,通过加强沟通、治理与指导,鼓励跨模型、跨学科、有合作精神、有参与性的员工	用于知识管理的部门协作平台使用的增加
	员工对开放政府产生价值的看法

3　开放政府战略

本节详细阐述交通部为实现开放政府目标所制定的战略，描述了交通部为增加政府透明度，把更多的机构信息向公众开放的战略步骤，以及如何整

① 绩效仪表板（Performance Dashboard），与平衡计分卡一样，试图反映出组织的健全度。

理出一个能够提供更多的国家交通数据的高价值数据清单。除此之外，战略计划还将增进公众的反馈、参与和合作，制定内部政策和流程，使交通部的运作在对公众更加开放透明的同时，能够控制因开放引发的风险。

3.1 数据透明的战略行动计划和美国交通部数据清单

交通部针对解决国家运输系统复杂的安全问题，开展了一系列业务服务。交通部在作出商业投资的决策时非常依赖数据资源，这些数据来源于国家政府、地方政府、部落政府，以及一些私人部门。交通部致力于开放更多的数据，目的是：

- 注入美国人民的创造力，激发革新；
- 增进机构的责任心；
- 巩固交通部与公民、商业部门、政府、大学和其他非政府组织间的联系。

交通部领导人确立了为能够持久开放高价值运输数据必须考虑的一系列基本问题，大多数问题会由内部政策控制解决，这些问题包括：

- 制定发布信息的流程，将信息置于其中；
- 建立数据清单，发布适当的数据集；
- 制定开发美国交通部数据体系结构的步骤；
- 提供的数据在格式上能为行业和个体所用，并保证其安全性和保密性；
- 分配和组织数据，便于管理和搜索；
- 保证数据质量，与利益相关者建立对话渠道，汇报数据是否可用。

交通部制定了一个带有具体截止日期以及里程碑的计划，如图5所示。

计划包括三个主要部分，战略部分主要提供交通部关于信息访问的总揽纲领。短期来说，交通部的战略着重于实现在Open Government行动计划中制定的关于开放数据的目标。交通部还将制定一个长期的信息访问战略，以建立可长期访问交通部数据的方法。这些战略会得到相关政策的支持，包括关于批准和发布数据的政策，以及关于管理数据发布必要流程的政策。最后，交通部还将满足Open Government行动计划的要求，用标准结构化流程建立的数据清单来确立需要发布的有价值数据。

流程包括检查交通部信息技术（IT）档案，以及已在交通部网站发布的数据。对于已发布但未被格式化的数据（如嵌入在报告中的数据），将尽可

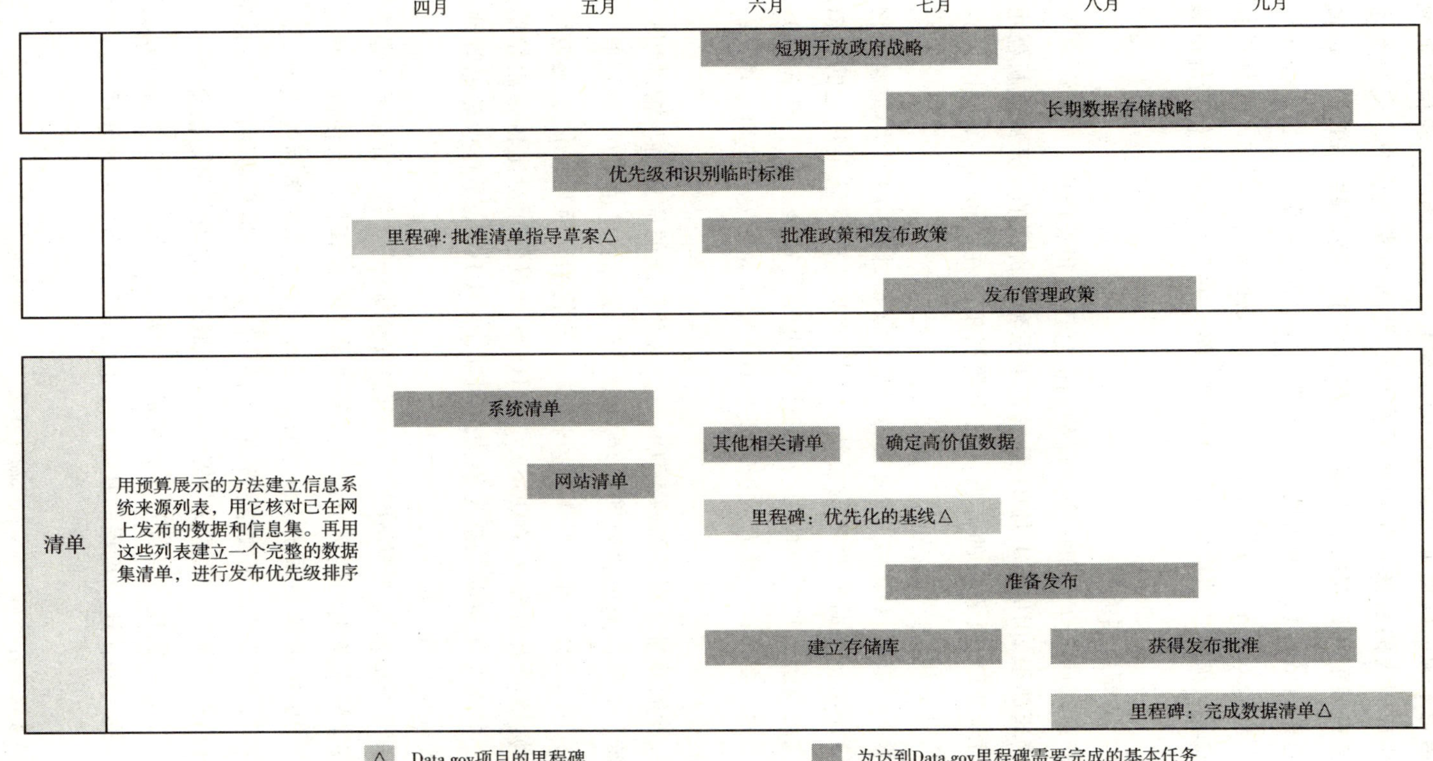

图 5　Data. gov 计划路线

能追踪其信息来源，以保证将要发布的结构化数据（例如，表格数据或报告里用于生成图表的数据）可以从可靠出处自动生成。此外，交通部还将同时检查其有效的和过期的信息库（依据文书工作削减法，PRA），以便获得这些信息的有效信息系统出处。交通部还将检查这些数据来源，用于生成数据清单的最终数据集。数据清单中的每一个数据集，还将由一个标准化的调查表来检验。调查表将确定数据集的优先级，并为交通部评估高价值数据提供标准。

3.1.1 发布数据流程

美国交通部向公众发布任务导向型的信息已有很长历史。

美国交通部于2010年1月21日发布了三套高价值的、开放式机器可读格式（XML、WEB服务）的数据。三个数据集已在Data.gov注册。[①] 这些数据集包括以下几项。

• 儿童乘客安全（CPS）便捷使用评估。该项目提供关于幼童座椅便捷使用的星级评定，帮助消费者购买幼童座椅，制造商需满足规定的座椅标准。此举大大改善了每一个使用幼童座椅的儿童的安全。鉴于撞车是3~6岁儿童死亡的主要原因，这套数据的发布对于整个儿童安全座椅市场是非常有价值的。

• 统一轮胎质量评级系统（UTQGS）。这套系统的信息用于帮助用户购买备用轮胎。美国高速公路管理局（NHTSA）评估了超过4200种轮胎，包括常用于客车、迷你卡车、SUV和小型货车的轮胎，所用评估系统被称为“统一轮胎质量评级系统（UTQGS）”。UTQGS可以使顾客比较备用轮胎的胎面磨损、牵引力性能以及抗温能力。事实上，UTQGS是行业轮胎评级的标准，已经高度整合在世界汽车行业中。

• “新车评估系统（NCAP）——五星安全等级”。新车评估系统是在不出台相关安全法规条例的情况下，通过五星安全等级评估，促使汽车制造商改进汽车安全性能的评估系统。安全评估一直受到汽车制造商的重视。他们会利用这些评价推动其市场效益。五星安全等级也成为世界通用的评估标准，高度整合在汽车行业中。五星安全等级是美国政府非常有价值的信息资产。

交通部发布的常规信息经过了标准的检验流程，包括让相关级别和更高级别的人审阅，并在这个流程的基础上，加强对于发布数据的管理。首要任

① 可以免费在http://www.data.gov/ogd下载。

务是要确定数据发布的流程，流程需在首次数据发布前定妥。这个流程将确保从交通部发布的所有数据的安全、隐私、保密和质量。

此外，提供已发布数据的相关背景也是非常必要的，所有数据都和美国交通部的某一任务有关，所以很有必要在介绍数据和任务关系时明确提供数据的相关背景。美国交通部描述任务背景的一种方法是通过虚拟 DOD 项目(详情请见第 4.1.1 节)。公共事务部科学事务局（OST）决定了提供任务背景的方法，如新闻公告、内容概要说明书、数据可视化工具等。

3.1.2 数据集的选择和美国交通部数据清单

2010 年 4 月 7 日，交通部在 Data.gov 上发布了 13 个数据集。交通部正在开发一个更加成熟的数据清单，以打破公众获取数据的障碍。同时，交通部还在开发可以阅读和能生成像可扩展标记（XML）语言（XML 语言是一系列数据或文档格式的规则，它使不同系统间的信息交换更加便捷）这样的开放格式的数据及其相关元数据。现在使用的数据清单中含有交通部的 300 多个数据集，其中一些数据集从未被公开，而大部分公开数据集都不是开放格式的。值得注意的是，数据清单里的数据集并不都适合对公众开放。不过，在法律允许且不突破保密、隐私、安全等要求的情况下，我们仍倾向于数据公开化。

已对公众开放的却不是开放格式的高价值数据，包括关于安全缺陷的数据、召回车辆的数据、公共交通客流数据、航空路线数据精选和重大交通事故数据精选，对这些数据的优先排序正在进行当中。

美国交通部的数据清单含有各种格式化和非格式化类型的信息，如 XML 数据集、给机构外利益相关者（如国会）的综合报告。在网站上，交通部于不同时段发布这些综合报告，这些报告有的使用交通部的内部数据，有的使用州交通部门、当地交通部门或其他政府机关的数据。完成数据清单的过程中，交通部会确定不适合完全公开的数据，不过，这些数据的相关信息将用电子格式提供给公众。交通部还将和运营管理部门合作，在数据、专业技能和分析能力由交通部掌管的情况下，共同开发一个流程，使报告中的原始数据能同步发布到 Data.gov 上。

交通部会在 2010 年 9 月 30 日前完成一个综合数据清单，以支持数据集的选择和发布。之后，交通部还将确立一个发布数据的具体时间表，并使数据可以通过开放格式下载。发布时间一旦确定，就会在下一期美国交通部开放政府计划中体现。

除了设立发布数据的流程和数据清单外，交通部还将制定确定数据集发布优先级的方法。交通部还考虑注明高价值数据集是否已经发布过，是否只能通过信息公开法（FOIA）获取，是否只能通过购买获得，以及获得的版本是否容易使用。期望通过这些标注增进数据集的使用性。

为了实现这些目标，交通部为数据集的识别和优先级制定了一系列临时标准。这些标准会应用于交通部数据清单中的每一个数据集，为评估数据集的价值（第3.1.2节、第3.1.4节）、质量（第3.1.6节）和易管理性（第3.1.3节）提供统一标准。通常，一个理想的数据集是高价值、高质量和易于管理的——满足这些条件的数据集即被认为是交通部最优先发布的数据。

交通部的临时标准把相关性（内部或外部）、可用性和易获性作为数据集具有高价值的标准。临时标准规定，相关性是指数据集与机构的任务和战略优先级保持一致，对程序开发者有用，可以增进责任感和扩大覆盖面——不论它应用于个体、州、当地，还是应用于联邦范围。可用性是指数据集是否被经常请求——不论是通过公共咨询请求、正常报告流程（国会和年度报告）请求，还是通过信息公开法（FOIA）请求。临时标准还包括了对已经在交通部网站上发布的数据集的请求。

交通部的临时标准参照了 Open Government 行动计划中对“高价值”的定义。标准定义的高价值数据是指数据有助于：

- 增强机构的责任感；
- 加深公众对机构及其运作的了解；
- 推进机构核心任务的完成；
- 增加经济效益；
- 回应根据民意收集上来的需求。

3.1.3 数据体系结构

透明、协作和参与决定了信息是否可用，是否方便获得，是否易于管理、整合和再发布。实现上述信息的高效率正是数据体系结构的明确目标，也是交通部的技术重点。尽管对于像美国交通部这样大的部门来说，任务比较艰巨，但如果一步步来实现，这个目标还是指日可待的。实现这个目标的每一个步骤和里程碑，都要对开放政府关于透明、参与和协作的目标有切实的帮助。

长久以来，建立联邦政府的数据体系结构的最大困难就是缺乏强健灵活的元数据标准，以满足政府纷繁复杂的数据要求。现在，这个难题已经由美国司法部和国土安全部联合开发的国家信息交换模型（NIEM）解决。各个部门可以在交换模型建立的一套元数据库上继续开发。这套元数据库可以全局使用，也可以在每一个域里具体定义。2011 年，美国交通部将与国家信息交换模型项目管理办公室（PMO）联合开发交通部的域，使用国家信息交换模型项目管理办公室开发的数据标准，把国家信息交换模型添加到现有的交通部数据集上，能够生成一个跨模型数据分类，使商业用户、开发商和公众能够更加方便直观地识别、定位和获取信息。一个部门的跨模型数据分类可以辅助非开放格式的数据集转化成开放格式的数据，这将大大方便对内和对外的信息分享。

交通部在数据集识别和优先级的临时标准中评估了数据发布的可管理性。使用像国家信息交换模型这样的交换标准，可以大大减少未来的发布成本，因此，这样的前期投资是非常合理的——特别是交换标准可以简化美国交通部对于敏感信息的管理。评估一个数据集是否敏感，不能只考虑数据自身，还要考虑是否有其他因素阻碍该数据集的发布。敏感的数据集仍可能是高价值和高质量的，或许有方法可以隐藏或概括敏感信息，这样既考虑到信息的整体发布要求又不影响它的使用性。临时标准通过测试数据集的隐私、保密、国家安全和与其他非公开信息的相关性，评估该数据集是否为敏感数据集。更深入的管理则要考虑如果发布某一数据集需要作出怎样的前期努力。

交通部将为已提交到 Data. gov 的交通部的所有数据集制定政策和流程。为完成这些步骤，交通部将不断改善公众获取信息的方法，逐步增加其性能以增进透明性、合作和参与。

3.1.4 格式与可用性

数据的格式决定着可用性。对于服务于特别人群的格式（如 XML）和一般公众可以理解的基于 WEB 展示的格式，交通部力争在两者之间保持平衡。为了考虑周全所有可能使用数据的人群，交通部会对外在利益相关者进行分类，分类可以包括但不限于：

- 与交通相关的职业机构，如美国国家公路与运输协会（AASHTO）、美国土木工程协会（AHCE）；
- 以大学交通运输中心为代表（UTCs）的学术界；
- 普通公众；
- 程序开发人员和企业家；

• 积极的社会团体，特别是可以利用信息公开法（FOIA）申请的团体。

交通部会继续对特别的外在利益相关者和关键用户进行分类，还将利用计划中的其他协同工具，更加明确他们的信息需求。交通部将确保在鉴定和发布高价值信息的过程中，明确考虑用户群对格式可用性的需求。这些目标会在交通部的综合数据清单中体现，协助支持数据集的选取和发布。交通部还会利用 Data. gov 上的星级评估系统，得到用户在格式和可用性方面的反馈。

交通部数据集识别和优先级的临时标准，把数据集是否被完整地定义和描述与是否可以立即被相关方使用作为评定数据集可用性的标准。临时标准规定，一个被完整定义和描述的数据集是指，包含可以解释每一个数据元素和允许值的完整元数据的数据集。

3.1.5 数据集的大小

交通部的有些数据集达到几百兆。对于大多数个人或组织来说，数据集过大会造成使用不便，查找某一数据也会变得异常困难。数据应该按主题分类，当务之急是确定一个把相同主题但不同来源的数据整合起来的方法。交通部会探索可行的方法，如使用标签和元数据整合某一主题的信息。

3.1.6 数据质量和公众反馈

数据集的发布引发了如何确定数据价值和维护其质量的讨论。在用更方便的格式重新包装可用信息的同时，交通部也在制定一套流程，用于识别未曾发布的高价值数据。交通部非常重视数据的整体质量和有效性。交通部将保证花足够的精力确保数据集的实时更新，而不是让数据集延迟更新或不定时重新发布。交通部发布的所有数据必须符合《资讯品质法》的法定指令。

交通部力图保证公开发布在 Data. gov，Recovery. Gov 和 USA Spending. gov 等网站上的信息质量，并继续改进信息的质量和可信度。

交通部数据集识别和优先级的临时标准，通过考量数据集的完整性和一致性评估数据集的质量。临时标准认为，一个完整的数据集应交由企业主审查，甚至如果可行，最好交由数据质量监管员过目。除此之外，数据集要保证数据完整，对审核数据集至关重要的数据元素要齐全，以及对导出数据有详细的过程记录。临时标准评估数据集的一致性，则是检查数据集里对通用数据元素的描述是否符合美国交通部、行业和其他的相关标准，以及用户是否可以通过这些通用数据元素在数据集里建立有意义的数据组。最后，临时标准还评估在不考虑信息背景的情况下，通用数据元素是否含有相同含义。

交通部也非常重视应答反馈机制。应答反馈机制使公众在数据集出现故障、缺少信息或者缺乏相关解释材料时，能及时向有关部门反映。反过来，应答反馈机制也使交通部能够及时回答公众的疑问，可以安排一个联络人来具体执行，此人需有解决数据库问题、提供数据库相关信息的能力。对应答反馈机制设立相关测试，目的是审核这些互动对话的质量以确保其有效性，并获得相关建议以改进机制。如果在 Data. gov 上发布数据集，还需使用额外的程序表格。

交通部还意识到当数据从网站移除，特别是移除 Data. gov 上的原始工具和数据时，需要及时通知公众。上述大多数考虑都应用于交通部的大部分数据集。因此，使用跨部门协办的工作组结构来为整个交通部建议有效的解决办法是明智的。

交通部为符合管理和预算办公室（OMB）的 Open Government 行动计划要求，正在制定数据质量方案。Open Government 行动计划规定，机构需要制定例行方案，详细阐述包括系统和流程变动方面在内的关于信息质量的内部控制，以及把这些控制与机构现有基础结构结合的办法。数据质量方案有两个部分：数据质量框架的制定和 USASpending. gov 上数据的完善。框架主要用于检查相关方面的进展和执行效果，包括确认风险和可采取的措施。

3.2　增进公众反馈、参与和合作在关键任务中的作用

为了继续增进与公众及利益相关者的合作，美国交通部重点发展对员工和客户的培训，期望以此促进交通方面的合作关系。近 25 年来，交通部一直很重视法规制定流程的开放性和透明性，并让公众有机会参与交通部的一些项目。与公众互动时，交通部尽量使用简单易懂的双向交流方式。

3.2.1　内部变革管理战略

为了在业务流程中满足开放政府的规定，交通部制定了内部变革管理战略。交通部会在此战略的基础上建立一套执行方案，确保实现战略目标。

内部变革管理战略力图实现下列关键目标：

- 满足开放政府各个级别的规定；
- 通过增进对开放政府相关工具和项目的交流、管理和指导，鼓励跨模式、跨学科的合作劳动。

内部变革管理战略需要利用各种各样的技术、沟通和培训战略，使开放政府计划能在交通部员工中顺利推行。例如，交通部内的有些机构已经开始使用协作软件，提供信息资源集中位置的SharePoint可以帮助员工更有效地获得开放政府的信息（政策、标准、方法、培训、指南等）。为了实行开放政府计划，交通部必须制定具体战略，通过指定的交流和培训，通知、组织和动员交通部职员。

开放政府利用多种通信技术把信息快速传递给各种用户。因此，交通部需要一个指标来正确有效地使用这些通信技术，以避免不断细化的信息导致员工内部交互过滥。交通部会开发一系列工具监管通信的效率。交通部还会检查终端用户对内容、传递方式、可访问性、理解性、相关性、一致性和有效性等方面的反馈。

交通部会给在透明度和协作参与方面展现出色领导才能的员工和管理者一定的激励（如内部荣誉授予和经济奖励）。通过激励和认可，交通部将展现出开放政府计划的不断进展。

内部变革管理战略呼吁培训方式向提倡革新和协作转变。交通部已经为员工建立了许多培训种类，如自助指导、视频、新员工适应培训、研讨会和用户讨论会等。许多培训已在各运行管理机构（OA）网站上以网上讲座的形式发布，方便公众和其他机构获取。

在开放政府的倡议下，交通部会在增加现有培训课程和方法的同时，排除障碍，建立更多的渠道以使员工获得培训。交通部还会利用市场营销的方法推广培训。培训强调了员工在使用社交工具时需严格遵守部门规章制度。

3.2.2 公众宣传

开放政府计划的宣传将与美国交通部的其他宣传结合，确保计划提供的服务与预期结果一致。为方便开放政府信息的宣传和目标的确立，交通部划分了四个高级别的利益相关者类型：公众、媒体、美国交通部职员和交通运输机构。

> 交通部社会媒体三件套：
>
> 公共事务办公室用于向公众发布信息的三件套：Facebook，Twitter和Fast Lane博客，使我们的网络受众人群增加了500%。例如，2010年3月，部长LaHood正是通过媒体三件套，而不是传统的新闻稿，宣布了新的自行车—行人完全融合政策。公众对这个政策的反响非常强烈。

与公众交流，交通部采用了科学技术局（OST）公共事务办公室的许多新型和传统沟通方式。通过新型方式，如博客、网络广播、Facebook 和 Twitter，交通部的信息可以得到更广泛的传播。但是，这也提高了信息误传或传播不精确的几率。与公众沟通时，口径一致是至关重要的。交通部一方面要增加可靠信息的公开，一方面要减少不实消息的传播，这有一定的压力。任何新的传播方式必须得到 Modal 和科学技术局（OST）公共事务办公室的批准。

为了最大化利用现有资源，交通部开放政府网站提供了几个宣传公共事务的渠道：

- DOT. gov 上的接待室；
- 机构网站新增添的章节；
- 交通部部长的博客 Fast Lane；
- 交通部部长的 Facebook，YouTube 和 Twitter 主页。

用 Twitter 与公众交流：“@ RayLaHood 和@ LanceArmstrong 在 Twitter 上讨论了自行车基础建设，你能不爱上 Web 2.0 吗？”

模型公共事务办公室会协调科学技术局公共事务办公室以下列方式共同推广开放政府倡议。

- 利用现有资源、播客活动和流媒体直播活动进行网上广播，发布简报，对公众开放市政厅。

网上广播、播客、Youtube 和流媒体直播。现在，在有可用资源的情况下，最透明最同步的宣传媒介就是网上广播。网上广播不仅使交通部拥有更多的观众，还使观众群更加多样化，打破了地域的限制。网上广播和播客都可以让公众反复观看视频。新增加的视频可以通过 RSS 通知给订阅者和其他利益相关者。科学技术局和 RITA 就通过 RSS 发布了交通部部长的分心驾车峰会的通知，联邦铁路局（FRA）也成功发布了高速铁路制造峰会的通知。全国人民甚至世界人民都能参与分心驾车峰会。

除了网上广播，流媒体直播技术还使观众可以对活动参与者提问和评论。提问和评论可以随时修改。流媒体直播技术不仅体现了网上广播的透明性价值，还大大展现了其促进公众合作和参与的价值。观众还可以就交通部的新动态和重要声明与交通部的官员进行网上即时咨询。Youtube 则可以用来推广交通部的倡议和项目。

• 和科学技术局公共事务处合作，安排以客人身份访问交通部部长博客 Fast Lane 和 Twitter 的机会。

Fast Lane 博客，其他社会媒体。与科学技术局公共事务处和 Modal 公共事务处合作，使每个模式都可以在 Fast Lane 上发布访客 Blog。科学技术局公共事务办公室已经使用 Fast Lane 及其他社会媒体，如 Facebook 和 Twitte，发布主要事件和新闻。如前文所提，交通部开放政府网站应该及时链接这些媒体，展示这些已取得进展的工作。

• 充分利用 RSS feeds 发布官方通知。

简易信息聚合或 RSS 订阅。RSS 已在交通部广泛使用，是发布公共通知的最便捷方法。用户通过订阅营业机构的 RSS feed，把自己自定义为其利益相关者。重要的事件和业务活动在科学管理局公共事务处批准后，可以被迅速发布。各运行管理机构（OA）应该最大化地使用这个功能。

用 Facebook 与公众交流："LaHood 先生，非常感谢您用网络社交工具让我们跟上最新信息。我从没与交通信息这样同步过！"

3.2.3 法规制定

交通部的主要措施详细说明如下。

法规制定协商化

法规制定协商化有明确的流程。第一，联邦机关确定该法规的利益相关者。第二，联邦机关与利益相关者和法规的推进者一起确立制定依据，使得最终的法规得到大家的共同认可。通过这种方式，相关机构清楚地知道了公众对制定此法规的看法，因而可以起草出一个合理的法规。交通部是第一个使用法规制定协商化的联邦机构，始于 20 世纪 80 年代，沿用至今。现在，交通部几乎所有的模式在制定法规时都有联邦咨询委员和辅助法规制度的相关方代表陪同。

电子备忘录

Regulation. gov 建于 2007 年，用于帮助公众获取联邦机关法规制定的相关文档，也用于保存机关的完整电子备忘录存档。Regulation. gov 的开发是基于美国交通部在 1995 年开发的一个系统。该系统于 1997 年正式面向公众，并于 1998 年全面取代了交通部的纸质备忘录。交通部利用这种电子备忘录记录决议、数据质量请求和其他文档，使公众尽可能地获得交通部的记录。2007 年，交通部的电子备忘录迁移到 Regulation. gov 上，和以往一样，交通部不仅仅在法规制定的时候使用它。

法规制定管理系统和 regs. dot. gov

因为制定法规是交通部的重要公共职能之一，交通部很早就开始寻求技术方面的支持，精确管理法规制定的流程。2001 年，交通部建立了一个数据库追踪整个法规制定周期。出乎意料的是，这个数据库的作用远大于普通的追踪数据库，它还能让交通部通过法规制定网站 regs. dot. gov 向公众发布有用的报告。交通部在数据库发布的信息包括每月重要法规的制定状况及其影响的报告，例如，对小型企业、外国、能源和联邦制度的影响。自 2003 年起这些报告就可以从网站获取。除此之外，网站上还有交通部每个法规制定进度的信息、法规制定流程的简要说明，以及有效评论法规制定的指导说明。

3.2.4 公众参与合作机会

> 复兴法走向受益人
>
> 自由贸易协议（FTA）发起了超过 20 个关于美国复苏与再投资法案（ARRA）的网上研讨会，向潜在受益人和利益相关者阐述了运输行业的方方面面。研讨会阐述了复兴法的条款和自由贸易协议关于提交有效议题的指导说明，还为不断扩展的网上问答题库奠定了基础。

交通部与外界关系密切，超过 80% 的预算来自拨款补助。因此，交通部非常有必要建立高效的合作伙伴关系。

现在，通过现有技术和新技术，有很多方法可以使公众和利益相关者参与交通部的工作。鼓励参与的最常见新技术有：Facebook，GoToMeeting，SharePoint 和 Twitter，其他比较出名的还有地理信息系统（GIS）和网上会议。在新技术和 Web 2.0 的帮助下，将会有更多合作和参与的机会。但是，交通部的一些机构并没有使用可以增进公众和利益相关者参与的新技术。例如，许多项目的网页上只列了邮箱和电话。

开放政府计划不仅为公众提供合作机会，还为在交通方面有特别需求的人提供合作机会。对于后者，交通部将运用新技术满足这些人群的需要，从而增加与公众合作的机会。许多让公众参与的措施还没能直接在机构网站上体现，因此，提升网站面向公众的性能就可以大大增加公众对交通部的参与度。现有技术向新技术升级也可以促进公众的参与。比如，许多会议和论坛可以通过网上会议和直播的方式召开。

Distraction. gov

交通部部长 Ray LaHood 利用社会媒体向公众公布了他的一个重要议题：分心驾驶的危害。他在他的 Fast Lane 博客上发布了分心驾驶峰会的通知，并写了许多提高驾车安全的博文。峰会以网上直播的形式进行，部长亲自回答网上观众提出的问题。部长把微型网站 Distraction. gov——一个公众信息检索中心——加入了他的常用工具箱。他还时常通过 Facebook 和 Twitter 与安全组织及普通民众进行交流。公众对此反响热烈。现在，呼吁反对分心驾驶的人数已经达到了相当数量，所有的州已经禁止驾驶员边开车边发短信。

下面是运行管理机构（OA）列出的交通部合作和参与渠道。

• 科学技术局（OST）：Fast Lane 博客。

• 美国交通部部长 Ray LaHood 的博客。

• 美国交通部（DOT）：联邦备忘录管理系统。公众可以浏览和评论交通部提议的法规制度、决议、同级评审资料、指南和数据质量发布的文档。

• 联邦航空管理局（FAA）：申请豁免或法规制定。公民可以申请联邦航空管理局施行、修改或废除一项法规，或者根据当前状况申请酌情减轻。

• 联邦公路局联络处（FHWA）：联邦公路局联络处的联络信息。公众可通过这些联络信息对联邦公路局联络处进行评论和提问。

• 联邦汽车运输业管理部门（FMCSA）：安全搬家。公众可以获得商务搬家服务的信息，或者对联邦汽车运输业管理部门进行投诉。

• 联邦铁路局（FRA）：研究需求的研讨会。涉众可获得联邦铁路局最新研究需求的信息。

• 自由贸易协会（FTA）：最佳采购实践指南。公民和利益相关者可提交有关联邦采购需求和临时社区的问题，相关领域的专家会为您亲自解答。

• 海运管理局（MARAD）：海运管理局的联络信息。公众可通过这些联络信息对海运管理局进行评论和提问。

• 美国高速公路安全管理局（NHTSA）：交通安全的市场营销。州际公路和地方公路的安全领导人可以获得启发性材料、广告、广播脚本、海报和其他市场营销的资料，用以促进各种倡议和运动，例如，“不系安全带就吃罚单”，“酒后驾车，超出限速，立即被捕”，“儿童乘员安全周”。

• 管道与危险品管理局（PHMSA）：利益相关者间的交流。提供管道位置的最新资讯。

• 研究和创新技术管理局（RITA）：美国交通部查阅服务。公众可以对交通部的任何方面进行提问，获取查询信息服务，或者为交通部和交通部的项目提供建议。

• 圣劳伦斯航道开发公司（SLSDC）：圣劳伦斯航道——北美入口。公众可以通过五大湖圣劳伦斯水系的双语网站（http：//www. great lakes-seaway. com）了解情况。

3.2.5 推广简明语言的使用

交通部能够与合作伙伴高效合作的先决条件是明确、有效的沟通。透明度和清晰度一直是交通部致力解决的问题。科学技术局（OST）和联邦航空管理局（FAA）是推广简明语言的领头人。简明语言是使普通阅览者更容易理解信息的写作技能。联邦航空管理局制定了一个简明语言写作标准（FAA Order 1000. 36），并为交通部提供相关培训。推广简明语言也与联邦航空管理局新推出的“一致标准化倡议”相符合。

2000 年，交通部滥用药品和酗酒政策强化办公室（ODAPC）和交通部机构项目经理顾问组共同合作，重新修订了“运输场所毒品和酒精测试流程”，并在联邦公报发表。发表后，当时的副总统戈尔（Gore）向两组成员颁发了简明语言奖，表彰他们在复杂法规简明化方面的杰出贡献。“运输场所毒品和酒精测试流程”是交通部第一个以问答形式颁布的法规。自那以后，滥用药品和酗酒政策强化办公室的法规、指导文件和网站一直以注重文章的简明易懂而闻名。

应该广泛推广滥用药品和酗酒政策强化办公室和联邦航空管理局对职员的简明语言培训，更加促进简明语言的使用。

3.3 关于增强交通部公共协作的改革办法

除了公众参与以外（见图 6），下面的方法也可以帮助交通部解决问题，同时也有助于决定更好的运作方式。

• 采购模式；

• 资助研发；

• 提供竞争与挑战；

• 鼓励达成知识产权；

• 表彰交通系统改革的努力成果。

以下将逐一分析实施这些方法时需要考虑到的法律、道德以及程序上的问题。

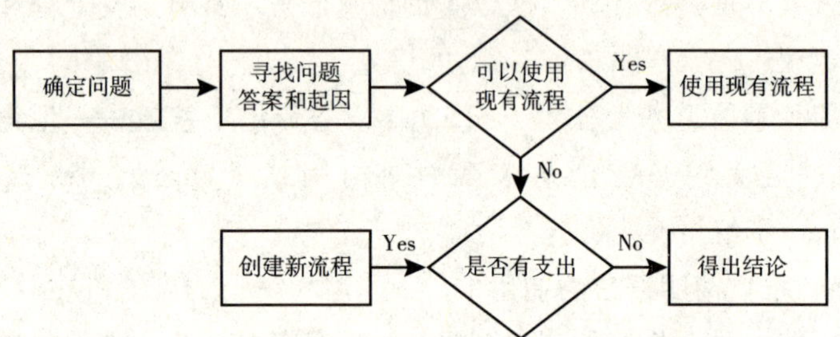

图 6　交通部职员发起运作公共协作计划的流程

3.3.1　交通部的公共合作方式

收购

交通部当前与公众的合作目的是获得相关的专业技能。若想获得资金支持，交通部必须遵循联邦政府制定的收购准则（FAR），以及在美国联邦航空管理局（FAA）的案例中的采购管理系统（AMS）的要求。

研究与开发

交通部已经启动了运行管理机构（OAs），以及涉及全部门的多项研究与开发。科技研究与创新管理局（RITA）将这些活动与不同的模式对应起来。交通部通过提供授权奖励、签订合作协议和研究赞助等不同的管理方法支持研发。这些手段在一定程度上鼓励了很多好想法的产生、发展。

知识产权

联邦政府规定知识产权如何共享的政策依据是基于双方协议的类型。一个协议可能有多种形式，如采购合同、授权、合作协议、合作研究开发合约等。交通部的代表在对这些规则和政策进行权利协商时有一些自主决定权。授权代表一般来自缔约办事处、授权办事处或者是法律顾问这三个部门。利用知识产权的目的是促进革新。

交通系统改革的尝试

这方面与挑战和竞争有着紧密的联系，但是交通部并没有通过一场竞争来决定胜利者，取而代之的是交通部采取了一个重要的创新，通过其他手段来促进部门完成任务。交通部决定通过发布新闻或其他引起公众注意的方法对制造商成就进行表彰。需要特别注意的是避免对产品不恰当的表彰，并禁止政府权威机构拨款进行物质奖励。不管怎样，一旦某项成就对交通部的任务有促进作用，公众就应该了解这些成就。

并不是所有的挑战和竞争都需要用金钱来表彰。交通部可以采用其他的鼓励方式来鼓励革新和合作，包括：来自管理层的赏识与认可；通过网站或社会媒体得到交通部的表彰。

此外，交通部还可以与这场竞争的主赞助商或者协办商进行合作，以节约部门支出。

交通部的竞争与挑战：通过公众协助推进改革

交通部相当长时间以来一直在组织研究人员寻求安全和快速旅行的方法。一个很好的例子是科技研究与创新管理局（RITA）的克拉鲁斯（Clarus）科研挑战——一个奖金达8万美元的科研竞赛，目的在于帮助研究7条可以用于克拉鲁斯（Clarus）天气信息系统的最好的想法并付诸实施，以便于在恶劣天气条件下提升道路安全性。克拉鲁斯（Clarus）是一个沿国道提供天气信息的程序系统，通过这场竞赛，交通部运用与公众协作的方式，提升了美国道路的安全和效率。

挑战与竞争

交通部曾经组织过挑战与竞争。这些尝试会在本章后面的部分加以总结。交通部要努力提升员工和管理者对部门合作与革新机会的认识，并且逐步指引员工如何利用这些机会。为此交通部必须保证员工达到以下要求。

- 意识到适当地与外部机构合作是受到期望和鼓励的；
- 熟练掌握可以用于促进协作的方法；
- 赋予他们适当的推荐竞争和参与比赛的权利。

3.3.2 为使公众参与而建立挑战和竞赛机制的过程

挑战和竞赛曾经被用于与交通部合作的市民团体、商业组织、其他政府部门和个人，从而达到在加强合作和革新方面产生好想法的目的。与其他部门，如美国航空航天局（NASA）、美国能源部（DOE）、美国国防部（DOD）的行政改革计划不同的是，交通部并没有直接的法定权力（如国会的批准和拨款）去组织挑战和竞争，并且进行金钱奖励。但是，同其他很多联邦部门一样，交通部虽然对于组织挑战和竞赛没有特定的资金，却可以在拨款法的允许范围内，尽量使经费用于与部门任务有直接关系的挑战和竞赛活动，并被认为是“必要支出”（如划拨的资金被视为可以用于帮助达到某具体目的的费用）。尽管这个挑战或者竞赛并没有要求有现金奖励，但是这个竞赛计划需要一定的资金和资源来维持和管理。

除了资金和权力的局限外，在规划一个挑战或者竞赛的时候，政府范畴的道德规范以及收购的条件需要列入考虑范围之内。这些要求禁止交通部签署商业化产品和服务协议，以及不公正地选择指定的产品和服务的提供商。政府应当用一个公平的方法来管理商业运作。基于这个原因，交通部必须明确建立规则和选择标准，并在竞争开始之前告知公众。在这些因素的基础之上，法律顾问应当考虑确保竞争标准的一致性（见图7）。

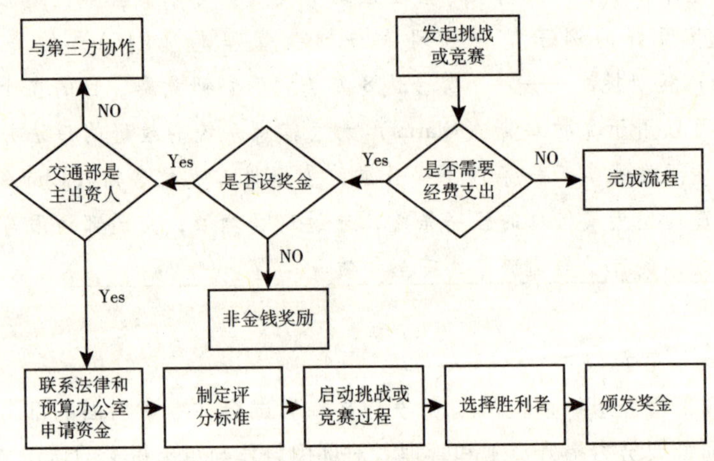

图7　交通部挑战与竞赛决定流程

图7展示了交通部在指导如何展开一个挑战或竞赛时可以使用的决策流程，描述了在开展挑战或者竞争的时候需要注意的事项，以及决定是否需要对推广竞赛和选出优胜者进行金钱奖励的各种步骤。这个过程会在以后的交通部内部交流中加以改进，使得员工可以适当地推荐挑战和竞赛，以达到增强指定的公共合作和革新的目的。

3.3.3　交通部现行的挑战与竞赛

许多美洲国家组织都已经积极地参与到支持挑战与竞赛的活动当中。美国联邦航空管理局（FAA）和美国高速公路安全管理局（NHTSA）是交通部在管理挑战和竞赛中的两个领军部门。下面是一些关于交通部倡导或者参与的竞赛和挑战的例子。

美国联邦航空管理局（FAA）为大学设计竞赛。与很多航空社团和协会合作的美国联邦航空管理局（FAA）发起了一个由大学生参与解决的与机场有关的国家设计竞赛。这个竞赛的费用被视为航空管理局为了促进航空事业教育的任务经费。这个竞赛考察的是本科生、研究生和学院顾问等个人以及团队对于增强国家机场的管理、安全、容量和效率的革新办法。2010年是举办这项竞赛的第四个年头。在所有主要类别的比赛中，对团体第一、第二、第三名予以现金奖励。两名冠军团队的代表可以被邀请到位于华盛顿特区的美国联邦航空管理局总部领取奖励。①

国家公路交通安全管理局（NHTSA）举办的乡村青年交通安全竞赛。与国家青少年安全组织（NOYS）合作，国家公路交通安全管理局（NHTSA）和交通局局长办公室在2008年主办了一个乡村青年交通安全知识竞赛。这次竞赛由国家公路交通安全局出资，国家青少年安全组织在与公路交通安全局合作条款范围内进行管理。这次比赛邀请了学校或者社会团体支持的青年组织，参加旨在发展乡村青年道路交通安全的竞赛。竞赛的任务是在不同的媒体（如印刷媒体和网站）发布宣传词和主题，并在至少一个社区团体内实施。该活动的奖励是对最终前十名的队伍进行现金奖励。前三名的队伍更能有得到大笔的现金和到华盛顿特区交通部总部参加颁奖典礼的机会。此次竞赛的目的在于降低乡村地区交通事故的发生率。保证安全是交通部和公路安全局的首要任务，即“保护生命，防止受伤，减少由道路交通事故造成的经济损失，贯彻教育，研究安全标准以及强制行为等”。②

科技研究与创新管理局（RITA）的克拉鲁斯（Clarus）科研挑战。2010年3月科技研究与创新管理局开展了一个科研挑战赛，旨在为改进道路交通安全的克拉鲁斯天气信息系统吸收更多的创新意见。美国联邦公路局（FHWA）在2004年成立了道路安全管理规划和智能交通系统（ITS）联合办公室。克拉鲁斯系统提供了一个任何用户任何时间在美国任何地点都可以

① 可登录网站 http：//faadesigncompetition. odu. edu 了解详细信息。

② 了解更多信息请登录网站 http：//www. noys. org/YouthTrafSafe/Rural. html。

获得一个复合的沿国道的天气图。部门将会对公开竞赛的7个好想法和计划给予每项8万美元的奖励。这项比赛是为了通过改进和利用克拉鲁斯的绝无仅有的实时天气数据系统，从而促进交通部为美国提供快捷、安全、高效、简单和方便的交通系统。

此外，交通部还参与过其他组织发起的挑战与竞赛，包括真实世界设计挑战赛和国家航空艺术竞赛。

• 真实世界设计挑战赛是由美国能源部（DOE）发起的每年一度的为美国高校学生提供在真实环境下进行工程设计竞赛机会的竞赛。每年，学生团队都要被安排应对一个美国国先进产业所面对的问题。学生们利用专业的工程软件来探寻答案然后编纂一份有说服力的报告来论证他们的结论。州级比赛的所有胜出者可以获得一次全程免费到华盛顿特区参加国家项目的机会。美国联邦航空局（FAA）没有为活动出资，而是一个重要的合作者，为学生们提供航空工程专家和技术。联邦航空局参与活动所需要的费用则被视为促进航空教育事业的任务经费。参加这次挑战赛使得联邦航空局通过吸收和学习“明天的宇宙工程师和创新者”们的创新想法，促进该局完成了为世界提供一个更安全、高效的宇宙空间系统的任务。①

• 国家航空艺术竞赛是由国家航空协会发起，安柏瑞德航空大学协办，国家航空制造业协会、国家航空教育联盟以及国家联邦航空局联合举办的每年一度的竞赛，旨在通过航空领域的主题来激发儿童的艺术创造灵感。2010年竞赛的主题是“与太阳一起飞翔”。所有6~17岁的儿童都可以参加，每个州的优胜者将被送往华盛顿参加全国总决赛。国家级的优胜者将有机会获得经过精致装裱过的他们的作品的复制品。国际大赛的获奖者将会获得金、银、铜牌作为奖励。联邦航空管理局（FAA）参与活动费用被视为航空事业教育任务的必要支出。通过这次竞赛，联邦航空管理局促进了该局完成为世界提供一个更安全、高效的宇宙空间系统的任务，并对航空业的“明日之星”表示感谢。②

交通部同时也在为推动交通部的任务发展、提高公众参与程度而努力发展新的挑战和竞赛。

• 交通部的沃尔普（Volpe）国家交通系统中心与美国联邦航空管理局

---

① 要了解更多，请访问 http：//realworlddesignchallenge. org。

② 要了解更多，请访问网站 http：//aviationartcontest. org。

（FAA）正在研究为发展替代航空燃料为目的的挑战，现在正处于研究挑战的管理方式和寻找合作伙伴及资金的阶段。这项挑战将鼓励航空替代燃料革新的发展，从而帮助减少航空业中有害气体的排放。

• 美国联邦航空管理局正处在考虑是否为商业航天交通领域提供挑战的前期阶段，这项挑战将有利于推动私人商业航天飞机的发射和返回，包括个人参与航天飞行，推动公众个人参与建造和经营发射和返回设施。联邦航空管理局现在正在试图为这个挑战寻找潜在的资金来源。

交通部正专注探寻更多的与员工、利益相关者、市民通过各种各样的革新手段加以合作的机会。交通部继续努力寻找扩大现有成果的方法，并付出新的努力探寻使美国政府更加公开、透明、更具协作性的方法，以及让交通部的运行更加有效率、有质量。

3.4 内部管理和政策变化，以提高透明度、参与度和合作度

在有关开放政府的发展策略和指导原则方面，交通部将综合考虑多方面因素，诸如业务重组、结构化和非结构化的信息、讨论组、方法，以及网站相关的政策。交通部认识到这些策略必须是“活的”，能灵活变化的，因为随着新技术不断出现，总是不断有政府和公众之间新交流形式的出现。交通部内部流程要求对所有政策进行年度审查，以确保这些政策能及时得到更新，并且将评估这些依据“开放政府指导意见”制定的政策和实践的有效性。到2011年4月前依照这些原则对内部管理策略做进一步改变。

近期将成立一个策略制定小组，向高层领导提出本节所描述的政策的具体建议。下面的时间表描述了策略推进的先后顺序，这些内容将在后面做详细讨论。

到2010年10月前完成以下策略和/或指导原则：

- 制定网络策略；
- 制定结构化信息透明性策略；
- 制定数字方法策略。

到2011年4月前完成以下策略和/或指导原则：

- 制定业务方法策略；
- 制定非结构化信息透明性策略；
- 制定非数字方法策略；
- 确立管理组织结构。

3.4.1 交通部统一开放政府策略框架

交通部开放政府策略工作组包括了政策、预算、绩效、战略规划、人力资源、技术运行和法律等各方面的专家，工作组认为在交通部建设开放政府可以包括以下内容。

• 当员工使用开放政府原则满足其业务需要时，引导其在策略“一站式商店”寻求帮助；

• 明确管理职位和人员，以管理数据发布、技术采用、战略方向调整；

• 明确员工必须干什么来提高透明度、参与度和协作度，借此管理开放带来的风险。

为交通部制定一种统一的开放政府策略是一项艰巨任务，有些政策领域是很好理解的，比如数据透明性策略、社会媒体工具选择和使用策略等，但是，为制定一个使得交通部向开放政府稳步迈进的策略框架，还得考虑得更多。图8展示了一个综合开放政府策略包含哪些内容。交通部将首先在比较容易理解的领域推进策略制定工作（如数据透明、数字工具、网站等），然后评估下一步制定更多更新政策的必要性（如业务文化、信息透明、非数字方法等）。

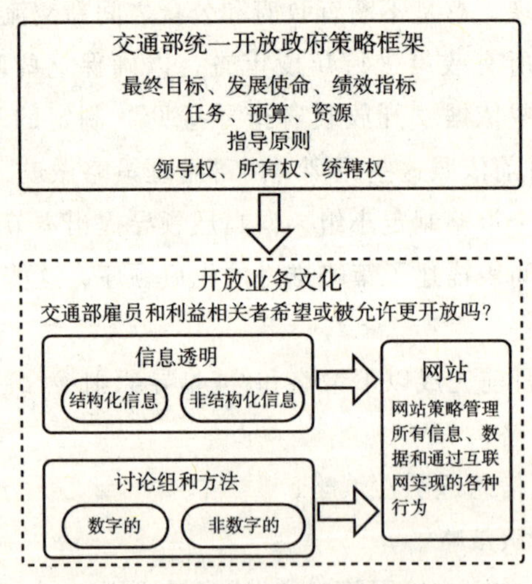

图8 交通部统一开放政府策略框架

交通部有很多现存的策略，但是，为了使它们在开放环境下对员工们更有用、更可用，2011年4月前，交通部打算对策略作一次更新，已经研究过的部分的具体细节在下面描述，它们可能是“策略”，也可能是“指导原则”，主要看涉及内容的特质。请注意最终成果也许和图 8 中介绍的框架完全不同，但是还是揭示了交通部最初的设想和路线图。有关于这些特点原则的更多信息（如简洁的语言、记录管理、安全）详见第 3.4.3 节。

开放业务文化

一个发展的、开放的业务文化是交通部秉承开放政府理念开展业务的基础，它可能会回答“为什么”开放政府如此重视这一问题。这部分内容可能包括雇员行为、伦理守则、简洁的语言规范、指导原则，以及对管理的描述。

信息透明

一旦到了员工知道哪些工具可以帮助提高公众参与交通部日常工作的阶段，交通部将为决策者研究建立流程，区分如何分配部门资源公开信息。那些流程必须确保公开的信息在内容和格式上都是“可以公开的”和“有用的”，内容可公开程度由其价值、质量、安全、隐私以及机密性等因素决定。格式区别主要指信息是结构化还是非结构化的。本领域的策略将和第 3.1.1 节中描述的数据公开流程绑定。

交通部将继续以一致的、开放的格式在线及时发布交通数据，同时保证数据准确度，保护隐私、安全和秘密内容，这要求数据透明度策略从以下方面考虑内容和格式可公开性：基础设施、记录管理、组织架构、可访问性、质量、安全、隐私、机密性和格式。

讨论组和方法

一旦开始考虑信息的内容和格式的公开程度，交通部就应评估它将采用哪些讨论组和技术方法来发布信息，以促进参与、鼓励协作。有很多数字化和非数字化的方法用于透明度、参与度和协作度，不管采用哪种方法，可访问性、安全、信息收集、记录管理以及隐私因素都应考虑在内。

数字方法策略在联邦政府范围内广泛采用，很多部门将这些策略称为“社会媒体”或者“互联网能力”策略，因此，交通部将在近期采用那些最佳实践开始推进数字方法策略。

非数字化方法的推进会困难一些，这些方法包括会议、论坛、电话会议或者顾问组会议（与联邦顾问委员会法案一致）。虽然（交通部）现在有一些策略和指导原则，但员工们查找使用不便。这部分策略制定将所有策略定位到一个唯一位置，使得员工们可以方便地知道他们必须考虑的原则的适用范围，以更透明地服务公众。

网站/互联网

交通部统一开放政府策略中最后一个需要研究、更新的部分是网站相关策略。绝大多数向公众公开的信息是通过互联网共享的。有价值的信息是那些有用的、可以搜索的、可以找到的信息，因此，所有通过网站发布的信息必须遵循交通部网站相关策略。更新后的网站策略将考虑以下原则：可访问性、使用和开发标准、安全性、隐私、机密性、链接、cookies、网页标识、服务条款、网站地图、OMB 要求、知识产权，以及交通部印章或签名的使用等。

3.4.2 可持续管理的途径

交通部推行开放政府的一个有利条件在于交通部已有了一些管理主体或人员，可以承担开放性相关的一些职责，这一点对于确保开放政府建设的长期可持续非常重要。交通部将进一步加强这些人员的权利以确保开放政府原则能全面融入部里日常工作原则中。如果没有一个适应开放政府策略框架的组织机构，开放政府的使命将很难实现，因此，建立形成一个适当的组织管理架构至关重要。

按照“开放政府指导意见”要求，交通部已经任命了两个开放政府事务高级官员，两人分别主管（交通部）财务数据质量，在总统官员执行办公室设立的跨部门开放政府工作组工作。这两位官员的资料显示在交通部门户网站（www.dot.gov/open）上。此外，交通部还有很多现有管理人员可以承担上述策略中没有提及的职责。如果可能，交通部将不再特意设置新的管理职位、机构和人员，而是将开放政府的职责要求融入现有机构、岗位和管理人员的职责中去，随着每项开放政府策略的制定和推进，各机构、岗位、人员将承担相应职责。有几个现有管理主体应包含在此可持续发展的管理组织框架内。

绩效管理委员会（PMC）。交通部绩效管理委员会包括了来自部长办公室和运行管理机构的高级领导人员。PMC 的职责是生成绩效评分卡，帮助交通部领导人评估一些重要战略领域的进展情况，开放政府绩效评价将由此委员会承担。

CIO 委员会。CIO 委员会的成员包括每个运行管理机构的 CIO 以及交通部的 CIO，该委员会在交通部所有与信息技术有关的策略制定和推进中发挥作用。

技术管理委员会（TCB）。负责审查、评估、检测交通部为满足业务需要的新工具，开放政府数字方法将与其他工具一样按照统一的评价指标体系接受评估。因此，这个管理主体可以负责数字方法策略。

交通部 data. gov 工作组。在 2009 年夏天 data. gov 开通时，交通部也建立了 data. gov 工作组，该工作组的任务是审查那些以开放数据格式通过 data. gov 发布的数据集。因此这个工作组将参加到交通部开放政府数据透明相关的工作中。但是，这个工作组的成立尚未得到书面规章的确认，因此，交通部开放政府行动近期的一个里程碑就是正式成立数据战略工作组，也许永远不称为 data. gov 工作组。

管理和领导架构是否成功、可持续，是由雇员是否遵从开放政府战略决定的。如果雇员不能很好地理解这些策略并接受相应培训，他们就不会遵从开放政府战略。策略和管理框架必须向交通部雇员提供开放政府原则的指导说明。

3.4.3 在开放政府努力中应考虑的原则

本节是有关开放政府的一些重要原则的总结。

- 可访问性。开放政府必须考虑残障人士。联邦法律规定要为残障人士提供同等的访问信息和各项资源、参与交流的机会，除非这项支出超过了该部门能承担的上限。

- 可获得性。要获得开放政府服务，交通部必须遵从联邦获取规范（FAR）中规定的原则，FAA（联邦航空管理局）必须遵从 AMS 中的原则。

- 机密性。网页不能公开显示任何敏感形式的信息（如商业机密、个人身份信息、财务信息、获得敏感信息、安全敏感信息、法律强制规定的信息、调查敏感信息或那些可以让公众回避法律的信息）。

- 雇员行为和伦理。当参加到开放政府行动中时，雇员应该知道代表交通部的利益，以最高水平的职业操守和道德规范开展工作。

- 组织架构。一个完整的组织架构（EA）将协助确认现在和将来的交通部的状态，并按照一个完善的计划平稳过渡成为更开放、更透明的组织。

- 基础设施。交通部将研究网络基础设施的具体需求，有些工具需要特别带宽保证，从而基础设施需要加强，资金需要追加。

- 信息收集。当需要收集 10 个以上公众信息的时候，必须向 OMB 提出信息收集请求（ICR）并得到其批准，这是由文书削减法（PRA）决定的，一个 ICR 可以包括问卷调查、热点讨论和其他反馈形式。

- 知识产权（如版权、商标、专利、许可证）。新信息会产生，交通部将监测流入信息遵从版权、商标法，包含相关属性（所有人、生成人、创作者等），版权保护对于政府的工作成果都不适用，发布第三方信息的人必须完整标识所有人、生成人、创作者等内容。

• 开放数据格式。交通部将使用与平台、设备无关的开放数据格式向公众提供信息。

• 简明语言。透明性意味着我们要让信息可获得，清楚意味着信息易懂易用。

• 隐私。除非必须是某一程序执行需要，网页不能收集、公开展示个人身份识别信息（PII）。任何包含 PII 的 IT 系统都必须开展隐私影响评价（PIA）；对于任何纸介质或者 IT 系统的记录，如果 PII 需要定期通过名字或其他身份识别标志获取，那就必须包括一个记录告知系统（SORN）。

• 质量。交通部收集的用于统计、财务、程序或其他需要的数据都要接受标准化数据质量保证和内部控制实践的检查，以保证完整性和准确性。每个数据收集和维护协议都要记录在案，并且定期评估以保证其遵从法律和有关规定。数据质量标准、检测方法和清理流程都应包括在内，以保证交通部现在和将来发布的数据具有一致性、高质量、高价值，符合数据质量方案（DQA）要求。

• 记录管理。联邦政府记录法案（FRA）要求所有联邦政府部门记录并保存它们的组织机构、功能职能、政策决定、业务规程和关键业务行为。使用开放政府工具可以生成新的联邦记录。程序办公室（Program Offices）要知道这些记录的生成和管理都是依据交通部记录管理策略进行的。

• 安全。法律规定，所有联邦政府部门都必须确保它们的 IT 系统是安全的。交通部必须确保新的系统得到安全鉴定，是可信的，符合联邦信息安全管理法案（FISMA）和国家标准以及技术研究院标准。同时，数据集合的组合存在形成敏感信息的潜在可能，因此任何交通部发布的信息都必须经过仔细检查，确保不会危及任何敏感信息。

• 敏感安全信息（SSI）。被归为 SSI 的信息是一种信息保护形式，比如被归类为敏感但不可分类（SBU）的信息。交通部部长办公室和指定组织机构，包括 FAA，受国会授权（49 U. S. C. § 40119 和 49 CFR A 节，15 部分）可以处理一些符合 SSI 定义的安全信息。

• 服务和使用条款。服务条款（TOS）和使用条款（TOU）建立了信息提供者和政府之间使用社交媒体（比如 Facebook）的协议。很多 TOS 条款如果不修改不能为政府使用所接受。即使在讨论普通的条款时，法律顾问和 CIO 都必须优先审查，以保证交通部的策略和指导原则不被 TOS 或 TOU 抵消。

• 网络。任何发布在网站上的信息都必须符合交通部网站策略，这个策略包括使用和开发标准、安全性、隐私、机密性、链接、cookies、网页标识、服务条款、网站地图、OMB 要求、知识产权，以及交通部印章或签名的使用等，所提供的数据必须符合犯人改过法案（Rehabilitation Act）修正案 508 节的要求。

4　交通部专属开放政府计划

本章将对交通部的开放政府计划进行描述，这些开放政府计划用于在各个任务领域内促进开放与协作。“制度空间”计划是交通部的一项标志性计划，该计划与“康奈尔电子制度制定计划”（CeRI）一起协作来探索如何使用 Web 2.0 和社交网络技术深化制度制定工作。“制度空间”计划在联邦政府制度制定方面属于首创，交通部期望通过该计划使公民能够更方便地对影响其生活的制度话题进行评论。该计划的目标是让公众对制度提案以及制度制定过程有更深刻的理解，并鼓励公众提供建议、进行写作。此外，本章还对新的反馈机制与协作平台的提案进行了描述，这些将加强交通部与公民之间的交流与沟通。最后，本章描述了几项用于提高政府透明度的“开放政府”相关的计划。

4.1　标志性计划：制度空间

为了支持总统的开放政府计划，交通部已经与 CeRI 计划合作实施了试点项目——制度空间，探索如何更好地利用 Web 2.0 和社交网络技术来实现以下目标：

• 更有效地使公众了解在他们关心的领域内正在制定新的制度；

• 提高公众对于每项制度提案及其制定流程的理解；

• 帮助公众更有效地为交通部提供独立建议或者协作帮助。

在多个制度提案的制定过程中，CeRI 将使用不同的 WEB 技术和方法来试图让公众更好地理解并参与到相关制度制定的过程中，与交通部合作来对这些技术的优点和缺点进行评估。CeRI 还将向交通部及公众报告其在探索最有效的 Web 2.0 和社交网络技术的过程中获得的发现和结论。

图 9 演示了 CeRI 如何在 2010 年 3 月 31 日开始实施的 FMCSA 建议短信规则的制定过程中鼓励公民参与的情况。

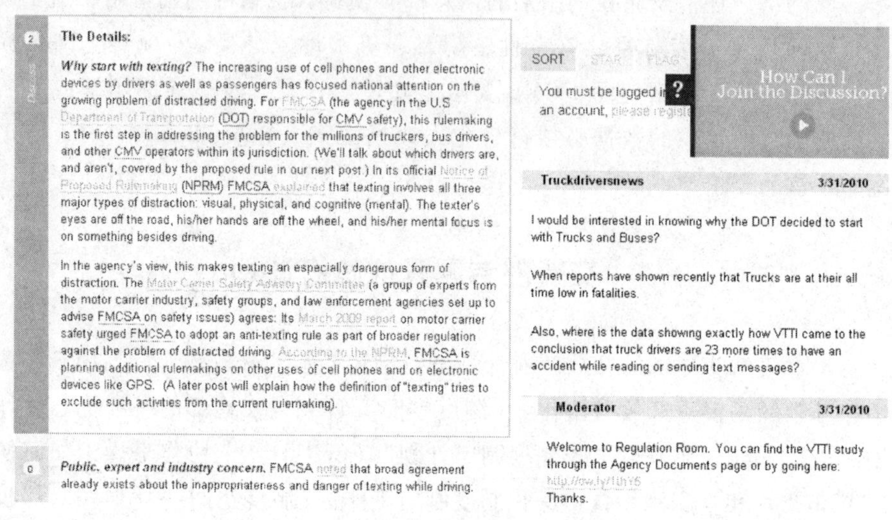

图 9　制度空间截屏

4.1.1　背景

交通部在奥巴马政府的早期就已经开始了该项目的相关工作。作为使用 Internet 主动向公众通告制度制定流程的政府领导者，交通部在过去被要求使用 Web 2.0 工具来提高公众在制度制定过程中的参与和协作。当交通部正在寻求内部解决方案的时候，CeRI 与交通部取得了联系，并建议在电子制度制定领域实施一项试点项目，该项目将不仅仅实现在交通部内部所做的所有事情，还将实现更多的功能。康奈尔大学在 Internet 和法律的交叉学科领域享有崇高的声望，其法律信息学院是第一个被用于研究法律信息的地点之一，并且目前仍然受到广泛的重视。因此，交通部期望能够与 CeRI 合作来实现双赢。CeRI 的“多项法律”小组包含法律教授、社会科学家、计算机程序员，以及受过良好培训的服务人员，从而能够对交通部的管理法律和交通方面的专家进行补充。

4.1.2　公众通常如何参与制度制定流程

目前，各机构通常要在“联邦注册”网站上提交制度提案，然后发布新闻稿，并在其网站上发布相关的文档。公众随后被通知有新的提案提出，并通过向 Regulations. gov 网站上传文档、向各机构邮寄信件或出席公众会议的形式来提交评论。这种流程的设计方式导致仅能进行单向通信，首先政府向公众发言，然后公众反过来向政府发言。这样的流程无法实现来回的对话，也无法让公众对其他人提出的评论进行回应。

2010 年 3 月 31 日在 Fast Lane 博客上发布了 CeRI

在进行新的制度提案时通常需要 30 天的时间来搜集公众反馈的信息，同时人们需要通过 Regulations. gov 网站来向交通部反馈评论。

然而，我们已经开创性地与康奈尔大学进行合作，使用一个新的“制度空间”（http：//www. regulationroom. org）网站来使公众能够更方便、更透明地对新提案进行评论。这项新的康奈尔电子制度制定计划（CeRI）提供了一个在线参与环境，使公众能够对联邦制度进行了解和讨论，并为交通部提供有效的反馈。

由于提供了交互性，“制度空间”要比 Regulations. gov 网站提供更便捷的访问，并且更活跃。

关于制度提案本身，我想说的是开车时候发短信发生事故的几率要比专心驾驶高 20 倍。FMCSA 的研究表明，那些在开车的时候发短信的司机在发短信时每 6 秒钟内有 4. 6 秒没有观察道路情况。如果车速是 55 英里/小时的话，4. 6 秒的时间足以通过整个足球场的长度了。

现在，想象一下一辆卡车或公交车以这种速度通过这种距离，而司机没有看路。我想大家都可以想象出后果会是怎样。也许不会每次都出现事故，但是这种事故只需一次就可以造成不可估量的后果。

4.1.3 该计划将从哪些方面与通常的制度制定流程区分

• 范围的延伸。CeRI 将尝试接触到所有公众，而不是等着公众主动来找政府。因此，除了要吸引“常规”的参与者（通常会对交通部在联邦注册网站上的提案进行评论）之外，CeRI 还将尝试吸引大多数没有访问联邦注册网站或交通部网站习惯的公众。CeRI 将寻找有可能感兴趣的支持组织、与项目相关的博客、社交网络页面，以及其他能够帮助传播制度提案消息的在线站点。

• 双向通信。制度空间网站将向公众成员解释制度制定的流程，随后通过定期发布博客来促进关于制度提案的讨论，从而为交通部提供信息。不过，CeRI 的服务人员将对讨论进行监视，并对评论者进行后续访问以确保能够获得支持数据，这些数据将极大地提高信息的利用价值。很多时候，交通部收到的评论都不包含支持数据，这就很难评估这些评论的准确性和可靠性。

• 对其他人的评论作出响应。制度空间将开放性地展示参与者作出的评论。参与者也将能够互相进行响应，深化对问题的讨论，从而在形成对交通部有用的统一建议的过程中增进协作。

• 评论者之间的协作。为了能够让评论者在制度空间网站上进行讨论，影响制度制定流程，CeRI 的员工将准备一份讨论的摘要并将其发布在网站上，供评论者协同进行编辑，并在向交通部提交之前形成一份最终版本。当然，那些参与到制度空间的人们仍然可以提供对交通部的评论文件。交通部将不会参与到制度空间网站的任何活动中。

4.1.4 该计划将为交通部的哪项战略目标提供支持

通过在制度制定提案中对如何改善从公众那里接收数据的质量和数量进行调查，该项目为交通部所有的主要战略计划提供支持。该计划同样为所有的政府特定的目标以及多项开放政府计划提供支持，包括以下几点。

• 以清楚的方式表达交通部关于项目和目标的信息；

• 以创新的形式维持为交通部的政策和项目收集公众信息；

• 改善与其他联邦机构、私营部门以及非政府组织之间的协作。

4.1.5 哪种类型的制度提案将会在该试点项目中使用

对于该项目，交通部和 CeRI 将集中在那些对公众影响广泛的制度提案上，如用于处理分心驾驶以及消费者问题的制度。

4.1.6 该项目如何对开放政府的三项原则提供支持

CeRI 将对透明性、参与性以及协作性三项原则提供支持，详情见表 5。

表 5　制度空间对开放政府原则的支持

开放政府原则	制度空间支持
透明性	探索利用图像、视频之类的技术使交通部信息更易于访问 调查其他吸引公众的方式，征求公众建议
参与性	使原本可能不知道制度提案的人们了解提案的内容 以超越传统政府通信途径的非正式的和亲民的方式来吸引公众 使用服务人员来从公众那里获得更加详细、更有说服力的信息 推动能够实现普遍影响的流程
协作性	演示公众与康奈尔大学之间的协作 使公众成员之间、公众与康奈尔大学之间能够进行协作 使其他联邦机构能够与交通部以及康奈尔大学之间进行协作

4.1.7 其他项目合作者

交通部与康奈尔大学已经会见了多个其他联邦机构，包括国土安全部的美国海岸防卫处、核管理委员会、联邦通信委员会以及环境保护署等，向这些机构咨询如何改善项目，以及将其他机构的制度制定加入到该项目中来。

4.1.8 评估项目成功与项目可持续性

如上文提到的，该项目是一个试点性项目，用于测试 Web 2.0 工具以及社交网络的可行性，以改善政府与公众之间的交流。该项目的最终产品是 CeRI 提供一份关于改善政府开放性的公共报告，内容包括了经验教训以及最佳实践方案。这将确保每个政府机构都能够从该项目的工作中得到收获，并能够采用该方法来进一步向公众敞开大门。即使那些没有使用该方式的政府机构、有兴趣的公共成员也能够从该项目中获得经验，以便使用相同的协作方法来改善对政府评论的质量。该项目同样将打造一个软件平台供联邦机构将来使用，以促进公众对于制度制定和其他文档的评论。

康奈尔大学与交通部将从以下方面来评估项目的成功与否：

- 多准则的评估方法，使用不同的数量指标和协作技巧以评估哪种方式是最有效的；
- CeRI 在评估最佳实践方案以及经验教训时的客观性；
- 客观评价方法，如站点流量、动态以及导航行为；
- 主观评价方式，如提交内容或数据的质量，以及特定摘要体现出的普遍性等；
- 美国律师协会关于试点项目的评估与推荐。

4.2 新反馈机制的提案

交通部对新的反馈机制和技术平台提出了多项提案，用于提高公众参与，改善协作。交通部将继续探索如何使用开源软件来为其雇员提供经济、有效的工具，改善与公众的交互。以下计划全部为交通部开放政府工作提供支持。然而，并不是所有的计划都会马上实施。交通部将根据优先级依次实施各项计划。

4.2.1 目标公民反馈工具

作为开放政府指令的要求，过去，交通部使用总务管理局的 IdeaScale 在线公民参与工具来获得关于交通部开放政府计划的公众反馈。交通部的 IdeaScale 站点（www. opendot. ideascale. com）要求公众共享其关于交通部如何改善透明性、参与性、协作性以及创新性方面表现的观点和评论。个人同样能够为他们认为重要的观点进行投票，标记那些与主题无关的观点，并通过电子邮件或社交媒体与其他人共享观点，以提高他们认为紧迫的主题的受关注度。该站点自2010年2月6日到3月19日之间开放接收公众评论，以便为第1章中详述的开放政府计划的制定收集公众反馈。公众现在能够对该站点上的观点和评论进行查看，并能够了解人们是如何投票的。

该计划支持“以创新的方式收集和回馈公众关于交通部政策和项目提供的信息”的开放政府目标。

4.2.2 关于战略计划的公众反馈

交通部目前正准备在2010年利用集体研讨平台来获得公众关于交通部战略计划的反馈，该计划阐述了交通部在未来5年中改善美国交通状况的目标和战略。交通部将要求公众共享关于政策目标和战略计划的观点和评论。个人也将能够标记与主题无关的观点，并通过电子邮件或社交途径来与其他人共享观点，以帮助提高他们认为重要主题的受关注度。交通部承诺在制定交通部关键计划的过程中以完全透明的方式让公众参与进来，并继续通过使用在线工具来收集反馈，与公民进行协作。

该计划支持“以创新的方式收集和回馈公众关于交通部政策和项目提供的信息”的开放政府目标。

4.2.3 Data. gov 评分系统

交通部正考虑能够更好地收集质量反馈、监测数据价值的机制。交通部建议以两种方式来收集关于数据价值和数据质量的反馈。

第一种方式是向 Data. gov 的项目管理官员（PMO）提供一份正式的建议，以推广其目前的五星评分系统，该系统允许公民从数据质量和数据价值两个方面对数据集进行评分，而不只是对数据利用率、有用性使用的便捷程度进行评分。这项对于 Data. gov 评分系统的升级将不仅仅为交通部带来效益，其同样能够在整个联邦政府内形成统一的评分标准。

交通部同时还将制定一种关于交通部站点的反馈机制，以便各参与方能够更方便地访问交通部的数据集，并对其进行评分。这项措施将促使那些经常访问交通部网站的寻求交通信息的个人进行评分。通过为 Data. gov 开发网页小工具，交通部能够使该部门开放政府网站上的外观与体验同 Data. gov 保持一致，以显示交通部已有的数据集。这个网页小工具将引入五星评分系统以及公民评论特定数据集使用的评论框。公民将能够对交通部的数据集进行投票，并在一个集中的地点提供评论，因为并非所有的交通部数据都放在Data. gov 网站上。

该计划支持“主动、及时地以一致、开放的格式在线发布交通部数据，同时确保数据的精确度，保护隐私、安全性和机密性”的开放政府目标。

4.2.4 支持航空消费者保护

交通部建议使用在线视频来为消费者提供关于消费者保护话题的视频，例如，如何安全飞行或者与动物一起飞行等。这项措施提供了对于目前交通部网站上已有的消费者信息的了解。

该计划支持“以清晰的方式发布交通部关于项目和目标的信息”的开放政府目标。

4.3 新的协作平台提案

交通部已经有多项新的协作平台的建议，以增加公众的参与，改善协作。交通部将继续探索如何利用开源软件为其雇员提供经济、有效的工具，以便与公众进行交互。以下计划全部为交通部开放政府工作提供支持。然而，并不是所有的计划都会马上实施。交通部将根据优先级依次实施各项计划。

4.3.1 使用内部和外部协作平台，使用社交网络

交通部正探索如何利用已有的内部协作工具（SharePoint）和局域网来提高内部协作。该平台同样可以用于知识管理。这将要求改善雇员的培训，提高雇员对于站点能力和特点的认知度。

交通部同样将探索如何利用内部社交网络的功能，与已有的内部协作平台结合，或者独立于已有的平台。将雇员联系在一起将鼓励围绕特定的学科领域形成兴趣社区（如数据、企业架构、表现管理、项目管理）。这些工具将更好地装备雇员，以便有组织地解决问题、实现业务转型。

最后，交通部将评估如何利用对外的门户网站来提高外部协作，这项措施将提高公众与利益相关者的参与程度，改善协作。

该计划将支持以下开放政府目标：

- 加强与其他联邦机构、私营部门以及其他非政府组织之间的协作；
- 通过改善开放政府工具和与项目相关的通信、管理和指导，鼓励工作人员之间进行交叉形式、跨学科的密切合作。

4.3.2 理念

开发工具管理内部理念是交通部的另外一个重点工作领域。IdeaHub 是由 FAA 倡导的一个鼓励创新和跨组织协作的在线社区的概念。雇员可以在一个协作的环境中“建立”自己的观点，并通过这个环境管理好的观点。使用 IdeaHub（或其他相似的工具），交通部可以让雇员对项目、流程和技术的创新观点进行发展、评分和改善。

使用协作流程的总体目标是表达交通部雇员的观点、增加通信的渠道，以帮助交通部的组织完成任务，同时帮助交通部成为一个理想的工作地点。IdeaHub 项目是交通部能够改变雇员参与到工作环境改变中的一种方式，并且让雇员能够在改善组织的过程中起到积极、可见的作用。

IdeaHub 让所有的雇员能够直接为整个社区作出贡献。雇员可以：

- 建立新的观点；
- 参与到各自的观点以及其他人的观点的讨论中；
- 阅读最近发布的评论和观点；
- 为其他雇员的观点评分；
- 以透明、开放论坛的形式观看最佳观点的运行。

交通部目前正在探索如何在更广的范围内推行内部理念。该计划支持“通过改善开放政府工具和与项目相关的通信、管理和指导，鼓励工作人员之间进行交叉形式、跨学科的密切合作”的开放政府目标。

4.3.3 安全视频电话会议和网页会议

交通部将要继续使用的另外一种节约开销的机制是通过网页会议和视频电话会议来邀请内部和外部的参与者进行协作。随着当前的 Internet 技术的发展，交通部很有必要使用这些通信形式来与公众形成伙伴关系。为了实现这个目标，交通部需要以稳定和安全的方式来探索如何实现这些功能。交通部将考虑如何确保能够将外部的参与者与交通部网络隔离开来，为公众提供一条直接的数字通道。

该计划支持“加强与其他联邦机构、私营部门以及其他非政府组织之间的协作”的开放政府目标。

4.4 其他开放政府相关的计划

除了之前提到的计划外，交通部将考虑试点一个新的网站来演示交通部数据，编制一个 Web 2.0 的商业服务目录，并对其公共网站 DOT. gov 进行重新设计。局部数据可视化试点将探索交通部应该如何利用与其任务相关的数据来为公众提供一个有用的用户界面。Web 2.0 目录将以应用程序商店的风格列出相关的服务，其目标是通过提供服务增强透明度和参与程度。交通部公共网站的升级将引入 Web 2.0 工具来改善协作。

4.4.1 Visual DOT 网站演示交通部数据

交通部正在开发一个名为 Visual DOT 的基于网页的多媒体工具，该工具允许将与交通相关的数据按照地理分布和背景情况进行可视化显示。该可视化工具能够显示复杂的“混搭”数据，并可以对其进行动态表达，这种收集和共享数据的方式在以前被认为过于复杂。

该网站起初将使用多个数据集来对平台进行设计、开发、测试和改良。不过，交通部期望这个工具能够是多功能、可扩展的。这个工具最终将扩展数据集的数量，并能够从其他合作伙伴那里整合联邦、州以及地方政府地形的权威数据。同时，该工具将通过提供一个根据交通部任务优先级对数据进行情景化的机制，从而使数据的可用性提高一个等级。

这个平台将支持“清楚地发布关于交通部项目和目标的信息”的开放政府目标。

4.4.2 Web 2.0 商业服务目录

作为交通部 IT 商业服务目录计划的一部分，Web 2.0 工具可以作为除了内部服务之外的一个服务子集。该计划的理念是以与总务管理局的 Apps. gov 网站相似的外观和体验来显示服务，并包括一个购物车和订单完成状态。那些还没有被批准使用的服务将被归类为未来提供的服务，并给出预计的可用日期。该计划是交通部的一个内部计划。

交通部 IT 商业服务目录的实施将通过显示提供的服务来建立透明度，同时还将建立雇员能够更好地利用交通部功能的参与环境。

该计划支持以下开放政府目标：

- 清楚地发布关于交通部项目和目标的信息；
- 主动、及时地以一致、开放的格式在线发布数据，同时确保数据的精确度，保护隐私、安全性和机密性。

4.4.3 重新设计交通部网站

交通部有范围广泛的参与者。这些参与者对“顶级”网站提出了动态、易于管理的要求。交通部的公共网必须能够为其他政府机构、私营部门企业以及独立公民提供相关信息。同时，交通部的局域网必须能够向雇员提供关键信息，并传达到各运行管理机构。交通部将于 2011 年 4 月对其网站进行升级。

为了实现这个目标，交通部的网站需要满足该部门的战略目标。为了与开放政府的原则保持一致，交通部升级后的网站将在多媒体网页上使用众包工具、智能手机应用程序、Facebook 和 Twitter，以及其他的 Web 2.0 媒体。

确保用户将 www. dot. gov 视为一个重要的信息来源是 Web 2.0 工具为交通部提供战略工具的重要一步。用户必须对交通部网站上提供的材料的质量、及时性以及可用性有足够的认识，可用的内容也必须是最近的、直观的，能够符合公众兴趣的。

值得注意的是，为那些使用 Web 2.0 技术的用户提供利益将在这些人之间建立对站点的忠诚度。用户通过访问 www. dot. gov 网站必须能够感受到鼓励。这需要通过对多方面进行合理的调配来实现，包括从网页或工具的视觉统一到陈述特定数据或工具的重要性。部署直观的网页将直接表达出用户反馈对于交通部任务的影响和重要性，并将帮助在参与者之间建立对站点的忠诚度，实现交通部所追求的开放性。

反过来，交通部将受益于公众的群体智慧，这些将在公众通过界面工具、应用程序、数据或其他 Web 2.0 媒体与交通部之间进行的持续的、重复的交流中获得。交通部必须利用这些群体智慧并通过网站跟上未来的思想潮流。

该计划支持以下开放政府目标：

- 以清楚的方式发布关于项目和目标的交通部信息；
- 主动、及时地以一致、开放的格式在线发布交通部数据，同时确保数据的精确度，保护隐私、安全性和机密性。

5 遵守信息传递要求

本章对交通部遵守信息传递要求的活动进行了概述，并对该部门的政府透明计划进行了描述，这些计划用于增强部门内部交流以及与公民之间的外部交流，包括 Data. gov、电子规章制定、信息技术表盘、Recovery. gov，以及 USA spending. gov 计划。本章同时还对交通部的记录管理项目、信息公开法案项目（FOIA）、国会对于信息的需求，以及交通部的解密项目进行了讨论。

5.1 遵守透明计划

交通部已经制定、参与和响应了相关的政府透明项目，以增强内部交流以及与公民之间的外部交流，这些透明项目包括 Data. gov、电子规章制定、信息技术表盘、Recovery. gov，以及 USA spending. gov 等。

接下来的小节中将对这些项目和交通部当前为了遵守项目需求而采取的措施进行讨论。本节同时还对当前的状况与项目需求之间的差距进行讨论。

5.1.1 Data. gov

作为一项有限的管理开放政府计划，Data. gov 允许公众便捷地查询、下载和使用联邦政府创造和持有的数据。Data. gov 为原始数据集、联邦数据集管理工具和地理数据提供了一个网络前端。该站点提供了数据的描述、有关怎样访问数据集的信息，以及对它们的工具进行评级的机会。数据目录将随着数据集的增加而持续地增长。Data. gov 的第一个版本中包含了联邦执行分支数据。

交通部为了适应开放政府的需要，在 2010 年 1 月 21 日发布了数据集。交通部有一个 Data. gov 工作组，用于计划和执行交通部 Data. gov 项目。工作组会紧密地和其他工作组在信息发布、隐私和保密数据、信息安全等方面进行合作，在各自领域识别开放政府和数据透明的障碍，并提出解决方案。

5.1.2 电子规章制定

联邦诉讼管理系统（FDMS）是一个加强型的联邦电子诉讼管理系统。该系统为公众查询、浏览、下载和提交评论提供了一站式 Internet 站点，以实现对联邦制度、判决以及其他信息的公共访问。联邦诉讼管理系统是电子规章制定机构的主要组成部分。电子规章制定计划为公民和企业提供对制度制定流程的便捷访问，同时提高了内部机构工作的效率。联邦诉讼管理系统为联邦部门和机构掌握和处理规定提供了一个标准的在线流程。Regulations. gov 允许公众获得有关规定提案或非规定提案的信息，并对其进行评论。

在环境保护署的领导下，Regulations. gov 被设计成供公众访问联邦政府规定信息的单一站点。这些计划同样减少了重复的信息系统和复制体系及技术设施带来的花费。

目前，交通部的文档通过交通部诉讼操作中心发布到 Regulations. gov 网站上，然后交通部使用一个内部的流程来进行发布和审查。交通部诉讼办公室的工作人员会对文档进行检查，并授权这些文档永久地保留在Regulations. gov网站上。

5.1.3 IT仪表盘

2009年6月，管理和预算办公室（OMB，下同）启动了在线IT仪表盘项目，允许美国公民监督联邦政府的IT投资。"仪表盘"对联邦机构和部门的主要IT投资的表现情况进行追踪。主要IT投资表示一个系统或一项采购需要特殊的管理关注，因为其对该任务或者机构、分机构和其他组织的功能有重要的意义；其用于财政管理，每年涉及的资金金额超过50万美元；其有重要的项目含义或政策含义；其具有高度的执行可见性；其具有较高的开发、运行和维护开销；通过其他形式进行资助而不是直接拨款；或者被定义成机构的主要资金计划和投资控制过程。这个站点由OMB进行管理，交通部每月根据需要提供相关信息。

IT仪表盘通过允许公民监督主要IT投资，并允许其对所关心的每项投资提供建议来进一步深化"开放"计划的实施。尤其是公民可以积极地参与到TechStat责任说明例会中。TechStat责任说明例会是与管理与预算办公室以及政府机构的领导面对面地对某个IT项目进行基于事实的审查，而IT仪表盘项目以及公民的评论和建议将为这类会议提供支持。TechStat例会使政府能够扭转、暂停或中止那些不能给美国人民带来利益的IT投资。各项投资可以以解决问题的方式来被仔细分析，从而落实到具体的行动中，提高执行力。

5.1.4 Recovery. gov

美国总统奥巴马在2009年2月17日签署了《恢复与再投资法案》。这是史无前例的行动，目标是使经济得到恢复，创造或保留千万个工作机会，并为应对一些长期被忽略的挑战投入资金，使美国在21世纪能够兴旺发达。这项法案是对自大萧条以来最严重的危机采取的特别行动，包括对基础设施进行现代化的改造，增强能源的独立性，扩大教育机会，保护和改善可负担的医疗，提供减税，保护那些最需要的人。

为了向公众提供更高的透明度，并创造更多的机会，管理部门创建了Recovery. gov网站。交通部每周在这个网站上更新财政数据和补助信息。交通部同时也将大部分信息在自己的网站上公布。交通部还创建了多个工作组通过审查和制定相关的政策来确保被发布的信息是准确和有效的。除了向网站提供信息外，交通部每周还将恢复项目的进展情况以及由恢复法案创造的工作数量向白宫的秘书处、副总统办公室以及恢复办公室进行汇报。

为了响应有关交通部恢复活动的大量电子邮件和电话请求，IT 工作组将国家交通图书馆的参考服务（NTL）引入到恢复活动中。国家交通图书馆已经制定了一套常见问题的解决方案来回答公众最关心的问题，同时，电话和电子邮件询问将被转到国家交通图书馆的参考服务中进行解答。该服务在每周的周一到周五的早晨 8 点至下午 5 点提供。交通部将在 24 小时内对所有的请求进行响应。国家交通图书馆参考服务的性能指标也会被采集、报告，并用来确定常见问题解答的候选问题。

5.1.5 USA spending. gov

该站点设计的目的是为了让美国公众能够深入了解政府是怎么花纳税人钱的。该站点的数据主要有两个来源：联邦采购数据系统，包含了联邦政府的合同信息；另外一个是联邦援助奖励系统，包含了诸如政府拨款、贷款、保险，以及社会安全补贴等联邦政府财政援助的信息。USA spending. gov 确保为公众提供的信息是正确的，从而进一步推进开放政府计划。交通部有一个拨款信息系统，提供了接收人的姓名、地址、邮政编码和身份信息，以便确认信息的正确性。

交通部还将在近期内进行缺陷分析，以便使系统能够更好地进行整合。对系统进行整合能够确保交通部以更少的花费来为内部和外部提供持续的、精确的报告。在一年内，交通部计划开始现代化工作和系统整合工作，在部门内部署一个单一的、整合的部门级采购平台，将该部门的财政管理业务转换工作中的所有采购工作连接起来。

5.2 记录管理项目

交通部将通过新的交通部记录管理网站 www. dot. gov/records 发布更多的有关记录管理项目的信息，同时该网站将链接到交通部开放政府网站上。

角色和责任

依据联邦记录法案，交通部的秘书处对交通部的记录管理项目负责。这项责任被委派给首席信息官办公室，该机构需负责为管理信息提供领导、规划、政策、步骤和指导等多方面的工作。

为公众提供利益

交通部在开放政府指令发布之前就已经开始对记录管理项目进行评估。作为开放政府指令的直接结果，交通部将会给公众提供机会来对交通部项目的有效性进行评论，并推荐他们在互联网上访问感兴趣的信息类型。增加交通部记录项目的透明度并对交通部的项目进行改善，为公众带来以下几个方面的利益：

- 提高公众对于交通部记录管理项目的了解；
- 提高交通部及时公布准确的机构信息的能力；
- 提高各机构在决策方面的责任和响应能力；
- 保持公众信任；
- 在灾难性事件中维持交通部运行的连续性；
- 保护记录免受不正当和未经授权的破坏和访问。

5.2.1　为透明政府进行规划

交通部促进各个参与组织之间的协作，以便开始其2010财年的记录管理改善活动，涉及机构包括首席信息官办公室、执行管理局项目办公室、总顾问办公室以及IT服务处等。交通部计划从一个完整的、全部门的角度来进行记录管理规划工作。

交通部计划在2010财年中通过与其他联邦机构的记录管理项目进行对比，来对记录管理项目的状态进行部分评价。交通部将和其他机构进行协作，研究它们的记录管理程序网站，并利用其他机构的最佳实践方案和获得的经验教训。

交通部将改善记录管理项目的基本方面作为一项近期的目标。记录管理项目包含在开放政府计划中，显示了记录管理在政府透明度方面的重要性。

5.2.2　满足记录管理的需要

政策和管理

交通部依据“联邦规章”的第36条、记录管理的B章，以及2002年发布的“电子政府法案”，发布了一个记录管理指令，明确地说明了管理交通部记录的原则、责任和要求。交通部的记录管理指令提供了交通部各执行管理局需要遵循的框架，以符合联邦政府法律、规定以及用于管理它们记录的最佳方案。

交通部计划提高员工对记录管理需求的了解，改善交通部的记录管理项目，以及提供额外的支持性政策和管理来解决新出现的记录管理问题，以促进员工遵守开放政府指令的原则，同时也会继续寻求机会来将记录管理整合到新的业务需求、工程和项目的规划流程中。

培训

在2010年1月，OGC向IT和记录管理的相关人员提供了e-discovery的培训。训练者们强调了维护交通部的数据库和记录清单的重要性，并着重讲解了清单的保存期以及适用的方案。如上所述，交通部计划通过提高职员的意识（包括培训）来改善记录管理的执行情况。

改善宣传实践

交通部正在使用已有的和最新部署的网站来改善该部门的宣传能力。2010年3月，交通部开发了一个记录管理内部网，到2010年4月，作为开放政府指令的一部分，交通部计划启动一个内部网站来讲述如何满足记录管理需要的基本信息。内部网和Internet网站将同时提供一站式查阅服务来展示多种与交通部记录管理任务和实践、政策、指导以及培训机会相关的材料。

内部宣传

2009年，交通部进行了一个内部调查，用来确定记录管理的相关者想要在记录管理内部网站查看到的信息的类型。目前，交通部已经发布了一部分记录管理的相关者所需要的信息，同时，交通部将会继续努力发布更多的信息。迄今为止，在记录管理内部网上发布的信息包括以下几种：

- 交通部记录管理政策；
- 国家档案馆的指导和训练的链接；
- 工作文档；
- 活动日程；
- 记录目录和时间表；
- 交通部记录官员联系方式。

交通部将会使用记录管理内部网站对记录管理的流程进行标准化，并提高在部门内收集和共享及时有效的记录管理信息的能力。记录管理信息在内部网上的公开化提高了交通部与雇员和记录管理人员的协作能力，并促进他们遵守记录管理要求。

外部宣传

交通部将会通过新的交通部记录管理网站公开发布其记录管理项目的信息，该网站也会链接到交通部的开放政府网站上。通过这个新的交通部记录管理网站，诸如国家档案馆、普通公众等外部人员将有希望访问与内部网相同的基本记录管理信息，除了那些因隐私、安全性或其他原因而不宜公布的工作文档和信息。

交通部计划用该部门的外部 E-mail 地址来为公众提供机会，对记录管理项目的有效性进行评论，并推荐他们感兴趣的信息类型。2010 财年的第 1 季度，公众已经有机会对以下交通部记录管理相关的话题进行评论：提高信息的可利用性和质量；改善政府内外的工作关系；提高效率和创新。通过收集和评价公众通过这些途径提出的评论和想法，交通部能够丰富该部门在内部和外部发布的记录管理信息的类型。这反映了公众认为的最有效的信息，这不仅仅是提供了信息的透明，同时还增加了信息的价值。

最大限度地减少重复

交通部监管着国家档案馆部署电子记录档案的工作，电子记录档案将会影响未来交通部对记录管理的 IT 投资，电子记录档案将会允许国家档案馆保留所有种类的电子记录，并且不依赖任何特殊的硬件和软件。投入运行后，电子记录档案将使公众和政府官员方便地查找、使用电子形式的联邦记录，同时国家档案馆可以更方便地以人们乐于使用的格式来发布这些记录，从而为国家档案馆的任务提供支持。

交通部计划使用国家档案馆公开发布在其网站上的记录管理工具和资源材料，而不是创建重复的工具和材料；交通部计划提供指向国家档案馆网站上的工具和材料的链接，而不是在交通部记录管理网站上发布重复的内容。由于国家档案馆近期在其网站上发布了联邦机构记录的日程表，因此交通部就无需再在交通部的记录管理网站上发布交通部的记录日程表。交通部正在研究国家档案馆网站，以决定在交通部的记录管理网站上对什么样的信息进行收集和维护。

5.3 信息公开法案（FOIA）项目

交通部建立并更新了信息公开法案网站①，以作为对开放政府指令要求的回应。交通部在 OST 中有一个交通部级别的信息公开法案办公室，同时在每一个所属机构中都有一个信息公开法案办公室。2009 财年，整个交通部花费了 100 个员工全年的时间来负责管理信息公开法案项目。这 100 个员

① 该网站的网址为 http：//www.dot.gov/foia/foiaopengov.htm。

工全年时间包括34个全职的信息公开法案员工、66个从事与信息公开法案相关工作的兼职员工（这66个员工全年时间包括信息公开法案的兼职员工和律师，查找和审核记录的项目办公室人员，以及信息公开法案公共联络人、高级主管和经理）花费在信息公开法案方面的时间。

以下是按照组成人员划分的信息公开法案组织结构分解。

多个所属机构，包括联邦公路运输安全管理局（FMCSA）、联邦铁路局（FRA）、自由贸易协会（FTA）、海运管理局（MARAD）、总检察长办公室（OIG）、科学技术局（OST）、管道与危险品管理局（PHMSA）、圣劳伦斯航道开发公司（SLSDC）等。这些机构具有集中的项目，所有信息公开法案的责任和活动都由一个中心信息公开法案办公室进行监管。这些集中式的信息公开法案办公室从多种项目办公室中获得记录，审查文档，并进行文档发布的决策。

联邦航空局（FAA）和美国联邦公路局（FHWA）以分散的方式运行着它们的信息公开法案项目。在这种方式下，信息公开法案的责任和活动由很多领域和总部项目办公室分担。每一个分散的办公室都会接收信息公开法案需求，搜寻记录，审查记录并作出发布信息的决定。在这些分散的项目中，有一个总部办公室负责监督信息公开法案项目的执行，同时协调各机构所负责的交通部年度信息公开法案报告部分。

国家公路交通安全管理局（NHTSA）的信息公开法案责任和活动由主要信息公开法案办公室以及其他的总部项目办公室进行领导。

研究和创新技术管理局（RITA）的信息公开法案责任和活动主要由总部信息公开法案办公室和一个领域办公室（VOLPe）共同承担，第二个领域办公室负责少数的信息公开法案活动。总部信息公开法案办公室负责协调RITA的年度报告部分。

交通部中额外的信息公开法案角色包括下列部门。

• 部门的信息公开法案办公室。交通部范围内的信息公开法案办公室为交通部内的信息公开法案办公室提供方向、领导、指导和帮助。该办公室每个月召开一次交通部内信息公开法案办公室的部门级会议。交通部信息公开法案官员也会作为科学技术局信息公开法案办公室的信息公开法案官员。该办公室全面协调部门内的信息公开法案年度报告，以及首席信息公开法案官报告。

• 首席信息公开法案官。交通部的首席信息公开法案官为该部门的信息公开法案项目提供高水平的监督和支持，并在必要的情况下为机构的实践、人员和资金提供调整建议，以改善信息公开法案的管理，包括一份提交给美国司法部门的年度首席信息公开法案官报告。

• 信息公开法案公共联络人。交通部在所有部门中都有公共联络人，信息公开法案的请求者可以通过他们来关注其从信息公开法案办公室接收到的服务。信息公开法案联络人向首席信息公开法案官报告关于信息公开法案的相关活动。

5.3.1 信息公开法案分析和响应请求的流程

该流程适用于除了联邦航空局和联邦公路局之外的所有交通部下属部门。

• 收到请求的信息公开法案办公室要求相关的项目办公室来查找响应记录；

• 项目办公室的有关职员搜寻相应的记录，直到记录被查到，把它们提供给信息公开法案官员进行审查；

• 如果某个提供相应记录的员工认为所有记录或者部分记录不应当被发布，那么在提供记录的时候应当向信息公开法案办公室指出来；

• 信息公开法案办公室将会与项目办公室的论题专家合作来对相应的记录进行审查，并考虑论题专家有关这些特殊的信息是否应当发布的建议；

• 信息公开法案办公室要做最后决定是否发布信息。

当一个记录无法全部公开时，信息公开法案办公室会将可分离的可以公开的部分进行公开。

当信息公开法案办公室确定某条记录的一部分从技术上无法进行发布时，信息公开法案办公室会做进一步的决定来确定是否仍然无条件地对这部分信息进行发布。这需要信息公开法案办公室作出具有“前瞻性的损害”的决定。

在确定发布信息所造成的损害是否能够被预知时，信息公开法案办公室将会从记录的时间、内容的敏感性、争论决定的性质、状态以及涉及人员等方面进行考虑。

信息公开法案办公室不会仅仅因为公职人员担心曝光、害怕错误或失误被揭露或者其他莫名的害怕而隐瞒信息。

联邦航空局和联邦公路局的信息公开法案项目是分散式的，信息公开法案的请求需要信息公开法案的合作者同意，并分配给持有整个国家响应记录的办公室。那些办公室负责查找响应记录，作出公布的决定，并响应请求者。

所有联邦航空局的员工都可以向区域信息公开法案协调人和国家信息公开法案项目办公室寻求信息公开法案的指导。所有联邦公路管理局的员工都可以向总部信息公开法案项目办公室寻求信息公开法案的指导。联邦航空局和联邦公路管理局可以同时在地区级别和总部级别上获得法律建议。

与其他的交通部信息公开法案办公室一样，当无法发布所有信息时，联邦航空局和联邦公路管路局内分布的信息公开法案办公室可以将能够分离的可发布的部分进行发布。分散的办公室同样要在“没有预见到损害”时进行酌情信息公开。

5.3.2 近期评估的行动以及加强交通部信息公开法案的项目

2009 年 11 月，首席信息公开法案官向所属机构领导发布了命名为“信息公开法案与创建开放政府新时代”的备忘录。备忘录论述了各机构人员的职责，包括确定那些肯定能够在互联网上发布的信息、改善对信息公开法案请求文档的处理，以及提高公布预测的水平。

2009 年 12 月，交通部信息公开法案的法律和项目职员向交通部的行政管理人员和信息公开法案人员做了关于信息公开法案的陈述。陈述包括交通部依据信息公开法案所负责任的概述、交通部的信息公开法案项目、信息公开法案的例外，以及其他包含在 2009 年 11 月的信息公开法案备忘录内的事项。

2010 年 1 月和 2 月，交通部信息公开法案官员在首席信息公开法案官的指导下，对每一个信息公开法案的组成部分都进行了一次全面的审查。审查完成时，首席信息公开法案官会见了每一个机构的高级别的信息公开法案官员，对调查结果和机构特定的建议进行讨论，并鼓励他们支持信息公开法案项目。

2010 年 2 月 3 日，首席信息公开法案官会见了交通部信息公开法案公共联络员来讨论他们的责任和政府信息公开法案的政策。

5.3.3 及时性评价

从 2008 财年到 2009 财年，交通部将积压的最初请求减少了 12%。同时，交通部积压的上诉增加了 8%。2009 财年末，交通部积压了 1284 个请求和 96 个诉求。交通部认为这些积压需要引起重视，要采取措施去减少积压。

交通部评价及时性的一种方法是看有多少请求是在 1 ~ 20 天内解决的或

者是在 21 ~ 40 天内解决的。2009 财年，交通部在 1 ~ 20 天内处理了 59.2% 的最初请求，在 21 ~ 40 天内解决了 20.4% 的最初请求。这要略微高于 2008 年的水平（在 1 ~ 20 个工作日内解决了 58.9% 的最初请求，在 21 ~ 40 天内解决了 17.6% 的最初请求）。交通部的目标是维持这种上升的趋势。交通部相信实施该部门的建议将会使这个目标成为可能。

5.3.4 2010 财年已经采取的减少积压和提高效率的行动

2010 财年初，联邦铁路局对它们的项目作出了自己的评价，并采取了相应的行动来改正处理积压的方向。行动步骤包括对 2009 年机构的流程进行了完整的审查，并重新将重点放在解决机构 2009 年最老的请求上。附加的机构资源用来对信息公开法案的各方面提供支持（如使企业和个人的相关信息免予发布），解决未定的诉求。附加资源将会在 2010 财年中继续用于信息公开法案的处理中，确保能够减少额外的积压。

总检察长办公室的信息公开法案办公室增加了资源，以便更好地管理积压，改善对最初请求和诉求响应的及时性。

管道和危险材料安全管理局在互联网服务器上创建了一个共享的信息公开法案文件，以便管道和危险材料安全管理局的地区办公室上传响应记录，从而节约了地区职员的时间和资源，包括用于复印、邮寄和快递的费用。

5.3.5 2010 财年将要采取的减少积压和提高效率的行动

联邦公路管理局计划要在 2010 年 6 月 30 日前补充一个空缺，在 2010 年 9 月 30 日前补充第二个空缺。联邦公路管理局同时会开始对所有收到的信息公开法案请求进行搜索，以便这些请求能够被各个总部和领域办公室更快地接收和处理。

联邦航空局总部信息公开法案小组计划为项目办公室的总部信息公开法案合作者提供信息公开法案培训。培训的目的就是重申公开政策，提供有关更及时地处理信息公开法案请求的建议和最佳实践方案。

一些交通部机构已经在使用电子编辑软件。交通部信息公开法案办公室将探索可利用的电子编辑软件，促进其他机构的使用。

5.3.6 减少积压和提高效率的附加建议行动

正如近期提交给美国司法部的首席信息公开法案官报告中所解释的那样，交通部依据各个所属机构对各自项目的审查，提出了如下的建议。这些建议的目的是改善流程、资源、合作和通信。

第一，联邦航空局应该将额外的资源用于总部信息公开法案小组。这将使联邦航空局继续减少积压的最初请求和诉求的目标得以实现。

第二，海事管理局和联邦公路管理局应该从分部门首席官员的级别到各事务专家的级别上重新任命信息公开法案官员的头衔和责任。交通部相信这项改进将会提高这些部门处理请求的效率，有利于提高有效性和减少积压。

第三，有4个现在还没有使用多路处理的交通部部门（联邦铁路局、FTA、国家公路交通安全管理局和圣劳伦斯航道发展公司）应该在2011财年初开始使用多路处理（简单/复杂/扩展）。

第四，海事管理局和联邦铁路局的管理者应该指导其项目办公室员工与信息公开法案的员工进行合作（如搜索和提供响应文档）。交通部相信增加合作将会提高对需求响应的及时性。

第五，科学技术局应该在2010年6月30日以前找出所有科学技术项目办公室中的信息公开法案联系点，并于2010年10月1日之前开始以电子版的形式发布搜索备忘录。

第六，科学技术局应当在2010年5月30日之前在科学技术局的信息公开法案办公室填补一个更细的职位。这是对科学技术局已有资源的重新定位。这个职位将会补充科学技术局信息公开法案办公室在细节方面的资源，并将在详细过程中获得专家意见，在详细过程结束后协助他或她的项目办公室从事信息公开法案方面的工作。

5.3.7 减少信息公开法案积压工作的里程碑

交通部的目标是在接下来的几年每年以10%的比率减少原始请求和诉求的积压。交通部相信它们能够依据先前描述的已经采取的措施以及正在实施的先前描述的将要采取的措施和附加建议的行动来达到目的。

交通部信息公开法案官员将在每月召开的交通部信息公开法案会议上检查各机构实施的“将要采取的措施”和“附加的推荐措施”的进度。2010年12月30日之前，交通部信息公开法案官员将向首席信息公开法案官在积压减少的目标上作最后的项目进度评估，并作进一步的恰当的说明。

5.4 国会对于信息的需求

如果需要获取有关当国会从交通部请求信息时交通部采取的流程的更多

信息，请访问交通部的政府事务网站[①]。该网站已经根据以下开放政府指令的要求进行了更新：人员编制的描述、组织架构、对国会需要响应信息的分析和响应的流程。[②]

5.5　解密项目

关于交通部解密项目的更多信息，请查看最新创建的交通部解密网站[③]。该网站也已经根据开放政府指令更新了以下方面的信息：关于机构解密项目的信息、关于怎样访问解密材料的信息、关于提供什么样的信息能够被适当地优先进行解密的信息。[④]

① 该网站为 http：//www. dot. gov/ost/govaffairs/。

② 可以访问这个网站 www. dot. gov/open 了解更多情况。

③ 网址 http：//www. dot. gov/security/declassification. html。

④ 可以访问这个网址 www. dot. gov/open 了解更多情况。

国家宽带计划反映先进国家经验，但实施面临挑战

编译：汪育明　贾一苇 等
译审：张铠麟　付宏燕
国家信息中心公共技术服务部

译者按

宽带产业与其他产业之间存在很强的关联性，宽带产业具有低能耗、高附加值的特点，对促进经济增长、经济转型有积极作用。为此，后金融危机时代，日本、韩国、瑞典等国家把发展宽带提升至国家战略高度，从国家层面制定战略措施，规划和推动宽带的发展，以刺激经济增长与创造就业。为进一步提高宽带部署率与普及率，上述国家通过政府与企业分工合作，推进农村地区宽带部署；制定法规制度加强宽带市场竞争，降低宽带资费；加大宽带基础设施和服务的投入，提供丰富的在线应用，以及对目标用户的培训与资助，刺激宽带产业的发展，对化解经济危机、助推经济增长起到了至关重要的作用。

近年来我国宽带市场发展迅速，但仍处于“低速宽带”阶段。从国家长远核心竞争力和全民科学素质提高的角度出发，我国宽带市场与应用开发还有很大发展空间。从三农问题的解决出发，由于农村宽带化投资回报周期长，运营商缺乏积极性与主动性，农村宽带化仍是发展难点，数字鸿沟的进一步加大不利于城乡一体化发展。《中共中央关于制定国民经济和社会发展第十二个五年规划的建议》中提到，“全面提高信息化水平，推动信息化和工业化深度融合，加快经济社会各领域信息化。实现电信网、广播电视网、互联网‘三网融合’，构建宽带、融合、安全的下一代国家信息基础设施”。宽带产业的蓬勃发展将成为我国“十二五”时期促进信息化与工业化融合、提高国民经济整体技术水平与发展战略性新兴产业的重要推动力。

本期编译内容选自美国审计署研究报告《国家宽带计划反映先进国家经验，但实施面临挑战》，以加拿大、法国、日本等7个OECD主要成员为研究对象，在提高宽带部署和使用方面总结了各国采取的措施，并对比分析了美国国家宽带计划提出的相关政策建议。报告认为美国实施国家宽带计划将面临挑战，需要多个公共和私营部门的通力合作。

国家宽带计划反映先进国家经验，但实施面临挑战*

20世纪90年代，家庭用户访问互联网的主要途径是电话拨号，数据传输速度只有56Kbps（Kilobits per second）。90年代末出现了互联网宽带接入，网速比拨号方式有了很大提升。例如，在美国，某些电话线承载的宽带服务上行（也称上传，数据从用户端传输到Internet服务提供商）和下行（也称下载，数据从Internet服务提供商传输到用户端）速率均超过1Mbps（Millionbits per second）。更高的带宽使得用户可以更快地获取信息，访问那些拨号方式根本无法访问的网络应用。同时，宽带网络通常一直在线，避免用户每次上网都建立连接。因网速高于拨号方式，宽带价格也相应较高，此外，宽带用户还可以额外付费获得更快的网速。

用户可以选择多种宽带接入方式，下面列举几种。

• 电缆调制解调技术。20世纪90年代末，有线电视运营商开始在居民区推广有线宽带，利用传输电视信号的同轴电缆提供宽带服务。虽然影响网速的因素很多，但有线宽带的下载速度通常为6Mbps，某些运营商则高达100Mbps。

• 数字用户线路（DSL，Digital Subscriber Line）。DSL是基于普通电话线的宽带接入技术，利用语音业务未占用的频段传送数据。为了提供DSL服务，电话公司必须升级、改造现有设备并在用户端安装调制解调器。大多数用户使用非对称数字用户线路（ADSL），其下载速度介于1.5Mbps到

* 编译内容来自美国审计署研究报告，http://www.gao.gov/products/GAO－10－825。参与本文编译的主要人员是国家信息中心公共技术服务部的汪育明、贾一苇、张春雨、李军、栾国春、王江、蒋凯元。

3Mbps 之间，短距离传输时能达到 8Mbps。某些地区最新的 DSL 技术可以达到 8～50Mbps 的传输速度。

• 卫星通信。利用地球同步卫星传输数据，无需借助电话或有线电视线路。通常，卫星通信下载和上传数据的速度约为 1Mbps 和 200kbps。卫星通信有一定延时，一般为 0.5～0.75 秒，因此对于某些互联网应用而言并不适宜，如视频会议等。卫星通信理论上可以覆盖全国范围，只需满足用户端天线和卫星间无视线遮挡。通常，卫星通信的设备初装费和月租费高于其他大多数宽带连接方式。

• 无线通信。陆基无线宽带服务（或称陆地无线宽带服务）通过无线电设备连接用户与网络，一些公司在整个城市内提供固定的无线宽带服务。同时，移动电话运营商也开始提供无线移动宽带，用户可以通过手机或者便携式电脑访问网络。或者用户可以通过 Wi-Fi 网络“热点”在半径为 300 英尺的范围内访问网络，这些热点通常分布在咖啡厅、酒店、机场和办公区域。热点访问的方式通常使用高达 54Mbps 速率的短距传输技术。此外，现处于部署早期阶段的第四代无线通信技术（或称 4G）有望实现 50～100Mbps 的宽带速率。部分 4G 技术，如微波接入全球互通（WiMAX）技术可在 30 英里的范围内提供宽带服务，但在那么远的距离上，数据的传输速率也会较低。

• 光纤通信。光纤通信是以光波作为信息载体，以光纤作为传输媒介的一种通信方式。在日本和韩国，政府鼓励运营商提供光纤通信，在未来 3～5 年数据传播速度将达到数十甚至数百兆比特每秒，在某些地区将达到 1G 每秒，超过现有的 DSL 和调制解调器方式上网的速度。光纤通信可以提供多种接入方式，包括直接接入用户家庭或办公区域，或接入到运营商设备与用户之间的某个区域。后一种方式在入户时可以采用同轴电缆、铜线或无线电技术，这种混合方式比全部采用光纤的成本要低些，但数据传输速度也会相应降低。

在美国，联邦通信委员会（FCC）原则上负责宽带业务，但其事务处理范围还未明晰。2002 年制定的一系列决策中，联邦通信委员会基于通信法把宽带服务归类为信息服务，信息服务不受通信法第二部分（主要阐述了通信服务，如电话服务等内容）的约束，但联邦通信委员会依法对这些领域进行管理。然而联邦通信委员会宣称基于通信法第一部分，其有辅助性权力管理宽带网络服务。近期联邦上诉法院哥伦比亚特区巡回庭质疑这种权力，在康卡斯特公司诉联邦通信委员会的案例中，法院认为联邦通信委员会管理网络服务提供商的实践是基于辅助性职权，辅助性职权的使用应基于通信法特定法律的授权，而联邦通信委员会并没有这么做。自此，联邦通信委员会发布了调查通知（NOI），向公众征集意见来寻求其管理宽带网络服务的合法框架。调查通知建议联邦通信委员会至少有以下三个合法的选择。

• 对于康卡斯特公司质疑通信法第一部分的辅助性职权，建议维持现有宽带服务的信息服务框架；

• 基于通信法第二部分的要求，明确宽带服务的连通性归属为电信服务；

• 根据 1993 年国会对手机服务制定的政策框架，宽带服务连通性归属为电信服务的同时，基于通信法第二部分应实施宽带服务连通的基本普及、宽带接入竞争、市场准入以及消费者保护。

调查通知就上述三方面法律措施及其他相关措施发表的评论，将为联邦通信委员会的宽带政策建立坚实的法律基础。公众意见征集截止日期为 2010 年 7 月 15 日，回复意见截止日期为 2010 年 8 月 12 日。

在美国，另有其他三个联邦机构也对宽带事务负责。

• 隶属美国总统行政办公室里的科学与技术政策（OSTP）办公室，负责就科技在国内、国际事务中产生的作用向总统提出建议，并联合各部门制定科技发展政策与预算；

• 隶属美国商务部的国家电信和信息管理局（NTIA），是国家电信和信息领域的主要政策建议人，与其他相关分支执行机构一同制定电信管理政策；

• 隶属美国农业部的农村公共事业局（RUS），为宽带部署提供资金来源。

基于 2009 年 2 月 17 日实施的美国复苏与再投资法案，国家电信和信息管理局和农村公共事业局负责分配用于扩大宽带部署覆盖范围的联邦资金。该法案提供 72 亿美元用于宽带接入建设，其中国家电信和信息管理局占 47 亿美元，农村公共事业局占 25 亿美元。值得一提的是，为刺激宽带的使用需求和普及宽带，复苏与再投资法案授权国家电信和信息管理局会同联邦通信委员会制定宽带技术机遇方案（BTOP），对各种宽带基础设施供应商、公共计算机以及创新型项目进行竞争立项，以刺激宽带的使用需求和宽带的普及。复苏法案设立了 47 亿美元中的 3.5 亿美元用于发展和维持全国范围内网络服务的可用性，这在宽带数据改进法案中也进行了规定。此外，该法案将国家电信和信息管理局部分拨款划转至联邦通信委员会用于制定国家宽带计划，以便让全体美国公民都能够接入宽带网络。复苏法案还授权农村公共事业局制定宽带行动计划（BIP），对农村地区的宽带基础设施项目发放贷款和拨款。根据复苏与再投资法案，所有的宽带技术机会项目与宽带行动计划拨款需在2010年9月30日前完成。

2009年5月，我们对过去的宽带部署政策管理情况、资助宽带基础设施建设的联邦项目执行进展，以及这些管理措施和项目产生的效益进行了报告。同时对于宽带普及率高于美国的部分世界经济与发展组织（OECD）主要成员（以下简称经合组织成员），我们也对比分析了它们制定的政策，建议联邦通信委员会、国家电信和信息管理局和农村公共事业局进行协作，明确宽带部署的目标和措施，一起努力实现国家宽带计划的最大效益。

1 影响OECD成员宽带普及率的因素

1.1 OECD主要成员宽带入户基本实现

尽管存在人口因素和地理因素的差异，但在30个经合组织成员中，有27个国家（包括美国）已经在超过90%的家庭中部署了宽带。虽然存在着地理和财政的差异，但经合组织各成员都实现了很高的宽带部署率。然而，不同的经合组织成员在宽带基础设施部署中面临着不同的挑战。例如，在面积最小、人口最密集的丹麦，平均每平方公里有128个人，99%的家庭都部署了宽带。美国的国土面积是丹麦的228倍，人口数量是丹麦的56倍，平均每平方公里有32个人，宽带部署率达到95%（见图1和图2）。

据Akamai信息技术有限公司提供的数据显示，在全部30个经合组织成员中，宽带网络平均下载速度最慢的是墨西哥，为1.352Mbps，最快的为韩国，为11.717Mbps，而大多数国家的宽带网络平均网速在3~8Mbps之间。这家公司是全球知名的网络服务商，在大约71个国家发布宽带网络下载速度的评估报告。在经合组织成员中，美国的平均网速排在第14位[①]，为

① 引自Akamai信息技术有限公司发布的《2009年第4季度互联网状况报告》（波士顿，2010）。这份报告中有4个经合组织成员（匈牙利、波兰、斯洛伐克和土耳其）不包括在内。Akamai公司将“宽带网络”定义为下载速度超过2Mpbs的网络，将“高速宽带网络”定义为下载速度为5Mpbs或以上的网络。与此对应，下文提到的“窄带网络”数据针对的是下载速度在256Kbps以下的网络。

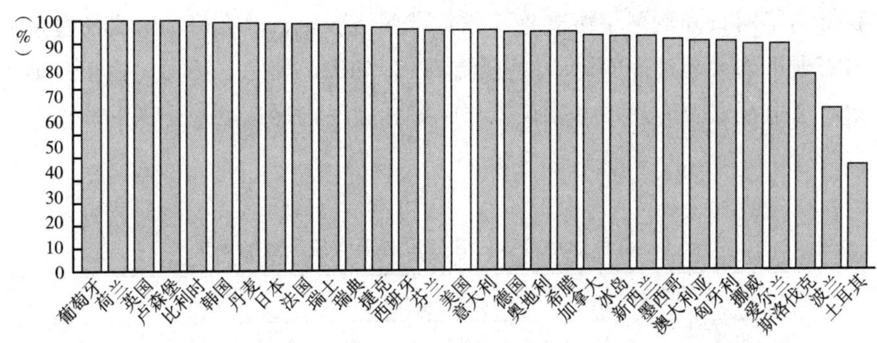

图 1　经合组织（OECD）成员家庭宽带网络覆盖比例

数据来源：美国国家审计署对经合组织数据进行的分析。

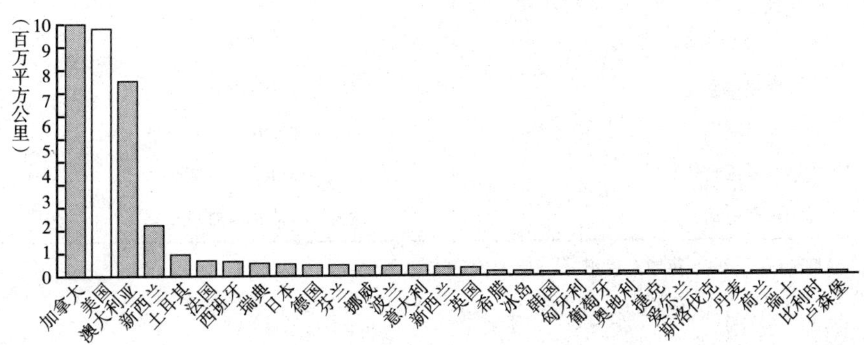

图 2　经合组织（OECD）成员国土面积

数据来源：美国国家审计署对中央情报局数据进行的分析。

3.808Mbps。然而，实际宽带网速在某些条件下可以大大超过平均值。例如，美国以下 3 个地区提供的宽带网络平均速度在世界上名列前茅，分别为加利福尼亚州的伯克利（18.730Mbps）、北卡罗来纳州的教堂山（17.483Mbps）和加利福尼亚州的斯坦福（16.956Mbps）。另外，在 Akamai 公司评出的 100 个平均网速最快的城市中，美国独占 21 席。

宽带网络基础建设的质量优劣往往体现在用户享受到的网速上。宽带网速越快，用户能够通过互联网使用的服务就越多。例如，美国和日本对高清电视（HDTV）的需求在全球居前列，这种电视在互联网上播放时所需的网速竟然高达 18Mbps，而现有的网络视频仅需要 1～4Mbps。如果随着时间的推移，上述速度要求不断提升，而人们不但需要观看高清互联网电视，还需要获得浏览网页和玩网络游戏等其他宽带网络服务，那么每个家庭的宽带网速的需求可能会超过20Mbps，甚至更高①，如表1所示。然而，由于目前大多数高清电视需要专用的基础设施作保障，互联网网速需求受到的冲击并不算大。

表1　各种数字媒体内容应用对于网速带宽的要求

应用类型	网速要求
高清电视	10～14Mbps
网络游戏	2～14Mbps
视频点播	1.5～12Mbps
交互式网络电视(IPTV)	1.5～12Mbps
视频会议	1～12Mbps
虚拟世界	1～8Mbps
网页浏览	64Kbps～4Mbps
音频流媒体	128Kbps～1Mbps
语音通话	64Kbps～512Kbps

资料来源：《2008年经合组织（OECD）信息技术展望》。

1.2　OECD主要成员宽带普及率的差异

诸如人口数量、费用以及是否拥有电脑等人口统计因素都会影响宽带网络普及率。17个经合组织成员的宽带网络普及率都超过了每100个居民23.3条用户线路的平均水平，美国的宽带普及率为每100个居民26.4条宽带线路，也包含在上述17个国家中。此外，美国的宽带用户总数超过了其他经合组织成员，达到了8100万户。日本有3100万户宽带用户，位居第二位，但还不到美国用户数量的一半。②

人口数量也是分析宽带网络普及率时必须考虑的重要因素。例如，在宽带网络普及率最高的10个国家中，有7个国家也同时位列人口数量最少的10个国家。因为美国的人口数量比其他经合组织成员都高得多，美国的宽

① 参见Darrell West撰写的《高速宽带网络的国家视角》，布鲁金斯学会（华盛顿特区：2010年2月）。

② 参见《经合组织》2009年12月。

带网络普及率每提高 1 个百分点[①]，相对应的宽带网络线路的订购量就需要增加 300 多万条。对比而言，荷兰只需要增加 16 万条线路就可以使普及率提升 1 个百分点。假设所有其他因素相同，则美国的宽带采用率提升 1 个百分点所需的开销比其他任何国家都多，如图 3 和图 4 所示。

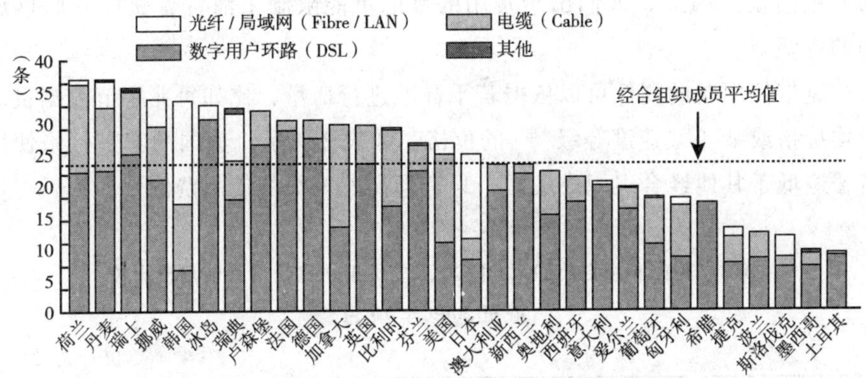

图 3　经合组织（OECD）成员平均每 100 名居民中的宽带网络订购数量

数据来源：经合组织（OECD）。

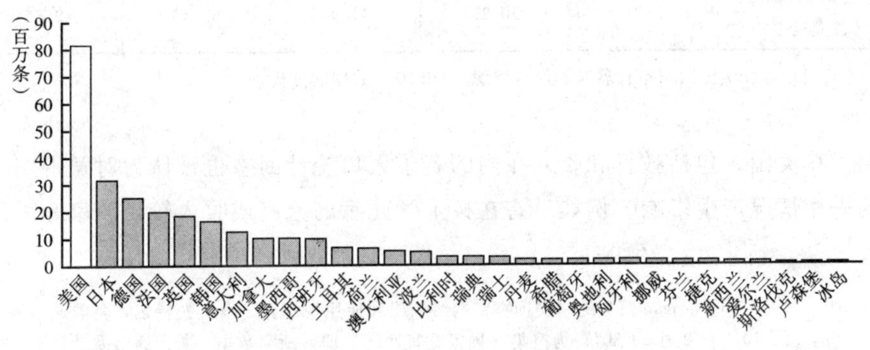

图 4　各国宽带网络订购数量

数据来源：经合组织（OECD）

1.3　影响宽带普及率差异的因素

费用（包括每月宽带使用费和电脑或其他上网设备的花费）是影响宽带网络普及率的另一关键因素。2009 年美国通信委员会开展的一项调查显

① 1 单位指的是每 100 名居民增加 1 条订购线路。

示，65%的美国成年人在家使用宽带网络，而12%的美国成年人通过拨号连接上网或不在家中上网。[①] 这项研究还对美国的非网络用户进行了调查，发现超过1/3的人表示费用是他们不订购宽带网络服务的主要原因。此外，网络使用费也随着网速的提高而增加，从而抬高了高速宽带网络服务的使用门槛。因此，人们出于费用的考虑可能限制了消费者获取互联网应用的等级。[②]

宽带使用费的高低可以依据若干标准进行衡量，比如每兆字节数据量的平均价格或某一"速度等级"[③] 的价格。如表2所示，美国的宽带网络使用费普遍低于其他经合组织成员国，只有超高速等级的使用费例外。

表2　美国和经合组织（OECD）成员平均宽带网络使用费比较
（截至2009年10月）

单位：美元

类　别	平均每兆字节/M秒使用费	低速网段月平均使用费	中速网段月平均使用费	高速网段月平均使用费	超高速网段月平均使用费
美　国	8.06	23.74	36.90	60.13	122.45
经合组织(OECD)各成员平均	8.75	30.23	41.94	67.43	72.85

资料来源：美国国家审计署对于经合组织（OECD）数据的分析。

在美国，包括教育和收入在内的若干人口统计因素也被认为对宽带网络的采用情况产生影响。例如，有在校上学儿童的家庭或收入较高的家庭采用

① 参见John Horrigan撰写的《美国宽带网络采用和使用情况》（华盛顿特区：美国通信委员会，2010年2月23日）。为搜集《国家宽带网络计划》所需数据，美国通信委员会于2009年10月和11月发起了一项针对全国代表性样本的电话调查，先期拨打了10万个电话号码，得到了5005份居住在美国的成年人的回复。这次调查的数据源自两个样本：陆基线路电话号码和手机电话号码。陆基线路电话的回复率为22%，手机电话回复率为19%。数据进行了加权，排除了已知人口统计因素的干扰。在信度达到95%时，基于全部样本进行推测的样本错误率不超过1.6%，而基于未采用宽带网络者进行推测的样本错误率不超过2.4%。本研究的结果类似于美国国家电信和信息管理局（NTIA）在2010年2月发布的研究结果，后者基于2009年10月从5.4万个家庭采集的数据，参见美国统计局当时的人口普查报告中的一项关于互联网使用情况的附录：《数字国家：21世纪美国在普及宽带互联网领域获得的进展》，编者为美国商务部国家电信和信息管理局（华盛顿特区：2010年2月）。

② 参见《博克曼报告》和《经合组织》。

③ 根据《博克曼报告》，"速度等级"指的是"低速"（256Kbps～1.9Mbps）、"中速"（2～11.9Mbps）、"高速"（12～32Mbps）和"超高速"（35Mbps以上）。

宽带网络的网速等级也较高。[①] 美国通信委员会2009年开展的调查显示，未成年子女的父母中有75%在家中安装了宽带网络，而年收入超过7.5万美元的家庭中有91%安装了宽带网络。与之相反的是，年收入低于2万美元的家庭只有40%安装了宽带网络，如表3所示。

表3 美国某些群体的宽带网络普及率

单位：%

群 体	目前的普及率
全国平均水平	65
农民	50
低收入者（年收入低于2万美元）	40
老年人（65岁以上）	35
教育程度偏低者（低于高中学历）	24

注：以上数据均是以家庭为单位计算的，而不是按照人数计算的。

数据来源：美国通信委员会编写的《连接美国：国家宽带网络计划》（华盛顿特区：2010年3月17日）。

宽带网络的普及率也与是否拥有个人电脑有关，因为只有拥有电脑，用户才能获取网络服务。在30个经合组织成员中，美国在个人电脑保有率方面位居第5位，每100名居民拥有80.6台电脑，远远高于52.3台电脑的平均水平。然而，尽管有如此之高的个人电脑保有率，美国通信委员会2010年的调查却显示，10%的非宽带网络用户将购买电脑费用过高作为其不使用宽带网络的主要原因。

根据对于经合组织和世界银行数据的分析，收入是经合组织成员居民使用宽带网络的主要推动因素。例如，在经合组织内部，土耳其的人均国民总收入（GNI）[②] 最低（人均9020美元），其宽带网络普及率（每100名居民中只有9.0个宽带用户）也是最低的；而人均国民总收入（GNI）位居第8位（47930美元）的美国，宽带网络普及率居第15位（每100名居民中有26.4个用户）。宽带网络普及率高居第4位（每100名居民中有33.9个用户）的挪威，人均国民总收入（GNI）排名第1位（87340美元）（如图5

① 参见John Horrigan撰写的《2009年家庭宽带网络采用情况》，2009年。

② 人均国民总收入指的是一国生产的价值总和（也就是全部国内产品的总价值），加上该国从其他国家获得的收入（主要是各种利息），减去该国向其他国家支付的款项，再除以该国人口数量。

所示）。尽管存在一些特殊的情况，但宽带网络普及情况大致随着收入的下降而下降。

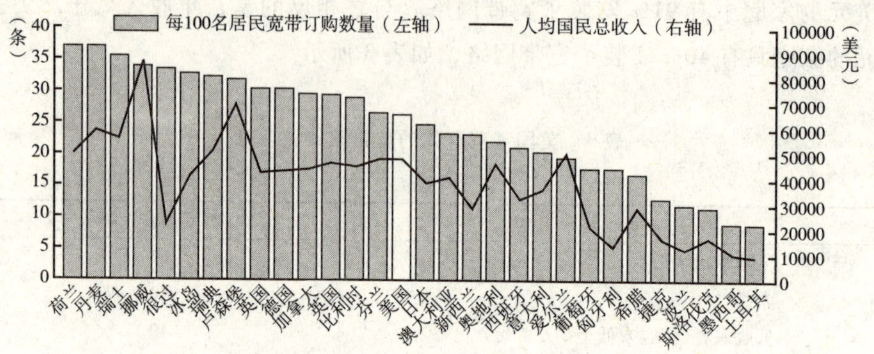

图5 每100名居民的宽带网络订购数量与人均国民总收入对比

数据来源：美国国家审计署对于经合组织（OECD）和世界银行数据的分析。

2 部分OECD成员普及宽带网络的措施

2.1 制定宽带计划并获得领导层重视

我们选择OECD成员中7个国家作为研究对象，它们都制定了宽带网络计划。大致来说，这些计划包括短期目标和长期目标、行动方针和操作规程。这些内容与美国《政府绩效和成果法案1993》（GPRA）的要求相符，即强调必须拥有明确的目的、操作计划、各阶段目标和措施以提高计划的有效性。利益相关方告诉我们，包含各种目标和行动措施的计划得以批准，有助于集合全国之力提高宽带网络部署率和普及率。以下是几个例子。

• 2001年，日本制定了一项计划，拟在2005年前为至少3000万个家庭提供高达30Mpbs的网速，为至少1000万个家庭提供高达100Mpbs的网速。这一目标在2003年就得以实现。2009年，日本又制定了《2015年电子日本战略》，拟为固定网络提供1Gbps的网速，为移动无线网络提供超过100Mpbs的网速，并提出在2015年左右实现宽带网络服务100%的覆盖率。

• 1997年，加拿大启动了《政府上网》计划，围绕居民、商业统筹服务和信息展开。从2002年开始，通过《农村和北部宽带网络开发》和《连通加拿大人》等计划，加拿大把宽带网络引入了农村和边远地区，在加拿大所有4000个社区都实现了网络连通公共机构（包括学校和图书馆在内）的目标。2009年，加拿大制定了《宽带加拿大》计划，拟斥资2.25亿美元在3年内把宽带网络基础设施安装到不通网络的农村和边远地区的居民家。

• 2009年，英国制定了《数字英国》计划，拟在2012年前实现下载速度至少为2Mbps的宽带网络的全面普及。

• 2001～2007年，瑞典政府制定了在农村地区铺设宽带网络线路的政策。2008年，99%的瑞典家庭都可以上某种形式的宽带网。2009年，瑞典政府制定了《瑞典宽带网络战略》，计划在2020年以前保障90%的家庭能够用上网速至少达到100Mpbs的宽带网络。

除了制定计划，各国领导层在提高网络部署率和普及率方面也提供了重要的帮助。在韩国，政府官员指出，该国总统经常强调宽带网络计划有助于提升宽带网络普及率。另外，该国的多个部门也强调网上政府服务的重要意义，并经常相互竞争以开发新的互联网应用手段。法国政府在2008年3月组建了数字开发部长办公室，让其负责拟定国家宽带网络战略，也就是所谓的《2012年数字法国》战略。该战略拟在2012年以前实现100%的宽带网络覆盖率，并帮助有权管理信息技术的部门协调工作。

2.2 分工合作推进宽带基础设施部署

私营企业在商业区投资建设宽带基础设施的热情很高，但由于经济效益较低，往往忽视农村和分散的社区，通常这些地区只能靠政府投资建设。我们调研的国家不约而同地采取了公私合作方式①推进宽带服务普及，地方政府和企业分担网络建设成本，并由企业负责日常运行和维护工作，取得了很好的效果。以下是一些示例。

• 日本信息和通信部表示，日本国内宽带接入率已达98.6%，为了进一步促进农村和边远地区宽带服务的普及，力争在2011年3月底前消除覆盖死角，政府因此制定了公私合作推进方案。方案规定国家出资1/3，地方政府与企业协商出资比例进行建设；地方政府帮助吸纳用户，拥有建成后的网络所有权，合作企业成为当地指定的运营商。

• 2001～2007年，瑞典着手通过公私合作方式促进宽带在农村和边远地区的覆盖。州政府、地方政府和运营商共同出资设立专项基金，其中地方

① 公私合作指的是政府和企业间风险共担、利益共享的合作模式。

政府出资额不少于基金总额的5%。官方评估报告显示，采取公私合作方式并设立专项基金有效地提升了宽带网络覆盖率。

• 2006年，为了刺激经济增长，位于法国巴黎市郊的Hauts-de-Seine地区提交了一份建议，地区政府将雇用一家私营企业自2007年开始，用6年的时间在全区范围敷设光纤，为辖区居民、企业和公共设施提供服务，建议中还明确了作为信息基础设施，光纤资源将为各运营商共享。地区官员告诉我们之所以编制这样一份方案，因为企业不会在经济发展水平各异的地区投入相同的财力建设信息基础设施，在没有政府干涉的情况下，富人区和贫困区、商业区和郊区出现数字鸿沟将在所难免。Hauts-de-Seine的官员还表示，采取公私合作模式兴建完全开放的信息基础设施，可以使网络达到最优配置，同时扩大运营商的客户规模，从而实现双赢。此外，网络的所有权将在25年后交还当地政府。

• 加拿大渥太华市及其周边地区90%的面积是农村，2001年时该地区仅有2%的居民享受宽带服务。为了促进宽带普及，2007年渥太华市开始与私营运营商接洽，提出了采用无线电和卫星通信相结合，旨在100%覆盖的方案。一位地方官员告诉我们，由于渥太华周边多为山地，全部采用基站为当地居民提供无线连接的成本太高，局部采用卫星通信十分必要。他还指出，从实际运营效果来看，运营商并未向政府索要非分的收益，同时服务质量优于规定的要求。目前，宽带网络已经覆盖了渥太华及周边所有地区，98%利用无线电通信，其余2%的地区采用卫星通信[①]，城区和农村的宽带普及率分别达到80%和50%。

• 我们了解到韩国正利用公私合作模式消除城乡间的数字鸿沟。例如，韩国电信和政府合作为50户以上的农村提供最高50Mbps的宽带服务。2002年韩国电信私有化时曾承诺在边远地区建设信息基础设施。事实上，韩国政府自2005年以来分担了部分建设费用，具体比例为：韩国电信出资50%，中央和地方政府分别出资25%。

2.2.1 各地以公私合作方式部署光纤以获得更快的网速

在不少国家，企业直接将光纤敷设入户的步调已经放缓了，虽然光纤链路拥有很高的带宽，但铺设成本也很高，而超过50Mbps的业务需求不大，况且DSL等接入方式也能提供50Mbps以上的带宽。从长远角度考虑，光纤

① 对该地区而言卫星通信是宽带接入的唯一手段。

网络是未来发展不可或缺的基础设施。鉴于企业不愿承担全部建设成本，某些国家采取了公私合作方式，示例如下。

- Stokab 是一个市政当局拥有的光纤网络，建立于 1994 年。Stokab 官员表示，斯德哥尔摩市政府早已预见到光纤是未来最为切实可行的通信技术，但那时当地电信运营商对于部署光纤宽带的热情并不高。当地政府历来重视历史遗迹保护，它们认为若没有统一的计划，将来任由企业自行敷设光纤势必对市政保护产生不利影响。因此斯德哥尔摩市政府决定部署、维护名为 Stokab 的光纤网络，向企业提供自用或转租的裸光纤服务。[①] 瑞典国内很多地区均已采用 Stokab 模式。

- 在荷兰阿姆斯特丹，2000 年时宽带服务已很普及，当时主要利用电话网络，光纤尚未入户。政府认为光纤设施是城市未来竞争力的重要保障，尽管当时企业不愿投资建设。2006 年阿姆斯特丹政府和企业共同出资，建设遍布市区的光纤网络。市政府并非是此项工程实施公司（GNA）的最大股东，地位与普通投资商无异。GNA 已经为多个社区超过 43000 个家庭铺设了光纤，2009 年的新一轮建设将进一步覆盖另外 10 万个家庭。

2.2.2 公私合作方式产生的问题

尽管公私合作方式能带来双赢，但还是引起了一些担忧，比如利用公共资源实现商业目的，对于该领域的其他企业而言有失公平。两家运营商告诉我们，资助边远地区发展有线网络宽带业务对提供卫星或无线基站宽带服务且未受资助的运营商是不公平的。日本和加拿大的企业也提出了对于政府投资项目持续性的疑问，政府资助一旦停止项目的后续维护问题值得忧虑。此外，欧盟委员会对将公共资源用于商业活动有明确的限制。[②]

部分国家对市政网络的兼容性表示忧虑，它们认为有必要制定相关标准。瑞典、英国和荷兰认为由中央政府制定统一的规范对于地方开展公私合作方式推进宽带设施部署很有帮助，具体如下。

- 瑞典方面表示，政府于 2001 ~ 2007 年在农村和边远地区投资建设的宽带设施出现了网络不兼容等问题，未来它们将通过建立适用于各类市政工程的标准规范来解决这些问题。

- 英国政府表示若没有各地配合，建设全国性宽带网络的目标将难以实

① 裸光纤是指已经铺设并预留给未来使用的光纤资源。

② 详见《欧盟官方杂志》，2009 年 9 月 30 日。

现，跨地区合作的基础是建立完善的标准规范。目前，英国政府已经着手此项工作。

• 荷兰政府表示相关部门正在制定跨地区的涉及宽带网络建设、运维最佳实践的参考指南。

2.3 加强宽带接入产业竞争，以向消费者提供更多选择并降低价格

在我们示例的这7个国家中，93.5%～100%的家庭都已经使用了宽带，那些在城市的居民可以有两家宽带运营商予以选择。在一些我们访问的国家中，像加拿大和荷兰，为郊区和城市居民提供宽带服务的运营商主要是电话和电缆公司，它们都是在它们自己的网络上提供服务。然而，在其他的国家，像法国和瑞典，有线线缆服务还没有全面普及，在全国范围内没有有线运营商和电话公司进行竞争。为了确保宽带服务有一个全国性的竞争市场，7个国家中的6国都通过法规制度加强有线宽带服务的市场竞争，要求电话运营商义不容辞地开放其铜线网络（用来提供电话服务的遗留的基础设施），并廉价提供给其竞争对手。这种策略通常被称为“分类计价”。分类计价已经为法国、英国、瑞典、荷兰和日本的城市居民提供了3个或者更多的运营商选择。一些国家的政府官员告诉我们，已经实施分类计价的公司为用户提供了多重利益，像充分的竞争、更高的网速、更好的服务，以及更低的价格。以下是一些国家的例子。

瑞典当局相信网络分类计价策略会为消费者提供相对低的价格和好的服务质量。

荷兰的官员告诉我们，分类计价在本地的循环已经刺激了竞争，导致了DSL（数字用户线路）在全国家庭的普及率超过了99%。

在英国，电信运营商的监管机构暨通信管理局办公室的官员告诉我们，自从实施分类计价以来，至少4家本土以外的运营商进入了英国宽带市场。

在韩国，虽然分类计价没有增加竞争，但是几家公司正在通过建设自己的网络积极地与现有宽带提供商进行竞争。一家公司的执行官将公司在韩国很难进入现有的网络归于分类计价的局限性。另外一家公司的执行官说，几家宽带运营商都增强了它们的基础设施建设，因为竞争的根本是宽带速度。如果一家公司用另外一家公司的网络，那么它就不能提供比拥有网络的公司更快的速度。结果是，在韩国，大部分的城市居民家庭都有4家运营商可以选择，而且每一家运营商都使用自己的网络。

为了进一步鼓励竞争和确保现有的运营商不会通过对那些访问它们的基

础设施的公司收取过高的费用来阻碍竞争，这7个国家都控制了访问现有基础设施的价格，来保证竞争者们能够使用现有的基础设施。[①]

我们示例的大部分国家都从现有的电信运营商松绑它们的铜电话线得到了利益。但是光纤分类计价的利益还不是很清楚。荷兰和日本都需要光纤的分类计价，英国实施了虚拟的分类计价[②]。然而，一些示例国家的官员都很关心分类计价的影响，提出光纤打破规律地过早上市将会阻碍投资。

此外，日本的工业代表也告诉我们，虽然铜线的分类计价已经加强了竞争，但是光纤的分类计价影响还是比较小，因为访问竞争者的光纤设施需要较高的花费。这些工业代表解释说，大部分有成本效益的、广泛使用的建筑对于光纤部署来说，光纤模块（G-Pon）在当前昂贵的松绑和技术局限下，限制了其租用现有光纤基础设施的收益。经合组织的代表也表达了对此问题相同的关心，告诉我们，他们提倡用一个网络结构而不是 G-Pon 来推动竞争。因此，光纤广泛的部署方式能够影响未来在光纤网络上竞争的结果。

2.4 扩展在线服务以提高宽带使用率

虽然在我们示例的7个国家中有90% ~100%的家庭都有一些宽带使用的形式，但是接近30%的家庭没有申请有线宽带服务。增加宽带服务的使用对决策者是重要的，因为就像经合组织阐明的那样，宽带不仅在经济的运行中扮演着重要的角色，而且连接着消费者、商业、政府和社会组织。我们示例的这7个国家政府都试图通过政策增加消费者对宽带服务的使用。以下是一些例子。

上述7国都设置了专用资金为学校部署宽带，免费或者低价给学生提供电脑。日本的教育部为每个小学生提供一台电脑；韩国为全国的小学、初中、高中提供免费的互联网服务；在荷兰，每一个城镇都有一定的补贴，鼓励在学校和新建建筑中使用宽带服务，另一种补贴是用于给家庭购买个人电脑的，因为孩子们在家里需要从学校的网络课堂学习知识。

为了增加宽带在公民中的使用，7国政府部门都努力在互联网上为居民提供有效的服务，如电子政府服务。英国政府正在计划实施一项服务，居民可以较快地完成在线登记出生或死亡，不需要和复杂的组织打交道。韩国居

① 在英国，访问 BT（以前的英国电信）的基础设施，在全国范围内是要求以接近成本的价格提供的，通常，价格控制在频率使用比较高的服务范围内。

② 英国通信管理局已经定义了作为一个过程的虚拟分类计价将会允许竞争者的操作者访问现有的新的可视光纤网络，借助一个在新线路上的专门的可视链接。

民可以在线缴税，并且政府为这种缴纳方式提供一定的折扣。荷兰政府在互联网上为所有的公民提供有关官方文档，包括税收和社会安全信息。

此外，英国通信管理局还为服务商提供了一套可控的工作准则，要求它们为公众解释关于宽带速度的相关事宜。英国通信管理局采取这项措施是因为消费者在选择宽带运营商时对于关于互联网速度的问题（如为什么服务速度是重要的，消费者是否获得了购买时广告中所说的速度）都无从知晓。所有的互联网提供者都会在可控的工作准则中注册。英国通信管理局修改了准则，允许消费者如果没有获得宽带运营商承诺的网速，可以不受任何惩罚地更换运营商。英国通信管理局也支持一个搜索程序来鉴别实际的宽带速度和对比不同运营商的速度和服务。通信管理局在其网站上已经公布了其有价值的研究报告。

韩国建立了一套自愿的房屋认证程序，鼓励房主更新他们的宽带访问设施。房屋一旦经过认证，房主可以发布标志其房屋上网速度的四种标记之一，或者网络的访问类型，或者两者兼而有之。速度范围是从 10Mbps（三级）到 1GMbps（特殊级）。房屋主人如果提供更快速度，政府允许他们收取更高的房租。

一些国家也设立研究基金来提高宽带的使用。例如，在荷兰，政府为三项科研项目提供拨款来提高高速宽带的使用，从而促进基础设施的部署和服务。加拿大赞助了科学研究和实验发展项目，提供联邦税鼓励企业研究和发展，这将会有新的具有较高技术的产品或工艺的产生，包括宽带技术。

2.5　提供数字培训或补助以提高目标人群的宽带使用率

美国的研究显示，部分人群由于缺乏知识、兴趣、可用的计算机和无力支付宽带服务费而放弃使用宽带服务。我们研究的这几个国家政府都决定主动采取一些措施以增加这些人群对宽带的使用。

在韩国，政府为农民、老年人、家庭主妇等超过 1000 万的居民提供了多种类型的培训，使他们能够顺利地使用和访问互联网。在经济欠发达区域和许多农村地区，政府提供互联网服务或者免费的互联网访问，减少了每个月宽带的花费。

英国也拨款 3 亿英镑为低收入宽带用户提供补助。

荷兰经济事务部为老年人顺利访问互联网开发了手指触摸程序。

1998 ~ 2007 年，瑞典实施了一项措施，增加了家庭个人计算机的可用性。这项措施为所有社会人员提供了税收减免，产生了 2.1 亿台个人计算机的销售量。

3　增加宽带部署、使用与普及率的政策建议

美国国家的宽带计划超过200条建议，计划的执行主要分成四个方面：制定政策确保充分竞争；管理政府资产，管理宽带网络的通行权，促进网络升级；用政府资金帮助宽带在高消费地区的部署和在低收入人群中的普及；最大化宽带的利益对政府来说是意义深远的，就像教育、医疗健康、政府工作常设委员会。在我们示例的国家中，有五类措施与这四个方面不一样，但是在内容上部分是重叠的，代表了以相同的方式来扩大宽带的部署和普及。另外，美国通信委员会（FCC）通过国际研究发现，实施宽带数据改进法案在某种程度上会影响计划的很多方面。① 实施宽带计划将面临挑战，需要多个公私部门间的合作。

表4展示了示例国家五类措施与美国宽带计划建议四个方面的对应关系。

表4　示例国家为了增加宽带部署和普及采取的措施，以及美国国家宽带计划推荐的行动建议

一些或者全部示例国家采取的措施	美国国家宽带计划的行动建议
制定计划、政策指导宽带部署和得到领导支持	制定长期目标和执行策略，随着时间的推移，衡量措施的效果，通过创建一个跨机构的联合委员会来确保领导，促进计划的实施
通过公私合作来提供政府基金	管理政府的资产，如管理宽带网络的通行权以鼓励网络升级，设立普及性的服务基金，就像其他政府基金那样来帮助在高消费地区的宽带部署
促进竞争	设计政策来确保充分竞争
执行策略，使宽带服务对于消费者更加可用和有用	在政府影响力比较大的领域，如教育、医疗与政府运转，充分发挥宽带效用
提供数字素养* 训练和消费者补助	使用政府基金来帮助支持宽带普及和使用，以及补助宽带在低收入人群中的普及

* 根据Paul Gilster在1997年定义的数字素养（Digital Literacy），“它是以不同形式来了解并且使用电脑广泛资源的能力”，1998年出版的*Digital Literacy*一书中，又定义数字素养为“取得电脑网络资源，并加以应用的能力”。

资料来源：美国国家审计署。

① 宽带数据提高行动委托美国通信委员会来执行国家宽带政策和行动的检查［Pub L. No. 110－385, title I, §103（b）, 122 Stat. 4096, 4097（2008）］。

3.1 制定宽带计划以指导基础设施部署

相比于7个国家制定计划和政策指导本国的宽带部署和使用，美国国家宽带计划也将为美国联邦通信委员会（FCC）、国会和联邦政府部门设计政策，指导未来宽带的部署和使用。同时，宽带计划建议对一些措施的执行效果进行评价。针对美国联邦通信委员会（FCC）的目标和任务，这些措施将根据收集的数据建立评判标准，在美国联邦通信委员会的网站上创建一个宽带计划执行仪表盘，显示关键指标和长期目标是否保持一致。仪表盘的目的就是提高公众对宽带计划执行力度量的理解，展示计划实施的进度与有效性。仪表盘将展示FCC收集和分析数据的一些度量细节，目的是跟踪计划目标执行的进度。表5显示了一个仪表盘信息——国家宽带计划阐述的一个执行目标。

表5 宽带计划目标和执行绩效的仪表盘示例

宽带计划执行绩效仪表盘		
2020年目标	度量标准	信息来源
至少1亿个美国家庭能够支付得起世界通行的实际下载速度100Mbps，实际上传速度50Mbps	全国范围内，每一个宽带供应商提供的宽带网络平均实际的上传和下载速度	FCC对网络性能的测量和使用者的信息披露
	能够以目标速度访问宽带网络的家庭数量	（FCC需要宽带提供者填写）
	全国范围内，用户访问宽带所需支付的最低价格	（FCC需要宽带提供者填写）

资料来源：审计署对美国联邦通信委员会（FCC）的数据分析。

在其他国家制定的计划和政策中，为了达到或推进它们的宽带计划的目标，高级政府官员的统一领导也起到了重要的作用。同理，美国国家宽带计划也会指定一个领导委员会。执行部门创建了由白宫、国家经济委员会以及管理和预算办公室的高级官员组成的宽带策略委员会。与美国联邦通信委员会（FCC）、NTIA和其他机构的高级别官员一样，宽带策略委员会的成员是宽带计划执行中的一个角色。在执行国家宽带计划中，宽带策略委员会将和其他行政部门机构进行合作。

3.2 提供政府资助以促进公私合作

在示例的7个国家中，各国政府都通过各种各样的机制来提供资助，诸如拨款和贷款，来帮助一些私人企业进行宽带基础设施的部署。美国国家宽带计划也提出了各种各样的国家资助策略和机制，来确保居民可以平等地使用宽带服务。例如，建议国会资助那些没有私人部门投资的广大地区，帮助提高宽带缺乏地区宽带的部署速度。

在所有示例的7国中，公私合作已经资助了宽带基础设施的部署。这些合作可以最大化政府资源的利益和最小化私人投资者的风险。国家宽带计划承认公私合作方式在提高宽带普及率方面产生的作用，但不会明确推荐使用此种方式资助宽带部署。然而，计划也会向国会说明部、州、地区和本地政府都能够建设自己的宽带网络。计划指出，当现有建设方式无法满足居民的宽带需求时，本地政府应该能够自己建设宽带网络。示例的7个国家以及美国，也会适当地提出一些指导来帮助地方政府形成这样的合作方式建设宽带网络。

3.3 加强宽带接入产业竞争

上述案例国家均发现竞争是促进革新和降低价格（对某些国家来说）的关键因素。有6个案例国家通过非捆绑的电话网络来促进竞争，竞争者利用现有的DSL技术提供宽带服务，这种技术不需要额外昂贵的电话基础设施部署需求。国家宽带计划也已经将竞争看做一种关键因素，认为“竞争对提高消费者幸福指数，刺激宽带接入网络的革新，降低宽带接入网络的投入成本起到关键作用。竞争为消费者提供更多的选择、更好的服务以及更低的价格”。然而，美国联邦通信委员会（FCC）的调查表明，美国宽带市场并不具有明显的竞争力，所以，政府必须研究美国现有的宽带竞争环境，以及现有的竞争体系对未来的影响。为了促进市场竞争，该计划需要美国联邦通信委员会（FCC）“全面地检查现有的政策，运用一个一致有效的方法，通过市场准入政策以提高竞争力”。一个具体建议是，因为该计划意识到现有的监督并不全面，美国联邦通信委员会（FCC）需要建立解决纠纷的方法，以保证本地宽带运营商为特殊接入服务竞争制定的利率、条款和条件的公平性和合理性。虽然许多国家已经这样做了，包括英国和法国，但该计划不建议美国联邦通信委员会（FCC）监督现任运营商的价格竞争。

另外，该计划发现通过增强无线频谱的有效性来扩大无线宽带基础设施的范围，对激励美国宽带市场竞争有帮助。目前，偏好宽带下载、上传高速率的消费者不会考虑把有线服务替换成无线宽带。但是，额外的频谱有可能使下载速度更快，允许企业提供无线服务使得对有线宽带服务的竞争更加有效。

3.4 实施宽带战略以提高公众宽带使用率

关于如何提高政府对公众网上服务的可用性，7个示例国家已经采取了措施，美国也如此。联合国（UN）认为电子政府是一个强有力的工具，并且对完成各国商定的发展目标（包括千年发展目标）非常重要。美国在2010年高级电子服务提供方面排名第二，比2008年上升两个名次，仅次于韩国。实际上，根据联合国（UN）的有关报告，美国在电子政务服务提供方面已经是个佼佼者。国家宽带计划应该通过增强联邦政府电子政务服务的可用性和性能以保持这种优势。具体地说，该计划要求总统行政办公室的科技政策办公室为提供在线服务制定5年的政策计划。

另外，为了增强电子政务服务的提供，该计划列入了10多个建议，目的在于提供更为广泛的市民在线服务，以促进整个政府对数字媒体内容的使用。例如，其中一个建议要求行政分支和独立部门可在线响应《情报自由法案》（Freedom of Information Act）的请求。当前，响应类似的请求在格式方面没有准则。

3.5 提供培训和消费补贴

最后，为提高宽带利用率，7个示例国家针对某些群体（如老人和贫穷人）提供数字素养培训和消费者补贴。一般来说数字素养培训指的是在使用信息和通信技术（ICT）去搜索、判断、建立和传递信息的过程中涉及的各种技能。它也包括利用互联网进行交流和协作的能力，如博客、自己发布的文件和讲演稿，以及协作的社交网络平台。根据FCC在2009年的调查报告，没有使用宽带的美国人中，有22%的人被确认是因为缺少数字素养（仅次于成本的因素），因此，国家宽带计划建议将数字素养培训作为提高宽带普及率的一种手段。就像人阅读和写作的能力一样，数字素养可以被视为一般的生活技能。该计划建议联邦政府成立数字素养公司来开展培训和宣传。根据该计划，这类公司能够帮助那些没有使用宽带的人克服技术带来的不舒适感，克服上网带来的恐惧感，并且帮助他们增加关切内容和应用的亲切感。

为了进一步提高宽带普及率，国家宽带计划给政府提出多种选择。例如，鼓励低收入群体使用宽带。该计划建议 FCC 加强生命线援助（Lifeline）和串联美国（Link-Up）程序，使宽带更能被低收入家庭负担得起。当前，“生命线”通过为部分家庭提供服务支持，降低了该类家庭的月服务费；“串联”提供电话服务初装费的一次性折扣（宽带没有折扣）。该计划同时建议，作为生命线的补充，FCC 应考虑提供一个无线频段用于免费或者低价的宽带服务，作为解决或者减少价格壁垒的手段。

3.6 实施国家宽带计划将面临的挑战

美国宽带计划采取与上述国家相似的措施以达到国家宽带计划目标，实现普遍接入，提高使用率与普及率，但国家宽带计划的实施将面临挑战。实施计划将要求各级政府部门与私营机构合作提高宽带使用率和普及率，具体是：以合理成本完成最后 5% 家庭宽带基础设施的部署；提高用户的数字素养；向特定人群尤其是老年人和贫苦家庭提供廉价的宽带服务。作为计划实施的领导者，美国联邦通信委员会（FCC）需要得到足够的资金，并在其他相关项目中与各级联邦、州、地方和私营实体合作。这些联合机构如何应对挑战，计划中政策建议的实施是否有效，以及今后私营部门在宽带部署和普及方面能发挥何种作用，这些都有待观察。

附录 A：研究范围与方法

为了评估宽带网络在发达国家的发展状况，我们采用了 OECD 于 2010 年 1 月 1 日收集的 30 个成员国的数据情况（智利虽然当时已是成员国，但没有相关数据提供）。我们考察了每个国家有线宽带基础设施的覆盖率、全国使用情况和每百名居民中的宽带使用人数。为了搞清楚统计学和社会经济学因素对宽带网络采用的影响，我们考察了不同渠道来源的信息，包括世界银行关于每个国家每百人中计算机拥有量，中情局世界知识手册中人口和土地面积统计，联邦通信委员会（FCC）有关美国使用宽带情况的统计信息；关于宽带速率，我们考察了 Akamai 科技的数据；关于宽带资费，我们考察了 OECD 数据。

我们从以下三个方面评价 OECD 和 Akamai 科技的可信度：评价这些数据和产生数据系统的当前情况信息；与熟悉这些数据的机构和公司负责人面谈；对必需数据项进行数据缺失、明显错误方面的人工测试。我们认为这些数据对于实现本报告的目标是足够可信的。我们从以下两个方面评价世行、中情局和 FCC 的数据可信度：评价这些数据和产生数据系统的当前情况信息；对必需数据项进行数据缺失、明显错误方面的人工测试。我们认为这些数据对于实现本报告的目标是足够可信的。

为了更好地了解美国宽带网络的发展和使用情况，我们与 FCC、NTIA 和 RUS 的相关官员，以及在多个州提供宽带服务的 Verizon、AT&T、Comcast 和 Windstream 等公司的官员，还有消费者联盟（Consumers Union）的代表进行了面谈。为了分析公私合作，我们与弗吉尼亚州布里斯托市的公私合作负责官员进行了面谈，另外还与犹他州公私合作财团、佛蒙特州伯灵顿的 ECFiber 官员、摩托罗拉公司原先负责马萨诸塞州公私合作关系的工作人员进行了面谈。为了更好地了解光纤基础设施敷设情况，我们与光纤到户委员会（Fiber-to-the-Home Council）的代表进行了面谈。

为了评价过去 10 年中利益相关者在推动宽带网络部署和使用方面开展的行动，我们首先选择了 7 个国家进行案例分析。我们将目标选择域限定在 OECD 成员，且这些国家在 2009 年第一季度每百人宽带使用率上位居前 20 位。我们以 OECD 成员排名列表为基础选择，因为它是唯一对各国政府提供的数据进行综合分析的年度更新报告。

针对这些国家，我们逐一分析其土地面积、人口、人口密度、国民总收入（GNI），以及政府就宽带网络部署和使用所采取行动。这些行动包括但不限于：国家宽带计划、宽带部署计划、特别推广使用战略，以及电子政务服务等。我们选择那些与美国有某种程度相似的、在促进宽带网络部署和采用方面特别成功的国家。为了评价一国政府是否就宽带基础设施在农村和不发达地区的推广采取行动，我们全面搜索了各国公开发布的文件，以及一些国际组织的特定文件，比如 OECD、欧盟、国际电联（ITU）和世界银行。我们还考察了联合国 2010 年电子政务综述，比较了 OECD 成员在通过互联网向公民提供服务方面作出的努力。

这 7 个作为案例分析的国家是：加拿大、法国、日本、荷兰、韩国、瑞典和英国。在拜访这 7 个国家之前，我们确认了重要联系人，包括研究方面和管理机构方面两部分。为了掌握政府和宽带服务提供商都采取了哪些行动以扩展宽带网络部署范围并提高用户使用率，以及各方相关人士如何评价这些行动，我们逐一拜访了这 7 个国家。通过使用一种半结构化的谈话模式，我们取得了每个国家重要联系人的反馈信息（见表 A－1），包括政府官员、宽带网络服务提供商代表、采取公私合作方式提供宽带服务的地方负责官员，以及消费者保护组织的代表。访问结束后，我们分析了收集到的信息，包括相关政府机构、监督管理部门和宽带服务提供商制定的政策、计划和指导意见。

表 A-1 国家联系人

国家	国家政府机构	地方政府机构	宽带服务提供商	消费者保护组织	其他
加拿大	加拿大广播电视通信委员会(CRTC) 加拿大工业部 加拿大通信研究中心(CRC)	渥太华	加拿大贝尔公司 Rogers 有线 North Frontenac 电话公司	公共利益维护中心	—
法国	数字发展部长办公室 电子通信和邮政管理局(ARCEP)	上塞纳省公共事务管理委员会	法国电信 数字有线通信	法国电信联盟 数字复兴委员会	OECD
日本	经济贸易和工业部(METI) 内部事务和通信部(MIC) 内阁信息技术秘书处	—	软银 KDDI	—	Jiro Kokuryo 教授 全球通信研究中心(GLOCOM)
荷兰	经济事务部 独立邮政和通信管理委员会(OPTA) 荷兰竞争管理局(NMa)	阿姆斯特丹	KPN NLKable	Consumentenbond	—
韩国	国家信息社会管理局(NIA) 韩国通信委员会(KCC) 知识和经济部(MKE)	—	韩国电信(KT) SK 宽带	韩国消费者协会 亚洲光纤到户委员会(FTTH)	韩国信息社会发展研究所(KISDI)
瑞典	企业、能源和通信部 瑞典邮政和电信管理局(PTS)	斯德哥尔摩	Telia Sonera Bredbandsbolaget	瑞典城市网络协会 消费者协会	爱立信 美国驻瑞典大使 Matt Barzun
英国	商务、创新和技能部(BIS/BERR) 电信行业竞争管理委员会(Ofcom)	—	英国电信(BT)	宽带网络社区 通信消费者委员会 互联网服务提供商协会(ISPA)	—

为了评价国家宽带计划中的建议在何种程度上响应了上述国家为增加宽带网络部署、提高使用率所采取的行动，我们按照五个领域分析这7个国家的案例结果。我们将增加网络部署的行动分成两类：计划和政策；通过公私合作提供政府资助。将提高使用率的行动分成三类：增加竞争；提高互联网对公民的使用价值；提供用户培训和消费者补贴。我们接下来分析国家宽带计划中的相关建议，与FCC的相关人士面谈，以评价计划中推荐的行动与这五个领域的关系。但是，我们没有评估这些推荐行动的潜在影响或有效性。

从2009年6月至2010年9月，我们依据公认的政府审计标准开展此项绩效审计，这些标准使我们在足够充分、适当的证据基础上计划和实施审计。我们相信这些证据是足够的，为审计目标提供了合理的基础。

附录B：缩略语

4G	第四代通信网络
ADSL	Asymmetric Digital Subscriber Line，非对称数字用户线路，是一种基于公共电话线的拨号宽带网络，它因为上行和下行带宽不对称，因此称为非对称数字用户线路。它采用频分复用技术把普通的电话线分成了电话、上行和下行三个相对独立的信道，从而避免了相互之间的干扰。即使边打电话边上网，也不会发生上网速率和通话质量下降的情况。通常ADSL在不影响正常电话通信的情况下可以提供最高3.5Mbps的上行速度和最高24Mbps的下行速度
BIP	Broadband Initiatives Program，宽带行动计划
BTOP	Broadband Technology Opportunities Program，宽带技术机遇计划
BRAND	Broadband for Rural and Northern Development，（美国）乡村及北部地区宽带发展计划
DSL	Digital Subscriber Line，数字用户线路，是以铜质电话线为传输介质的传输技术组合，它包括HDSL、SDSL、VDSL、ADSL和RADSL等，一般称之为xDSL。它们主要的区别就是体现在信号传输速度和距离的不同上，以及上行速率和下行速率对称性的不同这两个方面
FCC	Federal Communications Commission，联邦通信委员会
Gbps	Gigabits—one thousand million bits per second，网络传输速度单位，约每秒10亿个比特
GNA	Glasvezel Amsterdam，一家由荷兰阿姆斯特丹市政府出资的投资公司，用以支持当地光纤网络建设
GNI	Gross National Income，国民总收入
GPRA	Government Performance and Results Act of 1993，1993年美国政府出台的“政府绩效和成果法案”

续表

4G	第四代通信网络
HDTV	High-definition Television,高清晰度电视
ICT	Information and Communications Technology,信息通信技术
IPTV	Internet Protocol Television,IP 电视,遵循互联网协议,通过互联网传输电视信号的电视台、电视节目或相关设备
Kbps	Kilobits—one thousand bits per second,网络传输速度单位,每秒 1024 个比特
KT	Korea Telecom,韩国电信
Lifeline	Lifeline Assistance,贫困线帮助,由"联邦统一服务基金"资助的,为收入符合条件的居民提供电话和网络相关的月使用费及初装费的折扣。根据所在州不同,每月折扣额最高 10 美元
Link-Up	Link-Up America,连接美国,为符合条件的居民支付传统有线电话初装费或移动电话激活费的一半(最高 30 美元),同时允许此计划的参与者延期支付剩下的部分(免息)
Mbps	Megabits—1 million bits per second,网络传输速度单位,约每秒 100 万个比特
NTIA	National Telecommunications and Information Administration,国家电信和信息管理局
NOFA	Notice of Funds Availability,可用资金公告
NOI	Notice of Inquiry,调查通知
OECD	Organisation for Economic Cooperation and Development,经济合作与发展组织
Ofcom	Office of Communications,(英国)通信部
OSTP	Office of Science and Technology Policy within the Executive Office of the President,总统行政办公室内设的科技政策办公室
Recovery	American Recovery and Reinvestment Act of 2009 Act,美国 2009 年经济复苏和再投资法案
RUS	Rural Utilities Service,属美国农业部的农村公共事业局
UN	United Nations,联合国
WiFi	Wireless Fidelity,(利用无线保真技术的)无线网络
WiMax	Worldwide Interoperability for Microwave Access,(利用微波存取全球互通技术的)无线网络

NHS的变革：一场信息革命

编译：栾国春 等
译审：王 江 杨 琳
国家信息中心公共技术服务部

译者按

2010年10月18日，英国卫生部发布了《NHS变革：一场信息革命》征求意见稿。此报告以更好地履行白皮书《走向公平和卓越的NHS变革》中的承诺为出发点，指出了NHS目前存在的信息不对称以及信息不畅通等问题，迫切需要改变当前医疗服务信息收集、分析、使用的方式，为患者、医疗服务用户、护理人员、医疗专业人员等提供各自所需的信息，让患者及医疗服务用户能够获取足够的信息以增强他们对医院、医生及医疗方案的选择权和决策权，为自己和家庭做出正确的选择。同时，帮助医疗从业人员从相对封闭的政府体制中解放出来，以便更好地服务患者及医疗服务用户，帮助他们享受更好的医疗服务和更好地使用资源，从而提高服务效能。该报告也阐述了政府和行业协会组织如何保证信息提供方能为信息需要方提供准确而有效的信息，引导公众对这份征求意见稿所述内容提出建议，以使这场信息革命取得最大的成功。

改善医疗服务质量、提升卫生机构效能、提高居民健康水平是经济社会发展的必然要求，也是医疗卫生事业发展的重要目标。从《NHS变革：一场信息革命》可以看出，尽管中英两国国情不同，经济社会发展阶段不同，医疗卫生体制也存在较大差别，但是英国政府以全民健康档案为基础，深度挖掘卫生服务数据，为社会公众及医疗服务机构构建理解性强、准确性高、覆盖面全的信息服务等许多做法值得我们学习和借鉴。通过这场信息革命，英国政府将进一步提高其信息资源的利用效率与服务能力，促进医患博弈的公平性，改善医疗服务质量，提高卫生机构效能。我国目前正在全力推进深化医药卫生体制改革工作，在恰逢“十二五”开局之年与新的一年开始之际，希望本文能够为中国医药卫生信息化及医药卫生体制改革工作提供些许参考。

NHS[*] 的变革：一场信息革命[**]

高质量的医疗保健服务依赖于高效而有用的信息。对于患者、医疗服务用户或者护理人员而言，能够在恰当的时间快速地找到合适的人与合适的信息是至关重要的。另一方面，有效的信息也能够使医疗专业人员的治疗更加安全和有效。这些信息本身就是医疗保健服务的组成部分，所有需要它的人都能够轻而易举地得到。

有效的信息也是做出决定的基础，须符合“所有决定都要经过本人同意”这项原则。我们都清楚享受信息服务和被蒙在鼓里的区别，也都明白喜欢哪种感觉。我们几乎也都有在收到大量前后矛盾或者组织杂乱的信息后而感到无所适从的经历，这些信息不但不会帮助我们，反而会使我们更加迷惑。

信息不仅应该便于获取，而且应该要有价值和良好的组织。目前，享受医疗保健服务的公众大多没有得到他们所需要的信息，事实上这是他们应该享有的权利之一。同样，我们也不能完全满足临床医师和医疗专业人员的信息需求。毋庸置疑，目前，患者、医疗服务用户和护理人员熟悉一部分医疗保健服务内容，并且能够支持他们做出有效的决定——我们希望接下来的工作能够建立在这些已经成功和实践的基础之上。

我们需要通过一场信息革命使已有的先进实践经验变成标准。我们必须

---

* 英国国家医疗服务系统（NHS，National Health Service），1948 年由工党建立，是英国社会福利制度中最重要的部分之一。它改变了传统的救济贫民的选择性原则，提倡普遍性原则。凡有收入的英国公民都必须参加社会保险，按统一的标准缴纳保险费，按统一的标准享受有关福利，而不论收入多少。福利系统由政府实行统一管理。

** 本篇译稿选自 http：//www. dh. gov. uk/liberatingtheNHS。参与本文编译的主要人员是国家信息中心公共技术服务部的栾国春、张铠麟、蒋凯元、贾一苇、张春雨，锐捷网络电子政务研究中心的吴吉朋。

牢记医疗信息系统建设的最初目标，那就是，“确保每一个患者和医疗服务用户享受到高质量的医疗服务”。必须要确保医疗服务机构从一开始就收集到准确数据，因为这些数据是以后医疗服务的信息基础。

本报告是以白皮书《走向公平和卓越的 NHS 变革》（以下简称《NHS 变革》）中的承诺为基础，制定了包括公众、患者、医疗从业人员及从业机构、行业组织等在内的所有人都要遵守的发展路线，该路线确定了建立正确的信息管理方法，使所有的人都能够从中获益的目标。为了实现这些变革，需要更广泛地吸收公众意见，从而进一步提升医疗服务质量。挑战是巨大的，但它带来的成果也将是显著的，改革后的医疗服务和效果将会最大限度地满足公众的需要和期待。

1 信息革命

1.1 挑战与机遇

当今世界，人们已经习惯于通过网络在线管理自己的银行交易，使用社交网络以及通过 Internet 订购物品和服务，人们希望信息能在自己的掌控之中。

然而很多时候，那些使用医疗服务的人或是提供医疗服务的人却并没有感觉到信息在他们的掌控之中。当前医疗系统中出现的很多不尽如人意之事从本质上说大都与信息有关，例如，医疗服务使用人员会被重复要求提供相同的信息；患者不能及时得到化验结果；临床数据无法为医疗提供有价值的帮助；公众无法对各医疗服务进行比较。

扭转这种局面要面临极大挑战，但这不应当成为我们的阻碍。我们希望通过一系列实际行动使信息能够为医疗提供支持。我们会参考其他国家的最佳实践方案。而其他部门也已经开始使用信息和信息技术来调整和规划服务，我们同样也可以从那些部门寻求帮助。例如，通过 Internet 来对诸如电价之类的基础设施进行快速的价格比较已经在很大程度上改善了客户体验。现在，人们也可以在看完医生之后（或看医生之前）利用 Internet 进行自我诊断。

新的交流形式甚至是新的社区正在兴起中，然而如果没有信息技术提供的开放性，这一切都是不可能的。社区现在已经开始按照人们的需求来进行定义，而不是像以前那样按照人们所在的位置进行定义。像“Mumsnet”之类的网站开创了分享观点和信息（包括医疗信息）的新方式，这将对我们的社会产生深远的影响。护理人员、患者、医疗服务用户、护工和临床医师现在能够通过论坛对他们所关心的事情进行讨论，同时为其他人提供自己的经验。NHS、地方政府和医疗提供人员应当以这些新的方式做出回应并提供相关支持。

本报告是一篇征求意见稿，我们已经列举出了如下一些问题，来协助你们进一步提出想法和实施建议，以及所关心的其他问题。

问题1：就医疗和社会保健方面的信息而言，目前哪些工作做得较好？哪些需要进行改进？

在医疗与社会保健方面的信息革命将会给全社会、所有年龄层的人们带来长远的利益，包括以下方面。

- 患者、医疗服务用户及他们的护理人员：能够与专家一起共同决策，以便更好地做出选择；
- 公众：使人们关心自己和家庭成员的健康；
- 临床医师和其他医疗专业人员：为他们提供工作所需的信息，提高服务质量，满足患者和医疗服务用户的需求和期望；
- 医疗服务管理者和提供者：他们需要获得提高医疗效果和具有最大价值的信息，以便使公众获得信息后以最少的花费得到最大的利益；
- 地方政府：为它们在公共卫生以及医疗和社会保健等方面的新角色提供支持。

为了实现长远的利益，上述各类主体都需要获得的信息应该是：

- 广泛发布：易于被人们理解和信任；
- 吸引人：使人们乐于使用；
- 被授权查看：以便人们知道信息的重要性。

为了充分实现信息革命的价值，涉及医疗和社会保健的信息应包括：

- 患者和医疗服务用户的个人医疗信息；
- 有关服务可用性、服务质量、医疗效果的信息；
- 有关特殊疾病、传染病等信息；
- 有益于人们健康、自主生活的信息；
- 有助于医生和医疗专业人员提供最高质量服务、填补知识缺陷的信息；
- 为研究人员提供支持、促进医疗和科学知识发展的信息；
- 督促相关部门为公众提供负责任的医疗与保健服务的监管信息；
- 确保服务得到妥善管理、确保实现资金价值的信息；

医疗信息同时还是政策制定者所需的基本资源。更多可靠的、高质量的信息（可以进行国际的对比）及相关的支持工具对于政府、管理者以及NHS担保委员会进行医疗方面的决策是至关重要的。

问题2：信息最重要的用途是什么？谁是信息最重要的使用者？

1.2 信息革命如何进行

信息革命开展的前提是信息支持高质量的医疗服务。最重要的数据是患者或医疗服务用户的临床医疗记录，这些记录同时还可以服务于其他目的。在很多情况下，数据记录和传送方式都需要进行重大变革。

信息革命基于“开放性假设”，也就是说需要定期发布由人们的医疗档案组成的累积数据集。这意味着会尽可能及时将数据以相对简单的形式发布出来，并确保发布的数据无法追踪到某个人，个人信息将会按照严格的安全措施加以保护。

定期制作、公开集中存储的数据集将有利于提高数据记录的质量。开放集中存储的核心数据集毫无疑问将提高人们对医疗服务内涵和怎样使医疗服务进一步得到提高的理解，这是保证医疗服务过程和质量的重要基础。信息以简单易懂的形式发布出来还可以帮助人们对怎样、何时、何地接受医疗服务做出更有意义的选择。

图1简要描述了信息革命是如何进行的。

图1中，外层显示了患者或医疗服务用户的医疗记录数据是如何转变成高质量信息的。里层显示了如何让患者、医疗服务用户以及服务提供者掌控数据。对此更详细的描述见第2节。

问题3：对信息革命的描述是否抓住了信息系统的所有重要元素？

1.3 政府是否能够承担得起信息革命

信息革命的实施将面临非常严峻的财政状况。尽管政府已经承诺在本届（2009~2013年）国会执政期间每年都会提高医疗方面的预算，然而，人口老龄化、新的治疗方法和技术以及医疗质量和效果的提高都需要更大的开销，因此只有通过不断提高效率才能满足这些需求。在全力满足卫生部对开销结算的审查要求的情况下，已经没有额外的中央政府拨款用于信息革命了。因此，政府必须要提高资金利用效率，使每一分钱都实现其应有的价值。信息的发布将让人们更加关注自己的健康，从而提高医疗服务质量，提

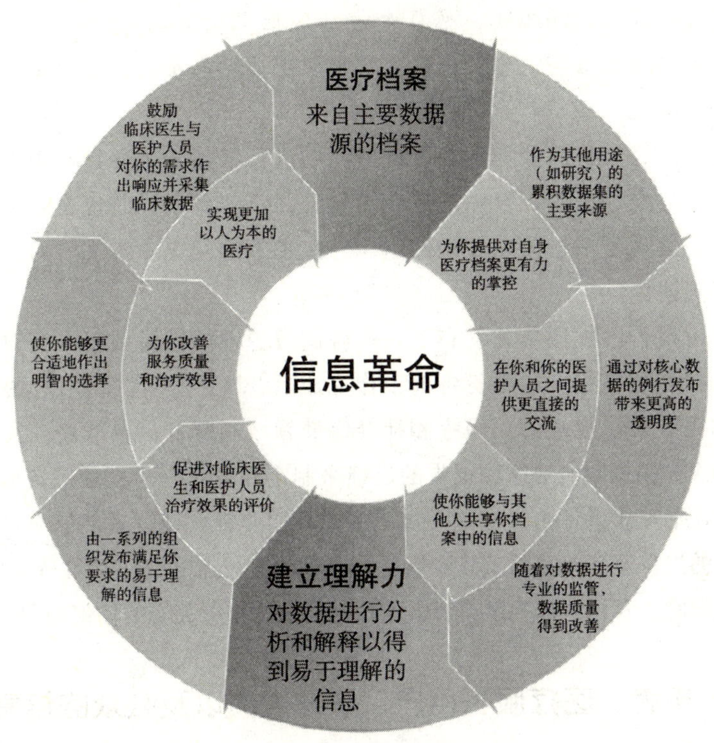

图1　信息革命

高政府的透明度和创新能力。

数字技术同样也为NHS和社会保健服务提供了提高效率的巨大机遇，特别是与更广泛的医疗服务规划相结合的时候。其中一个例子是人们足不出户就能够获得建议和支持，这在服务的便捷性、效果上和开销方面都体现出了明显的优势；另外一个例子是直接提供全部服务，或者按照不同人的需求来定制服务。官员和医疗提供者同样可以提高财务信息的质量。使用数字技术来提高效率，必然会降低中央或地方政府的开销，信息革命最终应能实现资金自给。

问题4：考虑到当前的财政状况，这份报告中设定的目标——更好地利用信息和信息技术来提供更好的医疗和保健服务——将如何以最有效和最见成效的方式进行？

问题5：为了实现最好的效果，有限的财政资源应当用在哪些核心事务上？

1.4　为什么信息革命需要公众的参与

这是一份征求意见稿，政府希望能尽可能地让NHS、社会保健、志愿机构、教育行业、民间团体、私营企业（包括 IT 和信息提供商），以及有兴趣的个人广泛地参与进来。只有广泛吸引更多的人参与，信息革命才能最终实现其目标。

接下来的行文将就我们认为关键的问题进行描述，主要针对患者、医疗服务用户、公众、医生以及医疗专业人员的需求。我们同时也在制定信息战略的过程中发现了一些需要解决的组织与技术上的问题。本文将对这些关键问题进行陈述。

在这份报告之外还单独发布了一份咨询报告，内容是关于人们对信息更多的选择权和控制权。这两份咨询工作完成后[①]，卫生部将利用这两份报告的反馈和观点来形成政府为医疗和社会保健领域制定的信息战略。

我们决定根据政府对这份报告的反馈来制定和发布一份医疗服务效果评价和一份医疗平等效果评价。在这个过程中，我们非常欢迎读者能够对信息革命将会带来的潜在经济效益以及其他效益发表自己的观点——包括可持续性问题、商业模式问题、农村医疗问题或者平等性问题等大家所关心的任何问题。

2 患者、医疗服务用户、护理人员以及公众的信息

如果我们要完成《NHS 变革》中所设立的“所有决定都要经过本人同意”的目标，那么就必须建设人们能够按照自己的需要获得信息、使用信息的环境。有很多领域必须进行工作方式和文化的改革——从患者和医疗服务用户对自己医疗记录的使用控制到选择健康生活所需的信息。我们并不是从零开始，我们将在 NHS 和志愿机构已有的最佳实践方案基础上实施相关改革。

在社会保健中，个人预算和直接支付方式使人们能够自主掌控自己的医疗档案，并可以使用包括志愿机构、社会企业和私营部门在内提供的一系列本地服务。地方政府的支持和咨询服务推动了医疗个性化议程的发展，并且已经做了很多工作来使信息为人们的选择提供支持。

2.1 患者和医疗服务用户对自身医疗档案的掌控

为什么患者和医疗服务用户想要掌控自己的医疗档案？

患者和医疗服务用户信息的一个重要来源是他们的医疗档案中有关自身

---

① 《NHS 变革：更多的选择和控制》，查看网站 http：//www. dh. gov. uk/liberatingthenhs。

健康状况和疾病历史的信息。对自己的医疗档案进行掌控能够使患者和医疗服务用户对自身的健康需求、治疗方法、个人医疗以及其他相关问题有更清楚的理解，真正实现共同决策。使患者对自己的医疗档案能够更有力地掌控也是个人与服务之间建立新关系的标志。患者对医疗档案的掌控为在线医疗服务提供了可能性，从而支持患者和医疗服务用户直接得到服务，并可以与医疗提供者进行在线交流。

健康基金会的调查显示，让人们对医疗档案进行更有力的掌控将带来以下好处。

- 促进更充分的讨论，提高患者和医疗服务用户的参与感，改善与临床医师之间的关系；
- 患者对自己的医疗和用药情况更加了解，从而能够改正错误和疏忽，提高安全性；
- 为患者提供灵活性，患者不需要再去全科医生或医院获取自己的医疗记录；
- 提高人们管理自己医疗档案的能力。

> "Wells Park Practice"多年来为患者提供免费的在线全科记录访问。患者和医生的反应包括下列内容。
>
> "我摔断了右肩两次，分别在两家不同的医院治疗，我能够将前一个医院的出院信带到第二个医院，从而为继续治疗提供依据。"
>
> "我已经能够对我的疾病采取一些措施了，而不是等着疾病来折磨我——这对于患有长期疾病的人来说非常重要。"
>
> "我患有慢性疾病，在管理我的健康时，我找到了一个真正的伙伴。无论我在家或是在外面，我都可以监控我的健康信息，并发送给任何一个给我看过病的医疗专业人员。如果没有这个系统我早就迷失了！"
>
> "这个系统减少了我的电话量和接收到的检查结果数量，并让患者更加为自己的健康负责，他们也喜欢这么做。"

患者和医疗服务用户对医疗档案的掌控意味着什么？

到目前为止还没有对一个人进行完整的医疗记录的情况。医疗档案以电子形式和纸质形式、以不同的医疗设施和不同的地点、以不同的保存环境存在。每份档案都保存了个人信息和临床信息，有些信息还比较敏感。在某些领域，组织间的记录是相互连接的，但是就全国来说则不统一。医疗保健专业人员及其组织出于法律原因保存这些记录，同时也是为了提供更好的医疗。因此，患者和医疗服务用户对他们的记录进行掌控并不意味着他们能够删除医疗提供者的原始记录，或者改变或删除临床医师或者医疗保健专业人员输入到他们记录中的信息，除非信息是错误的。

人们对自身档案的掌控程度会根据当时的情况以及档案的内容而改变。我们期待通过决策共享来支持自我治疗和自我管理健康。考虑到责任的问题，人们需要对自己医疗记录的掌控程度做出合理的控制。

随着时间推移，对开放医疗记录的掌控方法将包括以下方面。

• 能够获得自身的多种类型的医疗档案。首先开放的是全科医生保留的档案，然后将扩展到所有医疗和社会保健提供者保留的档案。可能某个人的档案中会有一些信息不适合对其本人开放，如某个亲戚或者护理人员的个人信息，这些只是个别例外。

• 对个人记录的访问意味着人们将能够发现记录中的事实错误，并通知负责的医疗保健专业人员。这种做法的价值在2004年的一项对全科医生进行的研究中得到了体现：70%的患者在他们的电子医疗档案中发现了至少一项错误或疏忽，23%的人发现了重大错误或疏漏。人们将能够对错误进行改正，并跟踪档案的改变，从而提高医疗的安全性。

• 电子版本的个人档案，将以标准格式发送给他们选择的任何组织或个人。这种途径将使人们能够与其他人共享信息，以便更好地理解和管理他们自身的医疗，例如：

◇ 具有相似健康状况、疾病或医疗需求的人；

◇ 帮助人们更好地理解个人档案，更好地管理个人健康；

◇ 为特殊状况的人们提供建议和信息，使其更好地理解患者或服务慈善团体的需求；

◇ 积累知识以便为自己或他人提供更好医疗服务的研究人员。

我们希望患者和医疗服务用户能够通过在线方式访问他们的全科医生保留的医疗档案，并且随着时间推移逐步扩展到所有的提供者，包括但不限于：

• 医院信函；

• 化验结果；

- 集中存放的患者可以理解的数据；
- 次要的保健记录；
- 社区服务（如卫生随访员和小区护士）；
- 有长期健康问题人员的个人保健计划；
- 社会保健服务相关的需求评价和保健计划。

问题6：作为一名患者或医疗服务用户，你会对个人信息的便捷访问和掌控感兴趣吗？你认为这些会为你带来什么利益？

全科医生以及其他医疗服务提供者也将会开展进一步的行动，让患者能够通过医疗档案与他们进行交流，而不仅仅是简单地提供信息。这意味着人们可能要对自己的症状、健康状况、自我检查结果（如体温、血压、血糖水平）以及服用的药品进行记录。

这种远程联系的方式有望扩大患者的选择范围，为其带来方便，特别是对那些患有长期疾病、不得不经常访问医疗卫生机构的人来说。这种方式有效地节约了患者和临床医师的时间以及 NHS 的资源。只要时间合适、成本合理并且可行，人们就能够与他们的医疗保健专业人员通过在线方式或电子邮件进行沟通。其他国家的实践表明，这种方式可以有效地安排就诊时间，从而更好地满足那些仍然需要面对面沟通治疗的人们。

问题7：作为一名患者或医疗服务用户，你认为哪种方式更有用，是在线与你的全科医生或其他医疗保健专业人员交流，还是面对面的接触？

需要做什么才能让患者和医疗服务用户掌控他们的档案？

开放医疗记录，让患者和医疗服务用户亲自对自己的医疗档案进行掌控，意味着要对目前人们与医疗保健专业人员之间的基本关系做出重大改变。实现这项改变并不需要对法律进行修改（欧洲人权公约、数据保护法案、机密案件法律和 NHS 协会中的权利都提供了足够的法律基础），但这是对某些医疗组织和专家在文化和做法上的挑战。因此，我们将分阶段逐步使所有团体（包括信息系统供应商）按照既定的方式修改他们的方法。考虑到 NHS 和社会保健服务参与之后医疗记录的复杂度会直线上升，因此必须明确使用医疗档案对支持医疗机构服务整合的重要性。

英国皇家医学学会（The Academy of Medical Royal Colleges）已经正式对皇家内科医学院以患者为主的医疗档案管理方法和构想表示赞同，以下是它们的声明。

部署标准化、结构化，以患者为中心的档案。

- 需要对文化进行彻底的改变，需要所有医务人员的支持；
- 是安全、高效和有效地从纸质档案向电子档案转变的前提；
- 将有利于发展超越传统边界的创新型服务，当患者能够对自己的档案进行访问时，应当让他们为自身的医疗承担更多的责任。

综合的、专业的档案保存标准是确保数据一致性的重要基础。皇家学院正在为档案保存、共享档案的原则和指导引入综合性标准，为人们访问自己的档案建立最佳的实施方式。此外，还需要确保所有医疗记录都遵守全国统一的标准，包括使用 NHS 序列号进行身份识别。

随着患者和医疗服务用户能够掌控其医疗档案，市场将开发出新的产品，以一种他们期望的方式汇总信息，帮助他们管理自己的医疗保健和健康。利用当前系统中存储的数据，人们访问医疗档案将会更有效、更高效。

社会保健服务一直在与 NHS 及其 IT 系统提供商合作，为医疗服务用户提供一种基于网页的社会医疗档案访问方式。许多地方政府牵头的医疗合作伙伴也开始通过“通用评价框架”示范来共享评价、保健、支持规划等信息。这些示范通过有效的信息共享来发现和满足个人的需求。这些项目将运行到 2012 年 3 月，并进行全国的评估。在第 1 阶段和第 2 阶段的示范网站获得的经验将会在“CAF 学习网络”[①] 上发布。

如何确保数据的机密性和安全性是服务使用人员最关心的问题，进而也是我们信息革命取得成功的基础。各个组织用于以电子形式存放患者和医疗服务用户档案的系统必须要符合安全性、可靠性和可恢复性标准。NHS 担保委员会将负责制定和维护 NHS 的标准。社会医疗和公共卫生服务所需要的标准将由卫生部来制定。

卫生部的信息管理工具说明了各个档案管理时应当遵守的规章和政策。[②] 这些规章和政策来自于法律要求、强制信息标准、皇家学院和专业管理机构的专业标准，以及《NHS 医疗档案保证》[③] 和《社会医疗档案保证》[④] 中所

① 参考 http：//www. dhcarenetworks. org. uk/CAF/。

② 参考 http：//www. connectingforhealth. nhs. uk/systemsandservices/infogov。

③ 参考 http：//www. nigb. nhs. uk/guarantee。

④ 参考 http：//www. nigb. nhs. uk/social。

做出的承诺。各组织要确保它们所使用的系统符合这些标准，能够通过规定的审查。

问题8：请指出本报告中提到的在共享医疗档案方式中需要考虑的所有特殊情况，包括所有的风险和安全措施。

2.2 共同决策，做出明智的选择

未来的医疗将会越来越多地围绕患者或医疗服务用户与医疗保健专业人员之间的对话构建，如通过医疗档案进行面对面或远程交流。这将是一次真实的对话，每个参与者都需要提出重要的信息内容：医疗保健人员提出有关健康状况和治疗方法的知识；患者和医疗服务用户提出个人需求、受保护的权利、价值、选择和个人条件等。支持这种做法的原则、价值和权利在NHS章程[①]中进行了陈述。

长期健康状况模型便是一个很好的例子，其包含了个性化的医疗规划讨论，重点强调如何满足患者的需求。这样做的结果是得到一份针对个人而不是针对医疗服务提供者的个性化医疗计划。国内外的有力证据表明，人们主动地参与到他们自己的医疗中能够获得更好的医疗效果。适当地让护理人员参与到对话中对于实现共同决策也是非常重要的。

随着人们能够更多地为自己承担责任，并充分参与到决策中，他们需要获得足够的信息和支持，以便能够完全了解自身状况和可以采取的方法。很多临床医师和医疗保健专业人员已经能够很好地参与到共同决策中，并习惯与患者一起搜索信息和听取建议。他们支持患者（特别是有长期健康问题的患者）进行自我医治。作为实施的一个必要步骤，医疗保健专业人员应当支持和鼓励自我医疗，为患者和医疗服务用户提供诸如信息处方[②]之类的标准信息源，以及患者决策援助等其他信息资源。他们应当鼓励人们单独或者与全家一起来发掘这些资源。

很多患者和医疗服务用户将继续期望医疗和社会保健专业人员为他们提供信息和建议，并且某些人仍然希望采取面对面的方式。如何在当前的方式和最佳方式之间取得平衡一直都是一个难题，在未来更是如此。

---

① 参考 http://www.dh.gov.uk/en/Publicationsandstatistics/Publications/PublicationsPolicyAndGuidance/DH_113613。

② 参考 http://www.nhs.uk/aboutnhschoices/professionals/healthandcareprofessionals/other%20resources/pages/information-prescription-service.aspx。

共同决策并不是要把责任强加给人们，因为某些时候人们感到无力去承担。很多时候人们是在对自己和家庭感到焦虑不安的时候才对医疗做出决策。在恰当的时候获得正确的信息绝不仅仅是简单地将信息与个人或群体对应，而是利用一切条件，尽可能充分沟通，与人们一起为决策和管理自身医疗提供所需的支持。

问题9：什么类型的信息和帮助能够确保患者和医疗服务用户在感到焦虑和压力时得到足够的支持？

2.3　用于患者和医疗服务用户进行选择的信息

明智的决策，无论是单独做出的还是与医务人员共同做出的，都需要通过适合的方式来获得高质量的信息。人们使用的信息类型取决于他们面对什么样的选择以及个人偏好。随着越来越多的信息提供给患者和医疗服务用户，我们希望他们能够利用这些信息来协助对自身的医疗进行决策。《NHS 变革》的工作表明了人们可能感兴趣的信息范围包括以下内容：

- 他们自己的健康状况；
- 合适的药品、治疗方法，以及所有风险、效果和副作用；
- 治疗效果和成功率，如再入院和死亡的比率；
- 其他有关质量和表现的指标，如感染率；
- 不同地方获得适当治疗和护理的情况；
- 不同种类的护理和治疗的平均和最大期望等待时间；
- 临床医师或其他医疗专业人员提供医疗的业绩记录、专业水平和经验；
- 对于那些有多项医疗需求的人来说，他们的各项医疗如何进行协调；
- 其他患者、朋友或亲戚的经验；
- 医疗服务人员的经验；
- 全科医生或其他医疗保健专业人员的观点和建议；
- 医疗环境、医疗设施、饮食条件和清洁条件；
- 服务的便捷性，如地点、公共交通是否可达，以及停车费等。

大部分信息能够以统计和对比的方式进行记录，但是我们也同样需要注意到高质量的信息有更丰富的内容和更清楚的细节，能够为人们进行医疗决策提供支持。信息处方是提供此类信息的一种重要方式，我们将探索如何在整个医疗和社会保健服务中使用这种方式。①

每年有超过3万人在英国境内进行心脏手术。了解不同类型的心脏手术的效果和风险对于所有患者来说都是很重要的。“英国的心脏手术”网站②提供了有关不同的手术中心所做不同类型的心脏手术的成活率的信息，同时也提供了不同手术的通用信息、进行心脏手术的好处，以及期望的手术结果等。

问题10：作为患者或医疗服务提供者，你认为哪种类型的信息能够帮助你做出明智的选择？是否方便查找？你会在哪里寻找此类信息？

问题11：哪种信息对于以下特殊人群来说更加有用？

- 妇产科患者和儿童医疗服务；
- 残疾人；
- 有精神疾病或学习障碍的人；
- 老年人；
- 其他人。

患者、医疗服务用户或护理人员应当能够通过一系列的媒体获得信息，以确保所有人或社区的所有部门都被考虑进来。外部参与者将被鼓励提供各种格式的信息为患者和医疗服务用户提供支持。可用的信息及其获取方式将在第5节中进行更详细的讨论。

2.4 护理人员、患者父母和监护人所需的信息

护理人员、患者父母和监护人要负责为那些有实际医疗和社会保健需求，但是其需求（包括对信息的需求）常常被忽略的人提供支持。许多人将会为那些需要一系列医疗服务的人提供照料。医生要确保尽早发现那些照顾他人的人，以便为他们提供准确、及时、有用的信息。

如果护理人员和患者父母能够更好地了解他们所照顾的人的健康状况、他们能够获得的服务，以及如何在照顾他人之外维持自身的生活和健康，那么医疗效果将进一步改善。因此，这些监护者所需的高质量信息是信息革命的一个关键组成部分。我们希望在成功的案例基础之上开展信息革命（如

---

① 参考 http：//www. nhs. uk/aboutnhschoices/professionals/healthandcareprofessionals/other% 20 resources/pages/information - prescription - service. aspx。

② http：//heartsurgery. cqc. org. uk/.

“监护者指导”项目），并与监护者本人或代表他们的组织进行合作。

问题12：监护者需要什么样的特殊信息？这些信息与他们照顾的人所需要的信息有何不同？

2.5 为更好地预防、自我治疗和更健康地生活所需的信息

英国每年要有3亿次全科医疗咨询，估计开销为20亿英镑，这其中包括病情较轻的患者。大多数人确实需要看全科医生，但是如果那些病情较轻的人中有一小部分能够自我治疗，那么为他们自己所带来的利益、为全科医生带来的方便和资源，以及节约的时间都是相当可观的。高质量的信息和建议是上述实施的关键。诸如“NHS指导”、“NHS选择[①]”，以及一些志愿部门和其他组织都提供此类信息和建议。

在英格兰，有长期医疗问题的人的数量在未来15~20年内将从1550万人至少增长到1800万人。这个数目的增长主要来自于有多于一项长期医疗问题的人。现实的证据表明，如果患者可以学会自我医疗，那么服务使用率将大大降低，生活的质量将得到改善。人们希望适当地与医疗专业人员进行交流，获得他们需要和想要的医疗。相关的可用信息和证据将提供更好的支持和培训，这也是进行此类改善的基础。QIPP[②]长期健康问题项目已经与地方医疗社区合作来确保患者获得信息和知识，以帮助他们管理自身的健康状况，避免出现不必要的住院治疗。

诸如远程医疗之类的辅助技术将为人们的独立生活提供支持。通过远程监控（如运动监控），辅助技术将帮助人们面对长期健康问题的挑战，过好每一天的生活。重要的是，辅助技术能够协助医疗专业人员及早发现问题，避免无谓的住院。诸如家庭血压计之类的设备能够有效地、低成本地帮助患者进行自我保健，特别是作为协同患者服务的一个组成部分时，其作用是显而易见的。卫生部目前正管理着世界上最大的随机远程医疗实验，期望能在2011年春季将实验结果应用到医疗服务中。

随着医疗需求的日益增长，相对于对某种疾病提供的治疗，很多有长期医疗需求的人们更希望医疗服务能够被网络支持，同时信息来源的级别、质量也要不断得到提高。

---

① 参考http：//www.nhs.uk。

② 参考http：//www.dh.gov.uk/en/Healthcare/Qualityandproductivity/QIPPworkstreams/index.htm。

问题 13：有长期身体或精神健康问题的人们对于自我医疗或继续生活有什么样的需求？他们需要什么样的帮助来使用这些信息？

2.6 为更健康地生活和更广泛人群的健康所需的信息

信息作为关键资源在健康生活和独立自主生活等方面的作用十分重要。在一些情况下，基本信息就能够反映人的基本情况，特殊情况下，需要更多主动性、特殊性的信息。在过去，健康生活信息已经通过各种方式提供给公众，但是，应该还有更经济有效的手段。政府正在探索新的模式和行业合作，以利用它们的资源和特长。这个新的方式将首先会在改变未来生活的方向上下工夫。其中，给人们最大的好处之一就是他们对医疗记录有更大的控制权。记录的潜在用途是个人健康计划的基础。当被有创造性地使用和顺从人们的习惯而有效利用时，信息将产生真正的变革。

大量支持政府有关健康和幸福生活决策的信息来源于 NHS 之外。例如，对于儿童和年轻人来说，学校可以为他们提供大量的可以获取健康信息的渠道。这就需要将社会作为一个整体来考虑，信息如何提供、以何种方式提供，从而能够提高人们的健康水平和幸福生活水平。

新的公共健康服务将会起到关键作用，通过将公共健康信息集合统一，以更好地支持地方政府、官员和决策者。在 NHS 的医疗信息和专家及研究机构的医疗信息之间建立沟通渠道将是提高服务计划执行效果的核心，也会有助于解决健康信息不对称等问题。

新的公共医疗服务将会提供更多机会和管理来帮助信息系统保持一致，以支持 NHS 和那些专门履行公众健康职能的部门。我们相信有更大范围的公共健康信息用来提高医疗服务的实施效果和医疗服务信息用来提高对公共健康问题的响应。

与公共健康信息相关的更加详细的信息、评价和证明的战略将在 2010 年底发布的公共健康白皮书中提出。

3 用于改善医疗效果的信息

3.1 一个新的聚焦结果：信息的角色

《NHS 变革》[①] 和《透明的结果》——NHS 框架[②]报告都预示着较大改

① 参考 http://www.dh.gov.uk/liberatingthenhs。

② 参考 http://www.dh.gov.uk/liberatingthenhs。

变，从关注提高执行过程到关注提高效能。这将给予 NHS 更多的自由度来真正关心患者和临床医师。NHS 结果框架将会着重聚焦在 NHS 执行的效能上。通过透明化才能获得更真实的结果。公众必须能够访问相关信息，以便了解 NHS 公开效能信息的方式和过程。

国家质量委员会（NQB，National Quality Board）关于《服务质量的信息》① 的报告已经形成一套成功的方法体系，对我们有很强的学习借鉴意义，我们将加强相关先进经验的学习与交流。社会医疗和公共健康效能框架的形成将有助于为效能信息公开提供相关数据集并产生信息。改进数据的收集、链接方式十分必要，可以有助于结果效能的衡量。在通常情况下，少量而有效的数据比大量无用的数据更有价值。效能指标和衡量标准应同时符合国家临床评价研究所（National Institute for Health and Clinical Excellence，以下称 NICE）的质量标准及国家信息标准。

问题 14：无论是患者、护理人员、服务使用人员，还是医疗专业人员，已经从医疗服务中得到了什么样的结果信息？

问题 15：哪些额外的结果信息对您有帮助？

问题 16：在许多不同的组织（NHS 和非 NHS）下，一名医疗服务使用人员如何认识到获得准确无误的信息所能带来的好处？

问题 17：对包括服务使用人员和关爱机构的特殊群体在内的人员来说，哪种跨部门的信息最为重要？

3.2 质量报告

质量报告是一份面向公众的关于 NHS 医疗服务质量和服务效果的报告。它允许医疗卫生管理者、临床医师和医疗从业人员阐述他们基于事实的质量改进的承诺。第一份质量报告已经公布，主要是试点的 NHS 服务提供者的质量报告。根据当前试点工作的评估情况，我们将进一步扩展试点范围，同时进一步探索这种方式如何能够更好地应用于医疗服务和支持信息服务提供者。

质量报告的强制性内容将进一步完善。结果透明化框架和 NICE 质量标准一旦建立，我们将强制医疗服务提供者公布质量报告，从而建立一个医疗

---

① 参考 NQB 的报告 http://www.dh.gov.uk/en/Publicationsandstatistics/Lettersandcirculars/Dearcolleagueletters/DH_117318。

服务提供者的效能透明化机制，同时，这个效能衡量将为患者和医疗服务需求者提供重要信息以辅助其决策。质量报告应该不断完善，像财务报告一样，变成更加标准化的部门报告。这就需要进一步支持和促进普通标准的使用。

“临床仪表盘”是一个及时展示临床医师相关决策的工具箱，可以提高患者治疗的质量。这个仪表盘使临床医师无论什么时候需要，都能较容易看到 NHS 的相关数据。通过将各种来源的信息整合在一起，临床仪表盘可以节省时间和资源。在一家朴次茅斯医院的仪表盘展示的内容如下：

临床仪表盘帮助了作为临床医师的我，现在能够更好地调用我所需要的信息，节省了许多通过不同的图表来筛选信息的时间。这种方式可以改进我们管理神经科门诊患者的方法，是建立在精确的临床证据上的而不是一个已经试验和错误的方法。

这是非常美妙的，医务人员和患者使用 IT 技术得到了好处。

3.3 审核核心数据的收集

在回答问卷调查“医疗服务用户的生活质量在多大程度上得到了提高”时，最大的挑战不在于形成一套新的数据系统。根据白皮书《透明的结果》中[①] NHS 的结果框架建议，我们了解到信息革命是以 NHS 已经搜集到的数据为出发点，这也正是建立更加完善的社会保健体系的出发点。因此，挑战在于综合审视现有体系中的数据是否是有效的信息，这就是我们为什么对 NHS 和社会医疗体制的基本资料进行重新审核的原因。一段时间之后，我们还需要审视是否需要对能够更好地反映保健结果的不同信息进行采集。2011 年将进行一次公众调查，反馈回来的数据应符合以下一项或多项标准：

- 是医疗程序中最重要而且不可或缺的一部分；
- 关注于效果/NICE 的质量标准；
- 为患者和服务受众群体的选择提供依据和支持；
- 要求符合法定义务；
- 能更合理地利用公共资金。

① 参考 http：//www. dh. gov. uk/liberatingthenhs。

社会保健的建立有一条双向途径。为了删除不必要的资料项目，降低成本，可以就现存资料进行一个快速审核，这种快速审核在地方政府的指导下，将确定出从2011年4月开始的社会保健资料数据。现在将要采取一种基本的“零基础”社会保健资料条件的复审，目的在于能够确保未来的社会保健资料不仅仅局限于地方性的数据共享。

问题18：就回顾核心数据过程中所采取的方法和准则，你的观点是什么？

3.4　患者和医疗服务用户形成的信息资料

通过平衡医疗和保健信息资料有利于形成更好的结果，NHS和社会保健需要更加关注大量信息的来源，并创新性地使用这些信息。通过采取调查、实时反馈、服务评估和患者治疗结果报告措施（PROMs）等方法，从医疗从业人员、患者或者服务受众人群中收集信息资料。在有许可证明的情况下，还可以通过个人医疗记录收集信息。另外，对患者、服务使用人员和护理人员开放的网站也可以对所需信息进行补充，这样的网站有www. iwantgreatcare. org和www. patientopionion. org. uk。

由患者和服务使用人员提供的信息资料提供了大量有利于提高服务的智力资源。其他行业的经验也显示，使用者的实时反馈信息对于产品的设计和服务有着积极的影响。对庞大的机构组织而言，需要一系列完善的跟踪系统对患者和服务使用人员进行跟踪反馈。这种形式的信息资料有利于提高服务质量。

有效地利用服务使用人员的反馈意见能提供一个服务使用人员与医疗服务提供者之间对话的平台，可以促成医疗决策的形成以及明确这些决策的实施方式。这一点已经在NHS的部分项目中得到了实现。一些服务提供人员拥有一套长期使用的基于互联网的意见反馈服务。另外，一批独立组织机构已经着手致力于为NHS的服务提供者建立一个医疗保健或者与其相关的实时反馈评估系统。

患者治疗结果报告措施（PROMs）从患者的长远利益出发，收集了有关医疗保健质量的信息。这一措施也将扩展到更多的患者当中。过去，患者的医疗质量措施仅限于接受医疗和保健的人群中。无论如何，在NHS结果机制中的PROMs和其他的患者报告信息不仅对患者的治疗过程有所判断，也能对现行的医疗效果和效率有所了解。不久之后，可以确保儿童和各个家庭的医疗和医疗优先权得到持续的、全面的、有效的贯彻。比如，可以通过全国医疗诊所的审计、调查、医疗保健或与之相关的反馈、PROMs的广泛运用和互联网的使用等方式。

白皮书《NHS变革》承诺患者将有权对医疗机构及其服务进行评估。但是就现阶段而言，来自患者和服务使用人员的反馈意见并没有如白皮书中所设想的那样，有效地对医疗服务起到规范和影响的作用。应当鼓励医疗服务用户及其家庭尽可能及时地反馈对于医疗质量或与其相关问题的意见和看法。同时，与NHS及其他医疗体系各机构共同研究：什么样的反馈意见才能更广泛地运用于医疗服务当中；如何才能有效地运用此类信息资料促进医疗服务的设计和实施。

问题19：你认为，你的反馈意见将被如何使用才能有效地促进医疗服务？

问题20：通过什么样的途径才能获取来自患者、服务使用人员及家庭和护理人员的广泛反馈信息？

问题21：在医疗措施、制度和一些刺激要求中，需要进行怎样关键性的改变才能真正地将反馈意见落实在NHS和社会保健服务中？如何实现这些关键性改变？

问题22：在反馈意见问卷中，持续提出什么样的问题才能获取有用信息，有利于比较和选择各个医疗服务？

4　医疗专业人员的信息

4.1　制定一个广泛认同的信息议程

各临床医师和医疗专业人员就信息体制和要求达成共识将有助于提高医疗服务质量。

专业医疗人员和团队可以通过一对一的方式与患者和服务受众进行沟通，以提供高质量、安全的、个性化的医疗服务。同时，高质量、安全的医疗服务也是患者和受众群体与其临床医师、医疗专业人员沟通的重要基石。沟通包括决策的制定、医疗措施的实施和医疗结果到达什么程度。无论什么样的医疗保健信息体系都应该从患者、医疗服务用户、临床医师和医疗专业人员的角度出发。

当今的科学技术已经将以往繁冗的医疗信息记录过程简化。在许多医疗机构诊所中，声音识别软件已经得到了运用并取得了良好的效果。日新月异的科技进步实现了指纹甚至是行为特征信息输入电脑。这些技术被推广之后，医生在不中断治疗过程的情况下，完成了医疗信息的记录。随着融合新的技术革新，大量的信息记录已经完成或者正在继续。

4.2 提高信息质量：医疗专业人员的作用

为了能够发挥信息革命对医疗保健的作用，临床医师以及其他医疗专业人员应当继续研究制定安全的、服务于患者和医疗服务用户的、有助于提高医疗质量的信息采录方案。这些新的方案是在政府制定的医疗统一标准和数据记录准确性的基础之上建立起来的。NHS 和社会保健有大量的数据信息，但是医疗服务的提供者和使用者却很少了解。如果保存有利于提高医疗服务结果的数据，而不是简单地考虑政策影响或者进行历史数据收集，那么就会为收集到更多有说服力的数据带来动力。在确保数据高质量、高准确性的前提下，这些数据应该由临床医师和医疗专业人员整理而成。

这些创新性和权威性的医疗数据信息由临床医师和医疗专业人员收集整理。因此，越来越多的人关注这些数据，希望临床医师和医疗专业人员能够研究出新的、更强大的信息。在保证基本数据质量的同时，也应当将这些数据转变成对临床医师、医疗专业人员及相关人士真正有用的信息。

问题 23：医疗保健组织如何发展信息文化，需具备什么能力，以使各个级别、各个岗位的员工都能认识到他们对提高数据质量的责任感？

4.3 医疗证明的使用

为了能够把握信息革命带来的机会，临床医师和医疗专业人员应当能够获取最好的医疗结果、干预和风险的证明（包括国际的证明），只有可掌握的、及时更新的医疗证明才能使临床医师和医疗专业人员更好地与患者、医疗服务用户进行沟通和讨论。这些医疗证明也在以越来越多的方式发挥着作用，比如为医疗决策提供资料；对医疗诊断进行解释说明；更改与药物说明、反应和疗效有关的信息。私人医疗专家、医疗团队和各医疗机构以这些方式获取和使用医疗证明，以确保医疗的安全性和有效性。

临床医师和其他医疗专业人员运用这些医疗证明，将有利于提高医疗服务质量和解决医疗不平等的问题，尤其是解决治疗结果的不平衡问题。随着信息战略的发展，需要考虑已经存在的良好的实践，即发展和使用作为健全质量措施基础的质量指标。这些指标应能涉及病人治疗过程的关键方面，比如高效的医疗服务是怎样被提供的。这些都需要建立在数据质量完善中心和其他数据资源中，这些数据资源由医疗信息中心、地方医疗质量监管机构、其他商业信息提供者和医疗临床机构提供。

> NHS数据是一个门户网站，由NICE为全国和世界的相关人员提供了完善的医疗证明和信息。这些证明是有质量保证和说服力的，以其原有形式及通过指南、途径、工具和其他资源等形式供相关人员使用。随着NHS证明的扩大和发展，NHS的全体人员和其他相关人员将可免费获取权威的医疗和非医疗资讯，以及与医疗保健相关的数据和材料，另外还包括信息战略方案和担保。这对于商业化的信息服务提供来说是一种重要的附加服务，以往为特定读者提供信息是需要收取一定费用的。此类免费的信息资讯提供正在不断地扩大和改进当中。
>
> 信息中心一直致力于发展和研究“商讨小组总结报告”这一工具。这个依托网络的工具鼓励参加讨论的成员分享各自医院的信息，其提供了三个大类、12个关键点的在线医疗信息，包括住院信息、门诊信息和按结果付费信息。每一个关键点都能够让讨论成员结合本院情况与其他医院之间进行比较，以评定医院是否达到了国家的平均水平。

4.4 医疗审核

医疗审核作用的重要性不言而喻。医疗审核主要用于比较不同医院的医疗效果和分析不同地区间的医疗质量。通过参与医疗审核能够形成一套专业的审核准则。无论是全国性的还是地方性的医疗审核，都要对数据进行收集和整理，将来也可为研究人员、医疗机构、临床医疗专业人员和信息提供者提供更广泛的记录，同时也有利于及时上报医疗质量监督机构。临床医师应该利用医疗审核来建立一套富含大量患者信息的数据库。同时还应考虑，如何才能确保医疗服务提供者认识到支持参与医疗审核的重要性，包括了解国家医疗审核的重要性，明确其参考价值。

4.5 发生医疗事故后，及时与患者和医疗服务用户进行沟通

发生医疗事故后，只有公开、真诚地与患者和医疗服务用户进行沟通，

才是高质量医疗服务的核心所在，也只有这样的沟通，才能帮助患者和医疗从业人员正确、较好地处理事故带来的负面影响。因此，这就要求医院和相关医疗机构公开、透明地处理自己的过失和责任。另外，也需要与其他机构合作，建立在现存良好的工作机制基础上，提前制定应急预案。当发生事故时，要善于倾听学习他人的意见，这也是解决问题的关键之一。

4.6 医疗从业人员反馈

监管机构、医疗服务提供者、医疗服务用户等通过医疗从业人员反馈能够了解到大量信息。比如，《NHS 变革》提供的从业人员调查信息中，各项指标就会显示出人们是否满意其亲友在医院接受的治疗服务。医疗从业人员反馈机制将会不断加强透明度。通过与医疗从业人员、患者、医疗服务用户、公众的共同合作，为国家之间的比较寻找最好的反馈形式。

4.7 研究工作

研究工作对于提高医疗质量效果和减少医疗中不公平现象非常重要。在资源受到限制的情况下，调查研究有助于为预防、诊断、治疗和疾病控制寻求新方法、新思路。同时，调查研究对于 NHS 及医疗服务效率和质量具有重要意义，也能促进经济增长。只有当临床医师和医疗保健专业人员积极地参与以创造性、专业性为特征的研究工作时，才能促进医疗事业的繁荣发展。

电子医疗信息和结构性数据对于调查研究来说都是可利用的潜在的丰富资源。比如合理利用整合的数据资料，提供给各个医疗和相关机构研究人员。电子医疗信息和结构性数据还有巨大的潜力是建立新的知识库，这将会改善医疗结果以及为研究工作发现新的领域。政府部门正致力于研究如何提供高质量的数据服务以最大限度地利用这个潜力。

问题 24：作为一名临床医师或医疗专业人士，在需要提供最好的医疗服务和方案的时候，如何采取最便捷的方法查找到所需资料？怎么做才最合适？

问题 25：临床医师、医疗实习人员、医疗专业人员、医疗管理者和其他医疗服务提供人员应当积极主动地收集、记录信息资料。如何才能激励他们的主动性？相关人员能够从中得到什么好处？怎样做才能让他们真正获利？

4.8 增强医疗从业人员获取信息的能力

领导这场信息革命的是医疗从业人员。他们在信息管理以及 IT 方面的能力将是至关重要的。首席执行官以及董事会的领导能力，临床医师、技术骨干和 IT 行业的专业人员也是必不可少的。他们需要在部门中创建一种视信息为生命之源的文化。我们要与监管机构、专业机构以及非临床的培训伙伴一起增进员工的技能，还要将信息技能融入到员工和专业规则之中。

信息不能被视为一些专家独有的资源。信息是所有医疗及业务流程的重要组成部分，所有医疗从业人员都需有足够的能力去理解信息的相关性，获得最新的实践以及运用新的技术。发展这种能力首先应当具有责任心，通过充分接触实践和其他资源，从而产生转变的驱动力。官员、行政人员、临床医师以及专业护理人员都需要具有信息学的技能，从而确保信息革命的成功。

为了提升医疗的质量，那些负责收集、记录、存储、分析和发布数据的人员必须理解低质量医疗数据的影响。所有在医疗和保健部门工作的员工都需要理解和重视数据能够创造成果。作为保证数据质量的重要组成部分，国家教育和培训是必不可少的。

信息和 IT 服务因它们的规模、结构和功能的不同而不同，同时也会受到其完善程度的影响。它们涉及的范围包括从成熟的健康信息学服务到与关注节约开支等相关的小的 IT 功能。通过使信息学发展成为医疗组织核心计划的一部分，就像 NHS 医疗外部的提供者，IT 高级经理在这些信息学功能中需要很高的战略领导能力来建立起与他们的组织之间基于商业方面的对话。

行业能力认证框架与健康信息学职业框架[①]一起，能够帮助确定补充、发展、保留信息学专业人才的需求标准。在具有高度的地方自治和制度选择的新环境中，IT 专业人士甚至需要承担更有影响力的角色，即帮助确定与地方健康战略紧密关联的地方信息学战略。他们还需要处理多元的供应商市场，以及出现的商业和信息学混杂在一起的复杂问题。

信息革命最重要的资源就是在医疗服务业工作的成千上万的医疗从业人员。当我们接受新的信息技术和决策共享原则时，我们必须意识到，许多患者、医疗服务用户和护理人员都需要或者更善于面对面的接触。很明显，临床医师和医疗从业人员的沟通能力将成为他们职业发展的一个重要部分。

问题 26：在专业信息管理能力的发展和使信息革命成为可能的能力方面，有哪些是优先考虑的？

---

① 参考 http：//www. hicf. org. uk/。

5 自治性、义务性以及民主合法性的信息

5.1 提升服务水平和提高责任意识的信息

白皮书《NHS 变革》中建议 NHS 各机构和工作人员脱离英国政府的直接管理，实行自治管理。这种体制的基本要求是在医疗和社会保健领域中推行信息公开。NHS 和社会保健机构应尽可能为公众提供必要的信息，采取"先发布后改进"，而不是"先改进后发布"的做法。这将扩大公众选择信息的范围和与人分享他们自己的决定，同时也能够提高政府监管水平和承担责任的意识。当然，个人信息将继续受到严格保护，避免外泄。

提高信息发布的透明度和广泛性将会为患者、医疗服务用户、护理人员以及公众提供有价值的素材，这将会影响本地医疗服务的性质和方向。信息发布的作用开始于（但不局限于）医疗环境。分享决策的文化还会直接为临床医师和医疗从业人员不断地增加信息反馈，作为他们治疗过程的一部分。

除了这种医患之间的直接互动之外，管理地方 NHS 的相关地方机构也将发挥更大作用，它们会考虑和改进有关医疗平等的工作（白皮书《NHS 变革》中指出：本地医疗的平等合法性①）。高质量的医疗服务和效果的信息发布对地方政府成功地履行新的职责是至关重要的。鉴于已经发布的信息是令人担忧的，因此地方健康监察机构建议要使监管机构和相关政府机构对已发布的信息投入更多关注。

从国家层面来看，英国健康监察机构建议 NHS 担保委员会加强对信息提供者的问责，并且形成以患者为主导的 NHS 信息体系。NHS 结果框架为卫生事务大臣负责管理 NHS 担保委员会提供了基础。该框架信息通过启用"结果透明化"② 咨询机制支持国家的信息问责制度，取得了良好发展。

5.2 信息的公开原则

提高信息的质量并不仅仅是简单地遵循法律或其他规章制度，而是要从

---

① 参考 http：//www. dh. gov. uk/liberatingthenhs。

② 参考 http：//www. dh. gov. uk/liberatingthenhs。

根本上改变信息供给方式，以适应不同的个人和组织。

• 由卫生部和它的公共机构[①]（Arms Length Bodies，简称ALBs）收集的数据由于多变的使用方式已经阻碍了公众对医疗和社会保健服务的监督；

• 尚未正式公布的数据在特定格式下可以使用，这不利于对不同服务之间的水平进行比较。

因此，政府应该退出主导信息提供的角色。如果信息可以更容易地被公众、信息"中介"和信息创新者获得，那么将能够为信息的开发和社会保健数据的创新使用提供一个更加充满活力的、开放的环境。以市场为基础的信息越是多元化，就越能推动数字化服务规模的扩大和创新的实施，同时增加对家庭和个人自主权的关心。

国家和地方定期公布的数据集将会：

• 鼓励临床医师和医疗专业人员提供更准确的数据记录，而这些数据也更有可能被详细审查；

• 为临床医师和医疗专业人员的工作情况和学习状况提供更加简洁的标准，从而提高医疗水平；

• 代表患者和医疗服务用户的组织可以更加方便地访问和分析有关医疗服务质量的数据，并将它们转化为公众可以方便获取的信息；

• 在日益增加的公众监督下，督促那些业绩不佳的医疗服务提供者努力改善他们的服务；

• 为那些采用创新方式将通俗易懂的信息提供给受众的信息提供者开辟一个市场。

问题27：信息的公开原则支持医疗决策的分享将会带来新的机遇，同时也会带来挑战。作为一名医疗专业人员和医疗服务用户来说，最大的机遇和挑战分别是什么？

5.3 为所有需要的人公开信息

很多机构——包括医院、地方政府、慈善机构和私营部门机构——已经为服务使用人员提供了各种医疗及社会保健方面的信息，如生活环境、生活

---

① 作为中介的非政府的公共机构，负责向政府提供政策咨询，负责文化拨款的具体分配、评估，协助政府制定并具体实施政策等。这类组织往往由艺术方面和文化事业方面的中立专家组成，它虽然接受政府委托，但却独立履行其职能，从而尽可能使文化发展保持自身连续性，避免过多受到政府行政干预。

方式选择、治疗和症状等。然而，现有的数目众多的网站仍然让许多人困惑，他们无法确定应该信任哪些资源。

问题 28：你们认为更多的信息提供者提供信息将会带来哪些利益，以及将会出现什么样的问题？这些问题要如何解决？

虽然现在已经有部分提供者提供一些有关疾病、生活方式等方面的信息，但几乎没有提供数值或评级这种可以帮助人们选择医院的信息。开放NHS 数据的计划将帮助新的信息“中介”以更加新颖、合理的方式为人们提供此类信息。利用诸如“信息标准”之类的模型，我们将与相关组织一起探索如何确保公众信任这些组织发布的信息，如考虑采用自愿认证或业内已有的最佳实践方案等方式。

问题 29：信息提供者和中介机构能否从集中认证或其他质量认证体系中获益？成本和集权之类的因素是否会比其他利益更重要？

随着更多类型的信息提供者的出现，我们需要鼓励人们去探索不同的信息使用和沟通“渠道”，尤其是那些与新技术相关的。从手机短信提醒这类相对简单的技术到更为复杂的基于网络的方式，我们开始看到人们不用依赖传统的医疗服务就能自行管理自身健康状况并做出正确的医疗选择。

为了避免信息的过剩或供应不足，需要一个“渠道战略”来对全国的信息访问渠道进行统一安排。这需要将“NHS 选择”提供的医疗问题的单一站点的优势与向更多信息“中介”开放信息的好处结合起来。当然这还需要考虑部署新的 NHS 服务的相关工作。

5.4 帮助人们获得信息

如果没有健康和社会保健服务领域一直以来的努力，不同社会群体就很难平等地享受到更便捷的信息访问带来的好处。这不仅仅在于针对不同受众的需求和偏好对信息进行定制，还在于帮助人们充分利用可用的信息。通过提供信息并支持人们使用信息，社会医疗服务的使用人员和从业人员已经采取一种“以人为本”的方法。只有以这种方法为基础，人们才能够利用可用、可靠和相关的信息做出真正有效的选择。

不同的个人对于获取和使用有关自身健康或保健需求的信息以及可用服务信息的能力和意愿总是存在很大差异。这有可能是由偏好、能力或个人资源的差异造成的。英国超过 1/5 的成年人从不使用互联网，所以我们不能假设大多数服务都能简单地通过网络提供。然而，我们仍然可以采取一些措施来加强某些社区内的数字化服务，如在学校、公民咨询局和邮局等地方更好地利用 IT 基础设施。随着访问量的增加，基本技术设施的开销将持续下降，如果能够合理、广泛地部署信息服务，并将其并入“担保服务决策”[1]，所有人都会受益匪浅。

作为信息革命的一部分，我们的目标是让患者及护理人员能够在医院轻松获取信息——包括自己的病历，还包括用来确保患者了解自身健康状况和治疗方案的信息。医院和其他医疗提供人员需要考虑如何才能最有效地将信息传递给患者和服务使用人员。信息的传递将越来越多地通过床边监护仪和用于其他媒体服务的基础设施来实现。

“信息经济”为每个人分配了明确的角色，以确保信息及其提供方式尽可能地考虑到所有人，并确保信息能够以各种可访问的方式提供给需要的人。诸如英国皇家盲人协会（RNIB）和智障人士家长组织（Mencap）这样的志愿组织做出了很大努力来促进信息的推广，为未来的工作奠定了坚实的基础。新的平等法（Equality Act 2010）列出了相关法定职责，明确了医疗和保健服务需要履行的一系列义务。必须保证各种背景的人的信息需求能够充分而准确地得到满足，这不仅是符合法律的要求，在改善医疗服务的效果方面也是如此。

信息革命必须惠及每个人。考虑到不同个人、社会群体获取信息途径的不同，我们需要积极地应对这种多样性，确保信息准确、可用，充分考虑适合每一类人的信息传递方式。同时，我们必须意识到很多人（尤其是儿童和年轻人）非常习惯使用信息技术，并喜欢通过电子设备获取信息。只有信息和技术符合人们的需求和态度，信息革命才能腾飞。

在本咨询流程结束后确定信息战略时，我们将同时发布一份平等性影响评估。

问题 30：医疗和社会保健的信息革命将怎样惠及每个人，即使某些人急需医治但却可能无法直接获取或使用信息技术？这其中可能有部分人没有电脑，有部分人因地处偏远地区无法上网，有部分人存在智力障碍或学习障碍，老年人、残疾人及其护理人员可能需要在指导下才能使用信息技术，此外还有一些人需要使用其他途径或其他语言获取信息。

---

① 有关扩大互联网接入的行动，请通过以下网址参看互联国家宣言：http：//raceonline2012. org/manifesto

5.5 国家数据集的收集和发布

在对卫生部的公共机构[①]的评估报告当中，我们提出，信息中心将负责全国医疗和社会保健数据收集工作，从其他公共机构和数据收集机构（如卫生部本身）处接手数据收集任务。信息中心将成为唯一的、全国性的数据库，收集并保存 NHS 和社会保健机构的所有数据，并承担卫生和社会保健的数据处理工作，包括将数据统一编排汇总以便查询。信息中心还将去除官僚作风，并且杜绝数据非法复制的现象。

信息中心将以便于使用的格式例行发布所收集的汇总数据，提供给各个组织机构，这些机构从汇总数据中各取所需、各行其职，分别负责向公众、医疗和社会保健机构、研究人员、专业团体、政策制定者和其他数据用户提供具有针对性的信息。在保证汇总数据的准确性和质量达到 NHS 担保委员会制定的现行信息标准方面，信息中心负有首要责任。信息中心不会发布可识别的个人身份信息，这些信息的使用将继续严格遵守保密程序。

全国社会保健智能服务（NASCIS）将成为信息中心的支柱，负责发布和传播数据，制定全国社会保健的基础数据集。人们希望接受涵盖医疗和保健的全方位服务，不希望机构组织阻碍服务的统一性。因此，对于结果的关注将被用于推动服务使用人员和患者的融合。我们正在探索如何更加有效地将获取医疗和社会保健的途径连接起来，以实现上述目的。信息中心也将在帮助信息跨组织整合方面发挥作用。

为了确保发布的医疗保健服务的信息具有可比性，我们希望 NHS 及私营和志愿者组织向信息中心提交数据时，遵照全国通行的数据标准（由 NHS 担保委员会或卫生部制定的数据标准）。委员会成员希望通过契约的方式确保相关的数据收集除了适用于 NHS 外，也同样适用于其他的行业服务提供商。

5.6 国家数据集的提前发布

尽管已有大量关于医疗和社会保健方面的数据和信息例行发布，但并不是所有出版物都采用了统一的、可被网站和电脑有效识别的标准或格式。正

① 请见 http：//www. dh. gov. uk/en/Publicationsandstatistics/Publications/Publications Policy And Guidance/DH_ 117691。

如在其他很多行业那样，创新和变革也将成为医疗和社会保健改善的催化剂，为此我们必须使数据得到更加有效的利用。我们将在未来几个月的时间内，从几个重要的数据来源提取信息，并将所得数据与其他海量数据一并通过政府网站（data. gov. uk）公布。

我们的首要任务是与信息中心紧密合作，有计划地发布以下数据。

已公开数据包括：

- 卫生部支持中心上报报表①和病例分析统计②；
- 医疗保健相关的感染数据③；
- 医疗质量改善数据④指标；
- 医疗场所及机构⑤；
- 处方费用和活动⑥；
- NHS 绩效数据⑦；
- NHS 组织参考数据⑧；
- 就诊环境数据，包括医院清洁程度⑨。

将于 2011 年 4 月之前公布的新增数据包括：

- 住院患者信息（年报，2010 年 11 月）；
- NHS 选择——提供商服务质量指标（2010 年 11 月）；
- 门诊患者信息（年报，2010 年 12 月）；
- 妇产科信息（年报，2010 年 11 月）；

---

① 请见 http：//www. dh. gov. uk/en/Publicationsandstatistics/Statistics/DH_ 077094。

② 请见 http：//data. gov. uk/dataset/england – nhs – deliveries – by – length – of – gestation – and – method – of – onset – of – labour – 2007 – 08，通过 http：//www. hesonline. nhs. uk/Ease/servlet/ContentServer? siteID = 1937&categoryID = 1132。

③ 请见 http：//data. gov. uk/dataset/mandatory_ surveillance_ of_ mrsa_ bacteraemia_ and_ clostridium_ difficile_ http：//data. gov. uk/dataset/nhs – meticillin – resistant – staphylococcus – aureus – bacteraemia – dataset – monthly。

④ 请见 http：//data. gov. uk/dataset/england – nhs – measuring – for – quality – improvement，通过 https：//mqi. ic. nhs. uk/。

⑤ 请见 http：//www. hefs. ic. nhs. uk。

⑥ 请见 http：//www. ic. nhs. uk/statistics – and – data – collections/primary – care/prescriptions/primary – care – trust – prescribing – for – april – to – june – 2010。

⑦ 请见 http：//www. dh. gov. uk/en/Publicationsandstatistics/Statistics/Performancedataandstatistics/index. htm。

⑧ 请见 http：//data. gov. uk/dataset/england – nhs – connecting – for – health – organisation – data – service – data – files – of – nhsorganisations。

⑨ 请见 http：//www. nrls. npsa. nhs. uk/patient – safety – data/peat/。

• 意外事故与紧急救助局（A&E）——附表（2011 年 1 月）；
• 救护车现状报告（周报，2011 年 2 月）；
• 全国范围住院诊断程序（2011 年 4 月）。

将于 2011 年 12 月起公布的数据包括：

• 癌症注册和癌症数据集；
• 男女混住病房信息；
• 全国医疗审核；
• NHS 选择目录；
• NHS 参考费用数据；
• 金融信息管理（FIMS）；
• 参考数据（如易读易用的人口和人口结构数据）。

一段时间以后，上述来源可能将逐步提供更多的数据。例如，我们将扩展医院感染强制报告系统，从 2011 年 1 月起将报告耐甲氧西林敏感金黄色葡萄球菌（MSSA）感染情况，随后还将按照专家意见增加大肠杆菌（E. coli）等其他易感染病菌的报告。我们将保证所有发布的数据都要接受严格的信息审核，并且不允许可识别的个人信息或保密信息泄露。这仅仅是一个开始，持续建立更多核心数据集，并定期以机器可读的形式予以发布将是一个长期的过程。我们相信这个过程将成为医疗和社会保健领域信息革命的关键要素。

问题 31：您认为是否还有其他数据集可以在不透露私人信息的前提下优先公布？这些数据的公布是否伴随着某些风险？如果确有风险，将如何进行风险管理呢？

5.7 使用信息技术提高效率

信息和数字技术的普及完全有可能帮助实现更加高效地提供医疗服务。例如，在卫生部的鼓励下，NHS 已经开始落实一个专供患者使用的信息和成本计算系统（PLICS）。PLICS 的实施并不是强制的，但卫生部非常支持 PLICS 在 NHS 内部的使用。PLICS 将使组织能够了解自身的经济和财务状况，更加精确地制定比其他服务提供商更具竞争力的收费标准，并让患者能够根据价格进行选择。

PLICS 的实施也将有利于为服务线管理（SLM）提供数据。SLM 是管理与业务规划的结合，越来越多的 NHS 信托基金会都采用了这一技术。SLM

方法使信托基金会能够了解整个服务组合的成本和赢利情况，在此基础上它们便能就如何管理现有服务、如何确定发展重点，以及如何拟定投资计划做出合理决策。SLM背后强大的报告系统，给临床医师和管理者提供所需要的信息，帮助他们在优化资源的同时最大限度地造福患者。

5.8 数字服务

在改善医疗和社会保健服务的效果和高效性方面，现代科技和更加有效的信息管理拥有巨大的潜力。数字技术为服务带来的机遇，很可能在现在及不久的将来，会在创新和服务改善方面结出硕果。

我们面临着财务上的挑战，畏畏缩缩无济于事，我们需要大胆把握机遇。但是我们也需要汲取近来的一些经验教训。我们必须面对现实，如果地方政府没有认识到特定技术在本地服务改善过程中的重要性，大规模普及这些技术创新是不可能的。临床医师和医疗专业人员的参与也是至关重要且不可或缺的。

数字技术改变世界的实例无处不在，如近年来社交网站的快速发展改变了人们交往和保持关系的方式，这是没有人能够预想得到的。医疗和社会保健服务突飞猛进地发展，用新技术改善服务效果，对此业界已达成广泛共识，运用数字技术的范围还应当进一步扩大。

数字技术在以下五个领域可以带来医疗服务和效果的重大改进：

- 使用数字技术实现服务，而不仅是传递信息；
- 消除时间障碍，使用户更加方便、轻松地获取服务；
- 消除空间障碍，使用户更加方便、轻松地获取服务；
- 针对不同群体提供定制的信息和服务；
- 提高整个供应链的效率。

> 一家约克郡的医院通过视频会议为17个监狱提供医疗服务，节省了犯人交通和押送的成本。
>
> 通过图片、档案和通信系统远程调用患者的X光片和扫描光片，使地方医疗团队提高了治疗癌症的水平。
>
> 索尔福德抽血服务引进了移动的临床辅助设备，结果这个创新在一年之内就收回了成本。

医疗服务使用人员和团体可以使用网络工具建立个人门户，详述他们的需求和兴趣。他们可以使用这些工具提供网络服务（按服务类型分类，或按照地理位置分类），或连接其他具有相同需求和兴趣的人，以分享别人可能认为有用的反馈和信息。请参见 www. adkc. org. uk（肯辛顿－切尔西无行为能力组织），www. ecdp. org. uk（埃塞克斯残疾人联盟）——以帮助埃塞克斯的残障人士为成立宗旨的门户，或 www. solnetwork. org. uk（形成我们的生活网），www. ilanet. co. uk（支持个人自理的独立生活协会）。

地方政府正在考察建立虚拟“市场”这种方式，可以方便服务提供方发布服务信息。这已经成功地运用在地方管理机构的服务担保上，现在正在医疗服务用户和护理人员当中进行试点——www. shop4support. com。

现代技术可以使越来越多的人在家里或附近就可以进行医疗。随着人口和服务的变化，需要不断改进医疗和保健系统。完全系统演示（Whole System Demonstrator）项目的报告将于2011年5月出炉，这个系统评估了在几种场景下可以使用远程医疗成本上的优势。它将全面考察实施远程医疗服务的重点要素（劳动力发展、质量和道德标准、互可操作性及整合、激励和杠杆、意识和市场发展）。一些其他项目，作为QIPP计划（质量、创新、生产力和预防计划）的一部分，也开始初见成效。①

作为地方医疗服务改进和升级的一部分，数字服务普及无论是对服务使用方，还是对服务提供方来说，都具有显而易见的好处。对于服务使用方来说，主要的好处包括使用方便，可以减少或不用出门，减少请病假的时间，而且可以得到更加个性化的医疗。对于医疗专业人员来说，主要的好处是能使医疗效果、质量和效率得到提高。即使是预约短消息提醒这样简单的方式，也可以产生非常深远的影响。

6　确定发展方向：信息战略总体原则

本节阐述了信息战略的总体原则，即我们计划制定一个全面的信息战略来实现《NHS变革》中设想的信息革命。同时也论述了面临的相关挑战。

① 例如，预约短消息提醒引入阿登布鲁克医院之后，爽约现象减少了50%。图片、档案和通信系统开发了远程协作功能，可支持地方癌症护理团队改进工作。

基于相关政策建议和反馈信息，我们将择机实施此项战略。

编制信息战略需要充分考虑各方意见。NHS 的制定以市场为导向，以行政手段为辅的架构，并为信息来源提供担保。这是一个充满活力的、面向公民的信息架构。

6.1　一个新的信息结构：标准、互通性和市场发展

NHS 的信息架构包含一系列相互作用的因素、适用于大多数公民的标准（含专业标准）、用户需要的信息等。标准的建立用来支持改革，改善产出和效益。某些关键指标采用自下而上的方式建立。

为了信息革命的成功，我们需要广泛地吸引信息提供者。信息市场需要建立覆盖主体事务的标准规范，关键内容如下：

- 确保基本数据满足必要的标准；
- 使用统一的标识符，如 NHS 号码等；
- 交互性，即允许信息在系统内自由地传递。

NHS 担保委员会将建立与卫生部颁布的相关标准具有同等效力的 NHS 国家信息标准，面向公共卫生事业。这些国家标准应来源于或采编自国际标准，以达到国际性最佳示范的目的。

6.2　精确的数据作为价值信息的支撑

信息应当来源于准确的数据。当今，数据搜集主要靠纸介质处理及各种形式的电子录入。同一信息被反复登记并多次录入的现象较为普遍，不准确的数据将导致信息失真，甚至带来对真实数据准确性的质疑。应严格禁止使用存疑数据，并采取相关措施予以补救。

我们需要建立统一数据来源进行综合利用的原则。在零售业中，货品售出的一刻即将信息登记入库，随即更新仓储记录并触发补货流程，该信息还能用于建立包含关于顾客购买习惯的档案。与之类似，医院开具的处方可以用于患者的医疗诊断、补充药品库存、监控特定疾病的用药情况、建立最佳治疗方案等。

精确地进行数据采集并不意味着付出更多的财力物力，通常可以通过修订数据处理流程，使现有数据更易于使用等方式实现。当今航空业不需要人工介入即可获取乘客信息并完成登机手续办理，类似的方式可以用于简化患者的入院手续。院方通过医疗记录获取患者信息，从而节省时间并能让医疗

专业人员集中精力进行医疗诊断。

提高效率的途径有很多，例如，通过规范数据格式可以最大限度地减少数据转换，也可以减少 NICE 标准的实施费用，同时降低整合成本。

精确的数据在提高效率的同时可以带来更多好处：

- 精确的数据和信息可以提高科研水平；
- 更好地实施辅助决策；
- 为患者提供更优的选择。

6.3 从数据中获得信息

就信息的架构和实践而言，与其为每种应用建立专用数据集，不如形成数据收集的常态机制，并将数据用于不同领域。最终，所有信息指标均应来自于准确的数据，如护理一线。由此，某些疾病诊疗方案的推荐价格将有可能予以公开。

得益于数据提取过程的自动化和常态化，某些数据访问延迟问题将有所缓解。期待修订后的结果框架[①]将以最小投资获得快至数周而非数年的数据更新速度。

6.4 患者和医疗记录标准化

为达到高效率和一致性，医疗记录中的某些关键元素的结构应当标准化，这意味着需要重新设计医疗记录的总体结构，且一经制定即应被普遍采纳。

医疗记录标准化需要专业指导，皇家内科医学会制定的专业医疗记录保存标准在医疗领域具有领先地位，针对患者治疗和转院治疗中各关键环节的记录项目有详尽规定。类似的标准化工作势在必行，相关标准一经制定需要在医疗和社会护理领域切实贯彻。

医疗记录中的特定部分需要高度结构化。一个显而易见且相对简单的例子是医疗记录中与患者相关的基本信息，包括姓名、出生日期、地址等应当以结构化方式进行存储，仅在信息发生变更时予以变更。记录中的其他部分的标准也应参照上述方式制定，如在诊断结论、手术过程的详细资料等方面。

按照咨询方案制定的信息战略将涉及医疗记录关键部分结构化原则，相

---

① 参考 http：//www.dh.gov.uk/liberatingthenhs。

关标准正在制定。

在医疗领域，相关的前期标准化工作包括以下要素：

- 医学观察；
- 病理和影像诊断结果；
- 诊疗方法，包括外科手术等；
- 药物治疗；
- 诊断计划；
- 诊断记录

——就二级保健而言：出院诊断－临床医生会思考对患者在整个医疗过程中有哪些失误；

——就初级保健而言：目前存在的问题。

6.5 专业术语的重要性

在汽车工业中，零部件分别按照标准规格进行加工进而完成组装，这得益于严格的生产规范和统一的产品编码。与之类似，记录诊断结论时，临床医师应当使用精确的“医疗术语”。所谓医疗术语是一组解剖学、病理学、诊断、化验、药物等领域定义的集合，能够被其他医疗记录体系识别。

英国在初级医疗领域使用术语记录患者数据方面居世界领先地位，带来了医疗及诊断记录方面的重大革新。医疗术语应用在急诊方面尚有提高的潜力。信息战略的目的之一是提高医疗术语在医疗和社会护理服务中的普及程度。

这其中的任务之一是缩减种类繁多的术语集合，归并为小巧、持续的术语体系，这与汽车制造领域采用通用零部件目录体系有异曲同工之处。在不同的术语体系间转换成本较高、难度较大，例如，不同药物目录间存在结构上的差异，很难融合，唯有使用相互兼容的或唯一的目录体系，才能减少冲突，从根本上杜绝整合、对应的成本。

英国应在保持医疗术语发展和应用领先性的同时进一步拓展其功用。例如，国际卫生术语标准化组织（IHTSDO）管理的医疗术语标准（SNOMED）扩展了术语的使用范畴，在英国社区医疗领域有着广泛应用，跨越了国别限制。下一步英国将与其他国家联合，针对SNOMED深入开展工作，目标是使医疗领域标准化工作进一步完善，并显著提高医疗系统间的互通性。

仅仅建立术语体系尚不能满足需求。例如，病理诊断的结果往往根据患者的基本信息（如 NHS 号码）和其他信息（如诊断机构等）进行分类，因此需要将患者病历记录纳入标准化工作领域。

健康记录涉及文字外的多种记录形式，如图片。英国在医疗图像（如 X 光片）电子归档方面居世界领先地位。信息战略应实现医疗信息在系统内的数据共享。

对结构化问题求全责备不是务实的态度，信息战略应制定发展方针，避免画蛇添足。

6.6 将所有元素集合在一起，一个唯一的标识符——NHS 号码

医疗护理早已不是个别组织独立承担的任务，采用 NHS 号码联结卫生相关部门的重要性前所未有。若没有统一的编号体系，就无法将来自不同卫生机构的患者记录联结成一个整体。NHS 号码理应具有与社会保险号码同等重要的作用，为了促进协调，提高服务水平，社会医疗领域将进一步鼓励对 NHS 号码的应用。

6.7 互通性

随着医疗服务种类的不断丰富，互通性（不同医护服务间共享信息的能力）比以往更为重要。建立国内统一的信息共享标准以支持医护系统间协同的意义显而易见，我们将与关键的合作伙伴一起定制 NHS 互通性工具包，创建适当的标准满足今后需求。互通性对于促进不同服务系统间相互集成将发挥重要的作用。

6.8 正确性

NHS 担保委员会是制定相关标准的权威机构，履行监管职能确保标准化得以贯彻施行。目前已制定的促进信息革命的标准将进一步发展完善，卫生部和 NHS 担保委员会将切实履行下列职能：

- 管理标准规范，涵盖数据集合和术语体系等相关标准；
- 标准规范的研讨、制定、管理、废止等工作；
- 为标准化的适用性提供担保；
- 为标准化的实施提供担保；
- 为标准化的执行和利用提供支持，包括咨询、指导和培训等。

不同标准适用于不同的领域，某些适用于国内，某些适用于国际，某些针对 NHS 制定，某些标准与市场紧密结合。为有效支撑信息革命必须建立与标准化相关的监督机制。

相关工作并非从头开始，因此信息战略应立足于现有的系统和服务，进而驱动信息革命，具体包括：

• 预约挂号（已在前文中重点阐述）；

• 电子处方服务，该服务依赖于标准化的处方信息，特别是初级护理中对于药品和医疗器械名录的规范使用；

• 患者基本信息服务，记录国内享受 NHS 服务人群的基本信息，该信息库被 NHS 号码索引；

• 病理组合；

• 按治疗情况收费。

上述系统将以恰当方式与信息战略集成。

6.9 信息战略需要考虑文化发展变化

除技术环节外，信息战略还应考虑到文化相关内容。例如，医疗服务用户、医疗专业人员、管理者和公众等的感受。顺应文化发展是信息革命取得成功的必要因素。

6.10 我们应该期待从信息战略中看到什么

我们的目标是，到 2015 年，信息战略将在相关方面取得显著进展，具体如下：

• 绝大部分临床病历和保健记录应实现电子归档并具备共享能力，信息战略将制定相关使用细则；

• 诊断数据将按照既定策略，以严格统一的转换标准从分散的数据来源集中存储到电子化诊疗数据库中；

• 公众可以详细了解与自身相关的医疗服务及服务水平，信息中心将在保证医疗信息可用性和价值性方面发挥重要作用；

• 建立评价机制监督医护服务水平，对医疗事故采取及时的响应；

• 临床医师和医疗专家将利用上述信息提供安全、高质量的医疗服务，服务水平将依照相关标准客观评价；

• 用于分析、研究的数据来源于准确的医疗记录，其质量将逐步提高，范围不断扩大；

• 获取系列的信息标准将十分便利，NHS 担保委员会将制定各种标准（包括数据、信息、统计结果、原始记录、商业标准、标识符管理、互通性和安全标准等）的使用指南；信息的维护机构对公众透明，确保医疗服务机构与公众有便捷的交流途径；

• 医疗市场也在不断变革，信息开发的深层价值在于不断适应大众心理和就医习惯，患者的选择成为提高医疗水平的根本动力。

问题 32：信息革命在不同方面将会带来显著进步，特定的好处或者挑战是什么？（在制定相关的影响评价标准时，需要考虑的因素包括可持续发展、商业发展和农村医疗或平等性问题。）

问题 33：上述医疗和社会保健服务领域的信息化发展趋势是否有关键性遗漏？

附录 术语

术语名称	译名	定　　义
Accreditation	认　　证	授权活动;授予能够运行一个已定义服务的权利
Accreditation Authority	认证机构	在商定的信任框架下对身份提供者、属性提供者、信任方以及身份媒介进行评估和确认
Anonymous	匿　　名	没有名字或者没有经过确认。匿名交易允许信息在各个参与方之间交换,而不需要对参与方的身份进行确定
Attribute	属　　性	某个人或事物内在或外在的品质或特性。属性可以包括个人的品质(如年龄)、外部信息(如所在地),以及对某种后天获得的能力的认证等
Attribute Provider	属性提供者	负责所有与某个物体确定属性的建立和维护相关的流程;其为个体、其他提供者以及可信的参与方提供对属性的认定
Authentication	鉴　　权	验证用户、流程或设备的身份,通常作为在信息系统中对资源进行访问的先决条件
Authorization	授　　权	官方依据商定的安全控制方案对信息系统的操作进行授权,或者明确接受具有风险的操作(包括任务、功能、图像或者名誉)、资产或人物。 认可或给予认同的行为
Availability	可 用 性	保证随时可以稳定地对信息进行访问和使用
Confidentiality	机　　密	对信息的访问和公开保留授权限制,以免信息暴露给未经授权的个体、团体或活动,包括保护个人隐私和专有信息
Credential	证　　书	一种由证书提供者制作的,用来提供某个事物的授权、角色、权利、特权以及其他属性的信息载体。证书通常与一种可被接受的身份媒介绑定
Cybersecurity	网络安全	为了保护计算机、计算机系统和网络以及数据免受未经授权的访问和攻击而采取的措施

续表

术语名称	译名	定　义
Cyberspace	网络空间	由信息技术基础设施相互连接形成的网络，包括互联网、电信网、计算机系统、移动设备，以及关键行业中的嵌入式处理器和控制器等。通常这个术语表示信息和人员交互所在的虚拟环境
Device	设　备	通常指使用电力的物理实体，能够对信息进行存储和处理，如个人计算机、网页服务器、移动电话或智能卡等
Digital Identity	数字身份	实体（如设备、软件、服务、组织、个人等）在网络空间的数字化表示，通常由信息制品或者相关的信息组合而成
Identity Ecosystem	身份生态系　统	一种个人、组织、服务和设备能够互相信任的在线环境，这需要权威来建立并验证每个参与者的数字身份。与自然界的生态系统相类似，这个环境需要不同的组织和个人一起协作，完成各自不同的职能和责任，并由统一的标准和规则进行管理
Identity Ecosystem Framework	身份生态系统框架	由互操作标准、风险模型、隐私和责任策略、信用标志要求以及执行机制组成的统一集合，用来对身份生态系统进行管理
Identity	身　份	能够识别某人或某物的唯一物理实体。人或物都可以有身份
Identity Assurance	身份保证	确保身份信息完整性和真实性的方法
Identity Provider	身份提供者	负责注册实体相关的流程，建立和维持个人或物体相关的数字身份。这些流程包括身份审查和证明，以及数字身份的撤销、挂起和恢复等。身份提供者的责任是通过发行在交易中使用的证书、信息物体或者设备来提供实体的身份，其同时可能提供对权威、职能、权利、特权以及其他属性的连接
Identity Medium	身份媒介	用于存储一个或多个与某个物体相关的证书、声明或属性的设备或物体，这些信息物体应当能够被转化以适应不同场合的使用； 被发行并授权用来在网络交易中作为身份目的使用的任何证书、卡、徽章、USB、智能手机或其他媒介
Identity Proofing	身份证明	向服务提供者提供足够的信息（如身份历史、证书或文档）来证明某人或某物是声明中所述的人或物的流程
Infrastructure	基础设施	包括所有用来提供与可信框架一致的在线服务的综合技术组件（如硬件、软件、网络、应用程序和协议等），以及支持上述组件的必要项目
Integrity	完整性	防止数据以未经授权或者未经检测到的方式被修改或删除

续表

术语名称	译名	定　　义
Interoperability	互操作性	两个或多个网络、系统、设备、应用程序或组件之间安全地、有效地且无障碍地交换信息和稳定地使用信息的能力； 独立部署的系统、设备、应用程序或组件能够被替换的能力
Level of Assurance	保证级别	为参与交易的个体和设备建立身份验证流程的机密程度； 个体使用的证书的机密程度，实际上是颁发给个体的证书的机密程度
Non-Person Entity (NPE)	非人实体	网络空间中的一个带有数字身份的实体，但非人类，包括组织、硬件设备、软件应用和信息制品等
Online	在　　线	通过互联网实时与其他网络、系统、计算机、物体或组件连接并通信的状态
Privacy	隐　　私	在特定的情况下对个人信息的适当使用。如何才是适当的取决于内容、法律以及个人的期望；同时，个人有权利来控制对个人信息的收集、使用和公开
Relying Party	可 信 方	可信方式在线服务的提供者。在身份生态系统中，可信方负责与证书、身份以及属性的提供者进行交互，以便对参与交换信息的各方进行验证
Resilient	可 靠 性	在不遭受永久性破坏的情况下抵御变化（如攻击）的能力。系统或服务在遭到破坏后能够恢复其初始状态的能力
Secure	安 全 的	在线交易的执行机制如果满足了其预先定义的安全目标则可以视为安全的，包括以下几个方面：对参与交易的各方进行了正确的验证；阻止了对数据的非授权访问和发布；确保可用性；如实地领导和记录任意协商；保证信息的机密性和完整性。预先定义的安全目标可以按照需要作出改变
Service Provider	服务提供者	服务提供者可以提供对互联网、安全服务、存储或处理服务的访问，或者对信息和应用程序的访问，以及对结合了上述几项服务的综合访问
Standard	标　　准	对某种特定的特性发布的陈述，这种特性通常能够被评估，以便相关的事物来满足或达到对这种特性的要求，即符合标准
Transaction	交　　易	两个或两个以上的来自不同单位参与方之间进行的电子通信，最终产生各方同意的结论或解决方法。各方有责任在交易期间履行各自的职责，并在交易之后遵守各自的承诺
Trust Framework	信任框架	标准和政策的底层结构，其定义了身份生态系统中不同参与方的权利和责任，制定了管理参与方的规则，对流程和过程进行概述以提供保障，并提供相应的执行机制确保各方遵守

续表

术语名称	译名	定　义
Trustmark	信任标记	表示产品、设备或服务提供者已经满足了身份生态系统要求(需要认证权威认可)的徽章、印章、图案或标记。为了维持信任标记的完整性,信息标记本身必须能够防止篡改和伪造。参与方应当经过了实体和电子双层验证。信任标记提供了一个可视化的标记来帮助个人或组织在选择供应商和身份媒介时作出明智的选择
Voluntary	自 愿 的	没有义务、不受强迫的自发行动

后　记

以计算机技术、网络技术为代表的信息技术革命，是迄今人类社会发展过程中发展最迅速、应用最广泛、渗透性最强的一次技术革命，信息技术已经迅速地融入世界各国的社会生活之中。各国政府为了应对信息时代的挑战，积极努力地采取措施。其中，开展电子政务建设，构筑电子政府，成为世界各国提高综合竞争力、提高政府服务能力的重要手段。

美、英等国在通过电子政务建设推动政府转型和进行社会管理、公众服务等方面均取得了显著的成绩，有许多值得我们学习借鉴的地方。因此，国家信息中心组织力量，以美、英等发达国家最新的电子政务政策法规、战略规划、标准规范、管理方法、实施方案等资料为主要素材，通过选材整合、组织编译，内部印发了《电子政务发展前沿》刊物，以为我国电子政务管理和决策部门研究相关问题时提供参考。

本书内容选编自2010年5月至2011年1月的《电子政务发展前沿》刊物。此过程正值我国“十二五”规划和布局的重要阶段，令课题组全体成员欣喜的是，刊中许多内容得到了相关部门和领导的重视，与国家“十二五”期间的发展思路相吻合，为我国电子政务建设发展提供了有益参考。

不得不提到的是，《电子政务发展前沿》刊物的编写及合编出版得到了电子政务领域许多领导、专家的支持和帮助。特别是国家发改委高技术司信息化处的吴钰处长、王娜处长、刘勇副处长，他们对刊物编写及本书出版工作给予了精心指导和大力支持。国家信息中心信息化研究部首席工程师单志广研究员对书中内容给予了悉心指导并提出了很好的修改意见。社会科学文献出版社皮书出版中心邓泳红主任和姚冬梅编辑为本书出版付出了辛勤的汗水，在此一并表示感谢。

在刊物的编写及编写组织过程中，国家信息中心公共技术服务部张铠麟博士花费了大量的时间和精力，在此表示感谢。

本书的出版得到了锐捷网络电子政务研究中心的大力支持，谨表谢意。

由于水平有限，本书翻译内容可能仍然存在着不尽如人意之处，欢迎读者批评斧正！

国家信息中心“电子政务发展前沿”课题组

2011 年 3 月

图书在版编目（CIP）数据

电子政务发展前沿．2011/沈大风主编．—北京：社会科学文献出版社，2011.4
ISBN 978－7－5097－2086－8

Ⅰ.①电…　Ⅱ.①沈…　Ⅲ.①电子政务－发展－中国－2011　Ⅳ.①D630.1－39

中国版本图书馆CIP数据核字（2011）第006167号

电子政务发展前沿（2011）

主　　编／沈大风
副 主 编／周　民　沈解伍

出 版 人／谢寿光
总 编 辑／邹东涛
出 版 者／社会科学文献出版社
地　　址／北京市西城区北三环中路甲29号院3号楼华龙大厦
邮政编码／100029
网　　址／http://www.ssap.com.cn
网站支持／（010）59367077
责任部门／皮书出版中心（010）59367127
电子信箱／pishubu@ssap.cn
项目经理／邓泳红　姚冬梅
责任编辑／姚冬梅　任文武
责任校对／盖立杰
责任印制／董　然

总 经 销／社会科学文献出版社发行部
（010）59367081　59367089
经　　销／各地书店
读者服务／读者服务中心（010）59367028
排　　版／北京中文天地文化艺术有限公司
印　　刷／北京画中画印刷有限公司

开　　本／787mm×1092mm　1/16
印　　张／23.25
字　　数／378千字
版　　次／2011年4月第1版
印　　次／2011年4月第1次印刷

书　　号／ISBN 978－7－5097－2086－8
定　　价／88.00元

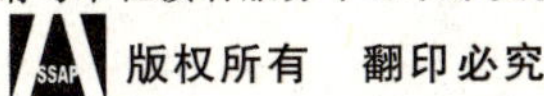